University of Pittsburgh Memoirs in Latin American Ar

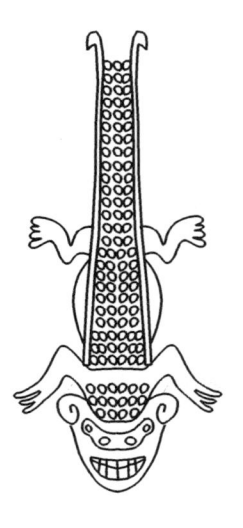

University of Pittsburgh Memoirs in Latin American Archaeology No. 23

Ixlú: A Contested Entrepôt in Petén, Guatemala

Ixlú: Un Disputado Entrepôt Maya en Petén, Guatemala

Prudence M. Rice
Don S. Rice

Spanish Translation by-Traducción al Español por
Karla Carona C.

University of Pittsburgh
Center for Comparative Archaeology

Universidad Francisco Marroquín
Museo Popol Vuh

Pittsburgh   2016   Guatemala

Library of Congress Cataloging-in-Publication Data

Names: Rice, Prudence M. | Rice, Don Stephen. | Museo Popol Vuh (Universidad Francisco Marroquín)
Title: Ixlú : a contested Maya entrepôt in Petén, Guatemala = Ixlú : un disputado entrepôt Maya en Petén, Guatemala / Prudence M. Rice, Don S. Rice ; Spanish translation by = traducido al español por Karla Cadrona C.
Description: Pittsburgh : Center for Comparative Archaeology, University of Pittsburgh, 2016. | "Universidad Francisco Marroquín, Museo Popol Vuh, Guatemala." | Includes bibliographical references.
Identifiers: LCCN 2016007502 | ISBN 9781877812941 (acid-free paper)
Subjects: LCSH: Ixlu Site (Guatemala) | Mayas--Guatemala--Peten (Department)--Antiquities. | Mayas--Guatemala--Peten (Department)--Politics and government. | Mayas--Commerce--Guatemala--Peten (Department) | Excavations (Archaeology)--Guatemala--Peten (Department) | Peten (Guatemala : Department)--Antiquities. | Material culture--Guatemala--Peten (Department)--History. | Ethnic conflict--Guatemala--Peten (Department)--History.
Classification: LCC F1435.1.I85 R43 2016 | DDC 972.81/201--dc23 LC record available at http://lccn.loc.gov/2016007502

©2016 Center for Comparative Archaeology
Department of Anthropology
University of Pittsburgh
Pittsburgh, PA 15260
U.S.A.

All rights reserved

Printed on acid-free paper in the United States of America

ISBN 978-1-877812-94-1

Table of Contents

Contents v

List of Figures ix

List of Tables xiii

Acknowledgements xv

1. Ixlú: An Introduction 1
    Modern Political and Geophysical Contexts 1
    Cultural Context: Contested Geo-Politics and Trade 7
    History of Investigations 9
    Site Layout and Architectural Configuration 13

2. Embarcaderos: Ixlú as Entrepôt 17
    Harbor and Port Facilities 17
    Ixlú as Entrepôt 17
    Other Lake Ports and Routes 21
    Petén Trade Goods 23
    Contact-Period and Later Trade and Travel 25

3. Early Occupation: Preclassic- and Classic-Period History and Material Culture 29
    Preclassic Occupation and Construction 29
        Middle Preclassic Ceramics 29
        Middle Preclassic Constructions 29
        Early Classic 33
    Classic and Terminal Classic Periods 33
        Relations with Tikal 33
        Ceramics 35
        Sculptured Monuments 36

4. Postclassic and Contact Periods: Structures and Material Culture 45
    Bench Structures: C-Shapes and L-Shapes 45
    Postclassic Domestic Pottery 47
    Effigy Censers and Diving Figures 53
    Obsidian Procurement and Use 55

5. The Postclassic and Contact Periods: Structural Groups and Activities 61
    Acropolis, Patio C: Temple Assemblage 61
        Temple Structure 2034 61
        Open Hall Structure 2041 63
    Twin-Pyramid Complex Structures: Structure 2006 63
    Main Plaza: The Group 2017 Basic Ceremonial Group 65
        Open Hall Structure 2017 67
        Shrine Structure 2016 67
        Hall Structure 2015 67
    Main Plaza: The Structure 2022 Basic Ceremonial Group 67
        Open Hall Structure 2022 67
        Eastern Oratory and Shrine 69
        Western Oratorio Structure 2021 69
        Western Shrine Structure 2023 69
            Human Remains at Structure 2023 71
            Ceramics and Other Material Culture 73

v

Contenido

Contenido vi

Lista de Figuras x

Lista de Tablas xiv

Agradecimientos xvi

1. Ixlú: Una Introducción 2
    Contextos Político Moderno y Geofísico 2
    Contexto Cultural: Disputada Geo-Política e Intercambio 8
    Historia de las Investigaciones 10
    Diseño del Sitio y Configuración Arquitectónica 12

2. Embarcaderos: Ixlú como Entrepôt 18
    Puerto e Instalaciones Portuarias 18
    Ixlú como un Entrepôt 20
    Otros Puertos y Rutas Lacustres 22
    Productos de Intercambio de Petén 24
    Intercambio y Viajes Durante el Período de Contacto y Períodos Posteriores 26

3. Ocupación Temprana: Historia y Cultura Material de los Períodos Preclásico y Clásico 30
    Ocupación y Construcción Preclásica y del Clásico Temprano 30
        Cerámica del Preclásico Medio 30
        Construcciones del Preclásico Medio 32
        Clásico Temprano 34
    Períodos Clásico Tardío y Clásico Terminal 34
        Relaciones con Tikal 34
        Cerámica 36
        Monumentos Esculpidos 38

4. Períodos Postclásico y de Contacto: Estructuras y Cultura Material 46
    Estructuras con Banca: Forma de C y Forma de L 46
    Cerámica Doméstica del Postclásico 50
    Incensarios con Efigie y Figuras Descendientes 54
    Obtención y Uso de Obsidiana 56

5. Períodos Postclásico y de Contacto: Grupos de Estructuras y Actividades 62
    Acrópolis, Patio C: Conjunto de Templo 62
        Estructura del Templo 2034 62
        Estructura de Salón Abierto 2041 66
    Complejo de Pirámides Gemelas: Estructura 2006 66
    Plaza Principal: El Grupo Ceremonial Básico del Grupo 2017 68
        Estructura de Salón Abierto 2017 68
        Estructura del Santuario 2016 70
        Estructura del Salón 2015 70
    Plaza Principal: El Grupo Ceremonial Básico de la Estructura 2022 70
        Estructura de Salón Abierto 2022 70
        Oratorio y Santuario Este 72
        Estructura del Oratorio Oeste 2021 72
        Estructura del Santuario Oeste 2023 72
            Restos Humanos en la Estructura 2023 74
        Cerámica y Otra Cultura Material 76

6. Discussion: Ixlú's History and Central Petén Political Geography 79
    Dating: General Issues. 79
    The Ixlú Entrepôt and Trade 81
        Political Neutrality and Identity Expression 81
        Oversight and Governance 83
    Who Built Shrine Structure 2023? 85

Bibliography 89

6. Discusión: Historia de Ixlú y la Geografía Política del Petén Central 80
    Fechamiento: Aspectos Generales 80
    El Entrepôt de Ixlú y el Intercambio 82
        Neutralidad Política y Expresión de Identidad. 82
        Supervisión y Gobierno 84
    ¿Quién Construyó el Santuario de la Estructura 2023? 86

Bibliografía 89

List of Figures

1.1. Mesoamerica map 3

1.2. The Yucatán Peninsula and adjacent Maya regions 4

1.3. The central Petén lakes region 5

1.4. Topographic map of the civic-ceremonial center of Ixlú 6

1.5. The 1924 map of the site of Ixlú 11

1.6. Map of the site of Ixlú by Proyecto Maya Colonial in 1994 11

1.7. Location of the archaeological investigations by Proyecto Maya Colonial in the site of Ixlú 12

1.8. The civic-ceremonial center of the site of Ixlú 13

2.1. The location of the site of Ixlú on the isthmus between lakes Petén Itzá and Salpetén 19

2.2. The extended lower channel of the Río Ixlú 21

2.3. Lakes Petén Itzá, Petenxil, and Quexil 22

2.4. Early twentieth-century trails in the area of Ixlú and around Lake Petén Itzá 27

3.1. Middle Preclassic ceramics from Test-pit 3, Plaza B, Structure B-sub-1 at Ixlú 31

3.2. Ixlú test-pit 3 (TU3) 32

3.3. Late and Terminal Classic ceramics from various locations at Ixlú 35

3.4. Ixlú Stela 1 37

3.5. Ixlú Stela 2 38

3.6. Ixlú Altar 1 39

3.7. Ixlú Altar 2 39

3.8. Ixlú plain Stela 6 in the Twin Pyramid Complex 40

3.9. Terminal Classic incised *Strombus* shell pectorals 42

4.1. Postclassic structure complexes at Mayapán, Yucatán 48

4.2. Slipped Postclassic ceramics from Ixlú 49

4.3. Postclassic slipped and unslipped ceramics from Ixlú 49

4.4. A quarry feature and test-pit TU11 at Ixlú 51

4.5. Chaman Modeled female figurines from Ixlú 52

5.1. Clearing of the west facade and stairway of temple Structure 2034 at Ixlú 64

5.2. Ixlú temple Structure 2034 65

5.3. Postclassic artifacts from Ixlú 66

5.4. Clearing of the sanctuary Structure 2023 at Ixlú 71

5.5. Red-painted stucco from sanctuary Structure 2023 at Ixlú 73

Lista de Figuras

1.1. Mapa de Mesoamérica 3

1.2. La península de Yucatán y regiones mayas adyacentes 4

1.3. La región de los lagos de Petén central 5

1.4. Mapa topográfico del centro cívico-ceremonial de Ixlú 6

1.5. El mapa de Ixlú de 1924 hecho por Franz Blom 11

1.6. Mapa de Ixlú por el Proyecto Maya Colonial en 1994 11

1.7. Ubicación de las investigaciones del Proyecto Maya Colonial 12

1.8. El centro cívico-ceremonial de Ixlú 13

2.1. La ubicación ístmica de Ixlú entre los lagos Petén Itzá y Salpetén 19

2.2. Vista al oeste hacia la desembocadura del río Ixlú 21

2.3. Los lagos Petén Itzá, Petenxil y Quexil 22

2.4. Senderos alrededor del lago Petén Itzá y el área de Ixlú a principios del siglo XX 27

3.1. Cerámica del Preclásico Medio de la UP3, Plaza B, Estructura B-sub-1 de Ixlú 31

3.2. Unidad de prueba 3 (UP3) de Ixlú 32

3.3. Cerámica del Clásico Tardío y Terminal de varias ubicaciones de Ixlú 35

3.4. Estela 1 de Ixlú 37

3.5. Estela 2 de Ixlú 38

3.6. Ixlú Altar 1 39

3.7. Altar 2 de Ixlú 39

3.8. Estela lisa 6 en el complejo de pirámides gemelas de Ixlú 40

3.9. Pectorales de concha *Strombus* incisos del Clásico Terminal 42

4.1. Complejos estructurales postclásicos de Mayapán, Yucatán 48

4.2. Cerámica con engobe Postclásica de Ixlú 49

4.3. Cerámica Postclásica con engobe y sin engobe de Ixlú 49

4.4. El rasgo de sumidero/cantera y la UP11 en Ixlú 51

4.5. Figurillas femeninas Chaman Modelado de Ixlú 52

5.1. Limpieza de la fachada oeste y escalinata del templo Estructura 2034 de Ixlú 64

5.2. Estructura de templo 2034 de Ixlú 65

5.3. Artefactos del Postclásico (excepto c) de Ixlú 66

5.4. Limpieza del santuario Estructura 2023 de Ixlú 71

5.5. Estuco pintado de rojo del santuario Estructura 2023 de Ixlú 73

5.6. Idealized plan and elevation of Ixlú sanctuary Structure 2023 74

5.7. The interior of Ixlú sanctuary Structure 2023 75

5.6. Planta idealizada y elevación del santuario Estructura 2023 74

5.7. El interior del santuario Estructura 2023 de Ixlú 75

List of Tables

1.1 Chronology of the central Petén lakes region 7

3.1 Sculptured monuments and their period-ending dates in Lake Petén Itzá basin sites 41

4.1 Geological flow sources of 102 Postclassic obsidian artifacts from Ixlú 57

4.2 Obsidian recovered in Ixlú Structures 2023 and 2017. 58

5.1 Dimensions (in meters) of excavated Ixlú structures 63

Lista de Cuadros

1.1 Cronología de la región de los lagos centrales de Petén 7
3.1 Monumentos esculpidos y sus fechas de finalización de período en sitios del lago Petén Itzá 41
4.1 Fuentes geológicas de 102 artefactos de obsidiana del Posclásico de Ixlú 57
4.2 Obsidiana recuperada de las Estructuras 2023 y 2017 de Ixlú 58
5.1 Dimensiones de las estructuras excavadas de Ixlú 63

Acknowledgments

This monograph summarizes the history and geopolitical role of the small and poorly known archaeological site of Ixlú. That history is revealed by multiple sources, textual as well as archaeological—we carried out fieldwork at Ixlú in 1980, 1994, and 1998. Since the middle 1990s our research in the central Petén lakes region has pursued varied aspects of a model of political geography developed by our ethnohistorian colleague Grant D. Jones. Grant's archival studies have revealed the intrigue leading up to the 1697 Spanish conquest of the Petén Itzas in the eponymous Lake Petén Itzá, and the conflicts and factionalism among the region's Maya ethnopolities, Itza and Kowoj, in response to increasing Spanish demands for submission. The details that have emerged from his documentary studies have dispelled much of the opacity of the archaeological record and aided our interpretations in untold ways. Moreover, he generously helped mentor our graduate students and, in retirement, took the time to read and provide critical commentary on this manuscript. We are forever grateful for his knowledge and friendship.

Those graduate students who supervised the excavations at Ixlú include Tim Pugh and Bill Duncan, and Leslie Cecil carried out the ceramic analysis as part of her dissertation research. Most of what we know about Ixlú comes from their careful observations, notes, and extended interpretations, and all three have gone on to successful careers in academic archaeology. Many other students and colleagues have contributed data, comments, and physical labor over the years, including Nate Meissner, whose dissertation on Postclassic arrow points included some artifacts from Ixlú. In particular we salute our SIUC faculty colleague Itzaj specialist Andy Hofling; Petén archaeological colleagues and students, especially Rómulo Sánchez and Miriam Salas, who worked with us in field and lab, respectively; and Rafael and Clemencia Sagastume, who generously supported our space needs at the Hotel Villa Maya and the Hotel Maya Internacional. More recently, we thank Marilyn Masson and Gabrielle Vail for sharing their thoughts and data on some of the issues we wrestled with in writing up these data.

None of the field and lab analyses at Ixlú reported here would have been possible without the generous support of the National Science Foundation (BNS-7813736, DBS-9222373, SBR-9515443, plus several dissertation improvement grants) and the kind permission of the Guatemalan Instituto de Antropología e Historia. We are most grateful to these institutions.

Agradecimientos

Esta monografía resume la historia y el papel geopolítico del pequeño y poco conocido sitio arqueológico de Ixlú. Esta historia es revelada por diferentes fuentes, tanto escritas como arqueológicas, y estas últimas provienen del trabajo de campo hecho en Ixlú durante 1980, 1994 y 1998. Desde mediados de los años de 1990 nuestro trabajo en la región de los lagos centrales de Petén se ha dedicado a varios aspectos de un modelo de geografía política desarrollado por nuestro colega etnohistoriador Grant D. Jones. Los estudios de archivo de Grant han revelado la intriga que llevó a la conquista española de los Itzaes de Petén en 1697 en el epónimo lago de Petén Itza y los conflictos y faccionalismo entre las entidades políticas de la región maya, los Itza y Kowoj, en respuesta al incremento de las demandas de sumisión españolas. Los detalles que han surgido de estos estudios documentales han aclarado mucho el registro arqueológico y han ayudado en nuestras interpretaciones de manera incontable. Es más, generosamente él ha sido el mentor de muchos de nuestros estudiantes de postgrado y, en su retiro ha dedicado tiempo para leer y proveer comentarios críticos de este manuscrito. Estamos eternamente agradecidos por su conocimiento y amistad.

Entre los estudiantes de postgrado que han supervisado las excavaciones en Ixlú se encuentran Tim Pugh y Bill Duncan, y Leslie Cecil hizo el análisis cerámico como parte de la investigación de su disertación. La mayoría de lo que sabemos acerca de Ixlú proviene de sus cuidadosas observaciones, notas y extensas interpretaciones; los tres tienen exitosas carreras en arqueología académica. Muchos otros estudiantes y colegas han contribuido con datos, comentarios y trabajo físico a lo largo de los años, como Nate Meissner cuya reciente disertación en puntas de flecha del Postclásico incluyó algunos artefactos de Ixlú. En particular saludamos a nuestro colega Andy Hofling de la facultad de SUIC, especialista en los Itzaj; a nuestros colegas y estudiantes de Petén, especialmente a Rómulo Sánchez y Miriam Salas, quienes han trabajado con nosotros en el campo y laboratorio, respectivamente; a Rafael y Clemencia Sagastume quienes generosamente han ayudado con nuestras necesidades de espacio en el Hotel Villa Maya y el Hotel Maya Internacional. Finalmente, agradecemos a Marilyn Masson y Gabrielle Vail por compartir sus pensamientos y datos sobre algunos de los aspectos con los que tuvimos conflicto al escribir este trabajo.

Ninguno de los análisis de campo o laboratorio de Ixlú reportados aquí podrían ser posibles sin el generoso apoyo de la Fundación Nacional de Ciencia (BNS-7813736, DBS-9222373, SBR-9515443 y varias becas para la mejora de disertaciones doctorales) así como el amable permiso del Instituto de Antropología e Historia de Guatemala. Estamos muy agradecidos con estas instituciones.

Chapter 1

Ixlú: An Introduction

Ixlú is a small but long-lived lowland Maya archaeological site in the central lakes district of the Department of El Petén, northern Guatemala. The site lies in the southern area of a narrow isthmus separating two of these lakes, Lake Salpetén to the east and Lake Petén Itzá to the west, and at the base of a major route up the steep incline that forms their north shores. At this strategic location, the occupants of Ixlú would have been able to monitor movement of goods and people along water and land routes from the four directions.

Information about Ixlú comes from three sources: ninth-century carved monuments with images and hieroglyphic texts; late seventeenth-century Spanish reports of their failed *entradas* to convert "heathen" Maya souls to Catholicism; and multiple twentieth-century mapping and test excavations. The present work synthesizes this information, with an emphasis on archaeological data and the Postclassic and Contact periods. Two significant shoreline modifications are of particular interest: ports or docking facilities lying in Ixlú's shadow on the eastern shore of Lake Petén. We propose that Ixlú, situated at an east-west geopolitical boundary or pivot point in the lakes district, served as an entrepôt—an intermediary center of trade and transshipment. The community and its port became a focus of contestation between two competing groups, the Itzas and the Kowojs, in the late political geography of the central Petén lakes region.

Modern Political and Geophysical Contexts

The Department of El Petén, modern Guatemala's northern political unit, occupies most of the southern half of the Yucatán Peninsula. The department is bordered on the east by the country of Belize (formerly British Honduras), on the north by the Mexican state of Campeche, and on the west by the Mexican states of Tabasco and Chiapas (Figure 1.1). To the south are the Guatemalan departments of Alta Verapaz and Izabal. So situated, Petén comprises the majority of what has come to be known as the southern Maya lowlands, continuously occupied during the past three millennia or more.

The Yucatán Peninsula is a limestone platform between the Gulf of Mexico on the west and the Caribbean Sea on the east (Weidie 1985). Formed by sediments deposited during the Cretaceous through Pliocene periods (roughly 100–2 million years ago), the terrain was slowly exposed by uplifting until the Pleistocene and then by falling sea levels in the Holocene. The limestone shelf is variably interbedded with dolomite (calcium-magnesium carbonate), gypsum (magnesium sulfate), and chert and chalcedony (silica). Hydrologically, the peninsula is karstic, with primarily underground as opposed to surface drainage, especially in the north (see, e.g., Perry et al. 2003), and punctuated by sinkholes or cenotes (Hispanicized from Yukateko *dz'onot*) and caves. Elevations decline from south to north, as do rainfall and forest height.

The southern part of the peninsula, unlike the north, has ample surface waters, with large and small lakes and seasonal swamps or *bajos* as well as water-filled cenotes. The south is also drained by multiple river watersheds on its peripheries, which flow into the Gulf of Mexico, the Caribbean Sea, and the Gulf of Honduras (Figure 1.2). Although Petén itself is landlocked, these rivers provide access to coastal waters and resources, and were important trade arteries. The Río Usumacinta flows from highland Alta Verapaz into the Gulf of Mexico and constitutes the western border of Petén. Its vast tributary system includes the Río Pasión flowing through the southwestern department, with the Ríos Cancuen and Izabal forming its eastern branches. Farther downstream, the Río San Pedro Mártir drains northwestern Petén and joins the Usumacinta's flow to the north in Tabasco, Mexico. In the northeast corner of the department, the Río Azul becomes the Río Hondo, which forms the border between Belize and Quintana Roo, Mexico. Finally the Mopan River drains east-central Petén before emptying into the Belize River and thence to the Caribbean Sea. All these arteries have additional primary and secondary tributaries, but their flow is often seasonal and unpredictable.

In central Petén a chain of lakes has been the primary aquatic resource throughout the history of human occupation of the region (Figure 1.3). These lakes—Sacpuy, Petén Itzá, Petenxil (or Petenchel), Quexil (Ek'ixil), Salpetén (Petensuc), Macanché, Yaxhá, and Sacnab (from west

Capítulo 1

Ixlú: Una Introducción

Ixlú es un pequeño, pero longevo sitio arqueológico en las tierras bajas mayas del distrito de los lagos centrales del Departamento de El Petén, al norte de Guatemala. El sitio se ubica en la parte sur de un angosto istmo que separa los dos lagos, Salpetén al este y Petén Itzá al oeste, y en la base de una ruta mayor sobre la inclinada cuesta formada en las costas del norte. En esta localización estratégica, los ocupantes de Ixlú habrían podido monitorear el movimiento de bienes y personas a lo largo de rutas acuáticas y terrestres desde los cuatro puntos cardinales.

La información sobre Ixlú proviene de tres fuentes: monumentos tallados del siglo IX con imágenes y textos jeroglíficos; reportes españoles de finales del siglo XVII acerca del fracaso en las entradas para convertir los espíritus paganos de los mayas al catolicismo; y múltiples mapeos y excavaciones de prueba del siglo XX. El presente trabajo sintetiza esta información, con énfasis en los datos arqueológicos y los períodos Postclásico y de Contacto. Dos modificaciones significativas de las riberas son de interés particular: puertos o instalaciones para atracar ubicados a la sombra de Ixlú en la orilla este del lago Petén. Proponemos que Ixlú, situado en la frontera geopolítica este-oeste o punto de pivote del distrito de los lagos, estaba en posición de servir como un entrepôt—centro intermediario de intercambio y trasbordo. La comunidad y su puerto fueron el enfoque de disputas entre grupos competitivos, los Itzaes y los Kowojs, durante la tardía geografía política de la región de los lagos centrales de Petén.

Contextos Políticos Modernos y Geofísicos

El Departamento de El Petén, la moderna unidad política al norte de Guatemala, ocupa la mayor parte de la mitad sur de la Península de Yucatán. El departamento está limitado al este por la república de Belice (anteriormente Honduras Británica), al norte por el estado mexicano de Campeche y al oeste por los estados mexicanos de Tabasco y Chiapas (Figura 1.1). Al sur se encuentran los departamentos guatemaltecos de Alta Verapaz e Izabal. Situado de esta manera, Petén constituye la mayor parte de lo que se ha conocido como las tierras bajas mayas del sur, continuamente ocupado por los últimos tres milenios o más.

La península de Yucatán es una plataforma de caliza entre el Golfo de México al oeste y el mar Caribe al este (Weidie 1985). Formado por sedimentos depositados en un mar poco profundo durante los períodos Cretácico a Plioceno (aproximadamente hace 100–2 millones de años), el terreno fue expuesto lentamente por elevaciones hasta el Pleistoceno y luego por la baja en los niveles del mar en el Holoceno. La plataforma de caliza se intercala variablemente entre capas de dolomita (calcio-carbonato de magnesio), yeso (sulfato de magnesio), pedernal y calcedonia (sílice). Hidrológicamente, la península es cárstica, con drenaje primariamente subterráneo en oposición al de superficie, especialmente en el norte (ver e.g. Perry et al. 2003) y cortado por cenotes (españolizado del Yucateco *dz'onot*) y cuevas. Las elevaciones declinan del sur al norte y de igual manera la lluvia y el alto del bosque.

La parte sur de la península, a diferencia del norte, tiene amplias aguas en superficie, con lagos grandes y pequeños y bajos estacionales, así como cenotes llenos de agua. El sur también es drenado por múltiples cuencas de ríos que fluyen al Golfo de México, el mar Caribe y el golfo de Honduras (Figura 1.2). Aunque en sí Petén está rodeado de tierra, estos ríos proveen acceso a las aguas costeras y sus recursos, y eran importantes arterias de comercio. El río Usumacinta fluye desde las tierras altas de Alta Verapaz hacia el Golfo de México y constituye la frontera oeste del Petén. Su vasto sistema de ríos tributarios incluye el río La Pasión que fluye a través del suroeste del departamento con los ríos Cancuen e Izabal formando sus vertientes del este. Río abajo está el río San Pedro Mártir que drena el noroeste de Petén y se une al flujo del Usumacinta al norte en Tabasco, México. En la esquina noreste del departamento, el río Azul se convierte en el río Hondo, que forma el límite entre Belice y Quintana Roo, México. Finalmente, el río Mopán drena el este-oeste de Petén antes de vaciarse en el río Belice y luego en el Mar Caribe. Todas estas arterias tienen tributarios primarios y secundarios adicionales, pero su flujo es muchas veces estacional y poco predecible.

En el centro de Petén hay una cadena de lagos que ha sido el recurso acuático primario a través de la historia de ocupación humana de la región (Figura 1.3). Estos lagos—Sacpuy, Petén Itzá, Petenxil (o Petenchel), Quexil (Ek'ixil), Salpetén (Petensuc), Macanché, Yaxhá y Sacnab

Figure 1.1. Mesoamerica, showing modern cities and political boundaries, indigenous. Colonial period provinces in the Maya area to the east, and obsidian sources.
Figura 1.1. Mesoamérica, mostrando ciudades y límites políticas modernas, provincias indígenas del período colonial en el área maya al este y fuentes de obsidiana.

to east)—formed during the early Holocene in east–west fault-line depressions roughly along 17° North latitude. The north shores of the lakes climb steeply to an elevated (up to 300 m) limestone/dolomite/gypsum plateau, where seasonal swamps or shallow ponds occupy solution basins (poljes) at various locations. The southern shores slope gently toward a region of greater geophysical relief in the form of karstic ("haystack") hills beginning about 16°54'.

Excluding Laguna Perdida, a fluviatile lake to the west and outside the fault trench, the central Petén lakes region spans approximately 75 km. The largest of these bodies of water, Lake Petén Itzá, stretches approximately 30 km east-west and is the second largest lake in Guatemala, after Lake Izabal to the southeast. The department's modern capital, Ciudad Flores, occupies a small island in the southern arm of Lake Petén.

Like Petén's rivers, these lakes made large spaces smaller with respect to human mobility: travel by canoe facilitated the movement of people and goods. With portages between the bodies of water possible, channeled in part by the line of depressions in which the lakes formed and in part by the courses of permanent or seasonal streams, the region's inhabitants could traverse the area in a matter of several days. At the same time, trails between the lakes district and the more peripheral, perennial river systems linked this central area to communities and resources well beyond the confines of Petén's modern borders, facilitating the contacts and migrations that marked episodes of Maya history. Consideration of the central Petén lakes as conduits and as resources is fraught with demographic, economic, and political ramifications, however. Access and control of access to these waterways must have figured into political geography and statecraft throughout Maya history, although we can investigate this in detail only in the Postclassic and Contact periods.

The water level of Lake Petén Itzá, like that of all the central Petén lakes, fluctuates seasonally and on irregular multi-annual and -decadal cycles. In the early and middle Holocene, Lakes Salpetén and Petén Itzá might even have been joined, although not necessarily extending into the period of Maya occupation in the region (see Hodell et al. 2006; Mueller et al. 2009:138–139; Rosenmeier et al. 2002). At the time of Ixlú's earliest Middle Preclassic occupation and construction, lake levels were much higher than they are today. The area around the mouths of the Ríos Ixlú and Ixpop would have been inundated, and the slight natural rise now occupied by the site of Ixlú (Figure 1.4) briefly might have been an island. As water levels subsided a strip of low-lying terrain just north of the site may have continued to permit canoe travel between the lakes (Rice 1996:Figure 3, 120). Over the last 500 years lake waters were higher—perhaps 5–8 m higher—in the periods 1550–1730 and 1940–2005 (Pérez et al. 2010). During the recent period of high levels in the 1990s, however, water did not fully cross either north or south of the site and the two lakes were not joined. In any case, throughout ancient times portage by foot between Petén Itzá and Salpetén would have been relatively unencumbered.

Figure 1.2. The Yucatán Peninsula and adjacent Maya regions, showing the location of the Department of El Petén, Guatemala, its modern political setting, rivers, and sites mentioned in the text.

Figura 1.2. La península de Yucatán y regiones mayas adyacentes, mostrando el departamento de El Petén, Guatemala, límites políticos modernos, ríos y sitios mencionados en el texto.

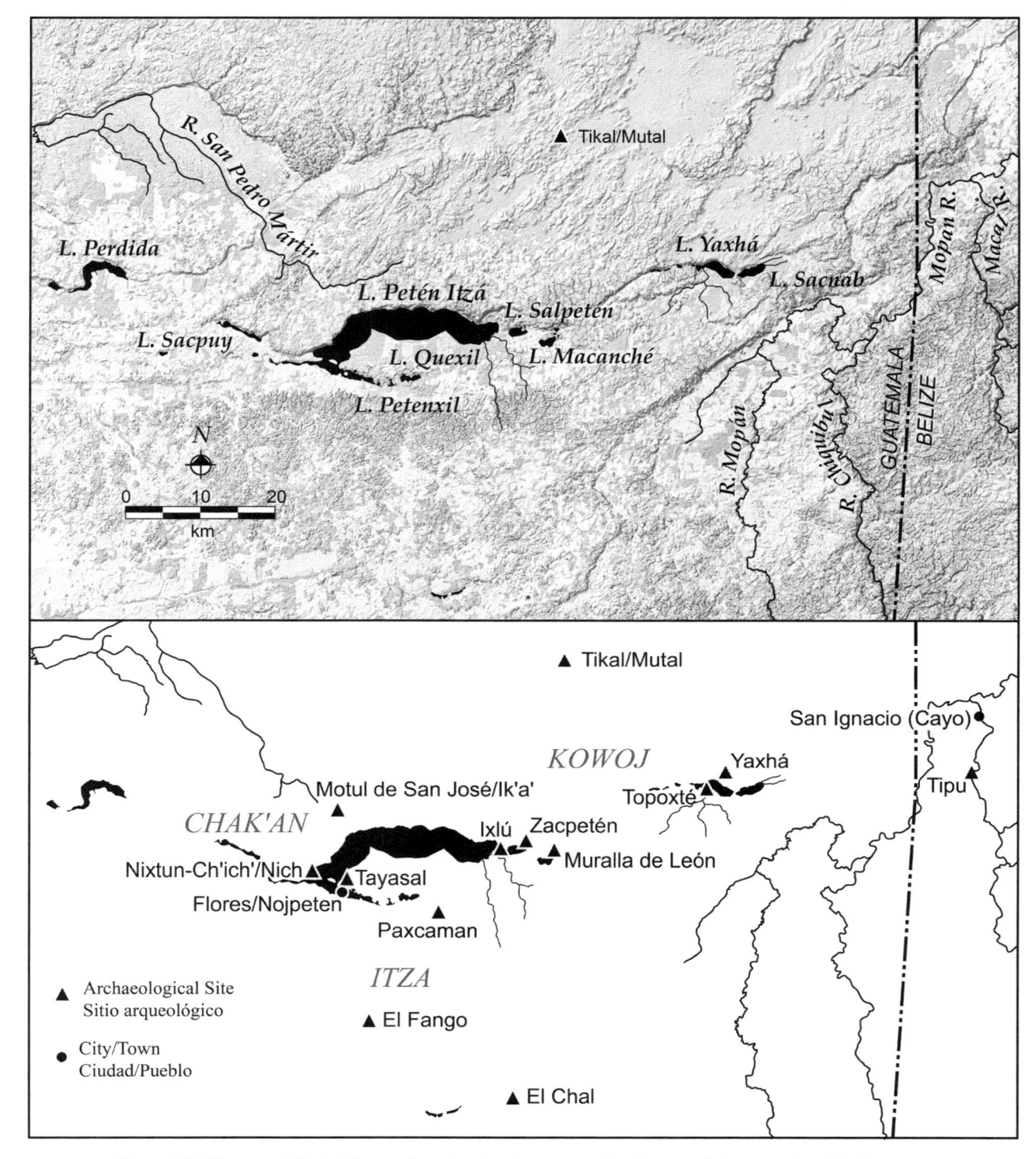

Figure 1.3. The central Petén lakes region, showing its topography, rivers, and sites mentioned in the text.
Figura 1.3. La región de los lagos de Petén central, mostrando topografía, ríos y sitios mencionados en el texto.

At the eastern end of Lake Petén Itzá, Ixlú (16°58'47", 89°41'11") sits astride a narrow isthmus, less than 1.5 km wide, separating Lake Petén from Lake Salpetén. The site lies less than 800 m northwest of a navigable stretch of the Río Ixlú and approximately 2 km from the river's human-modified mouth. This latter area likely provided a protected point of embarkation and disembarkation on Petén Itzá's easternmost shore. A second, similar facility at the mouth of the Río Ixpop, a bit farther southwest, is about 3 km from site-center. These ports or *embarcaderos* (chapter 2) are visible in aerial photographs and satellite images, and we have traveled them in kayaks, but the quays or jetties have not yet been investigated archaeologically and thus we do not know their dates of construction.

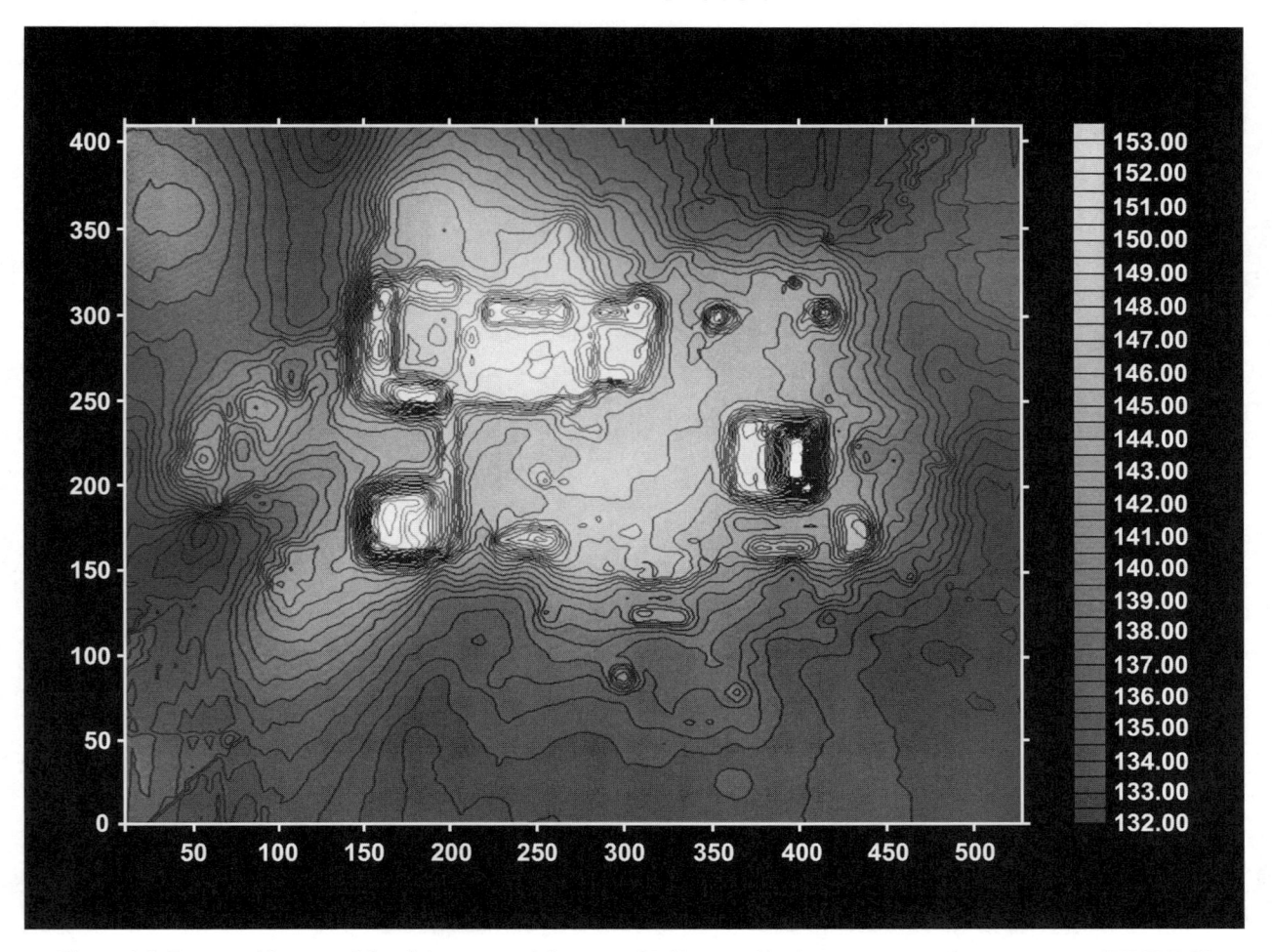

Figure 1.4. Topographic map of the civic-ceremonial center of Ixlú created in the computer software program SURFER™ from 1994 mapping data. Left and bottom scales are distance in meters. Right scale is meters above sea level.

Figura 1.4. Mapa topográfico del centro cívico-ceremonial de Ixlú, hecho por el software para computadoras SURFER™ con datos de mapeo de 1994. Escalas a la izquierda y abajo dan las distancias en metros. Escala derecha indica metros sobre el nivel del mar.

(de oeste a este)—se formaron durante el Holoceno en las depresiones de la línea de falla este-oeste aproximadamente a lo largo de la latitud 17° norte. Las costas norte de los lagos suben la pendiente a una elevada plataforma (más de 300 m) de caliza/dolomita/yeso, donde pantanos estacionales y estanques poco profundos ocupan poljes en varias ubicaciones. Las orillas al sur bajan suavemente hacia la región de más relieve geofísico en forma de montañas cársticas (pajares) empezando alrededor de 16°54'.

Excluyendo la Laguna Perdida, un lago fluvial al oeste y fuera de la trinchera de la falla, los lagos de la región central de Petén abarcan aproximadamente 75 km. El más grande de estos cuerpos de agua, el Petén Itzá, abarca aproximadamente 30 km de este a oeste y es el segundo lago más grande en Guatemala, después del lago de Izabal al sureste. La cabecera moderna del departamento, Ciudad de Flores, ocupa una pequeña isla en el lado sur del lago Petén.

Como los ríos de Petén, estos lagos acortaban los grandes espacios con respecto a la movilidad humana: viajar por canoa facilitaba el movimiento de personas y bienes. Siendo así posible el transporte de carga entre cuerpos de agua, canalizado en parte por una fila de depresiones en la cual se formaron los lagos y en parte por el curso de arroyos permanentes o intermitentes, los habitantes de la región podían atravesar el área en cuestión de días. Al mismo tiempo, los senderos entre el distrito de los lagos y los sistemas de ríos más periféricos y perennes unían esta área central a las comunidades y recursos más allá de los confines de los límites modernos de Petén, facilitando los contactos y migraciones que marcaron episodios de la historia maya. Sin embargo, el considerar los lagos de Petén central como conductos y recursos está lleno de ramificaciones demográficas, económicas y políticas. El acceso y control al acceso de estas rutas acuáticas debió haber figurado en la política geográfica y el arte de gobernar a través de la historia maya, aunque solo podemos investigarlo en detalle para los períodos Postclásico y de Contacto.

El nivel del agua del lago Petén Itzá, al igual que la de los otros lagos del Petén central, fluctúa conforme a las estaciones y en ciclos irregulares multianuales o de décadas. Es posible que del Holoceno temprano al medio los lagos

Lake Petén's eastern margin—the western edge of the isthmus—has been more or less continuously occupied, and increasingly so in recent times, serving as a nexus for overland travel east-west and north-south. The main road heading east out of Flores divides just south of Ixlú, one branch turning north up the steep ascent toward Tikal and the other continuing eastward, south of the lakes, to the border with Belize. With the paving of the main road east from Flores and north to Tikal in the late 1970s (and the eastern branch some years later), the two small villages on the isthmus, Ixlú to the south and Remate to the north, have grown, and the area between them is now filled with tourist-oriented artisan shops and tiny hotels.

Cultural Context: Contested Geo-Politics and Trade

The central Petén lake basins were foci of prehispanic occupation beginning in the late Early Preclassic period around 1000 BC and perhaps significantly earlier (Table 1.1). Small Middle Preclassic settlements can be found on islands, peninsulas, and mainland areas from western Lake Petén Itzá to Sacnab, including at Ixlú (chapter 3). These lakes, like Petén's bordering rivers, provided residents with permanent potable water and aquatic fauna and flora.

Archaeological attention to the Mayas of Petén has been devoted primarily to the Classic period, particularly the large Late Classic cities with tall temple-pyramids, carved and dated stelae and altars, and sumptuous royal tombs filled with jades and elegant polychrome-painted pottery. Interestingly, given the desirability of access to water—particularly for large population centers in the tropical dry season—the largest Classic Maya civic-ceremonial centers are more common in the interior rather than around the lake shores. The famed city of Tikal (see Figures 1.2 and 1.3), for example, is situated between *bajos* approximately 28 km north of Lake Macanché. The largest sites in the immediate vicinity of the lakes are the Classic-period centers of Yaxhá, on the northern rim of the Lake Yaxhá basin, and Motul de San José, 4 km from Lake Petén's northwestern edge. Only Nixtun-Ch'ich' and Tayasal are large shoreline sites on Lake Petén Itzá, located on facing peninsulas that constrict the lake and create a strait between the larger lake body to the north and its smaller southern arm.

Archaeologists have also been preoccupied with understanding the Terminal Classic period and the "collapse" of Maya civilization in the southern lowlands (Aimers 2007; Demarest et al. 2004; Webster 2002). This turbulent episode witnessed the end of divine or sacred kingship and its many manifestations, and demographic changes including migrations, population declines, and abandonment of many Classic cities. These disruptions were less dramatic in the lakes region, where settlement shifted from the mainland to easily defended islands and peninsulas and was accompanied by in-migration. One key economic transformation was a shift in trade patterns from overland to coastal routes. Ixlú's isthmian exchange node likely gained importance for interior Petén as part of these changes and we suspect that its role as an entrepôt began around this time. Archaeological data reveal that Ixlú's Late and Terminal Classic residents had close political ties to Tikal (chapter 3).

The Postclassic and succeeding Spanish Contact periods in the lacustrine zone were primarily known through historical and ethnohistorical research, which long focused on the powerful group called Itza and their ruler Ajaw Kan Ek'. Their polity was centered in the eponymous Lake Petén Itzá basin, with their capital Nojpeten ('big island') or Tayza situated on today's Flores Island, the largest of several small islets or *petenes* in the small arm of the lake south of the Tayasal Peninsula. In the Contact period the Petén Itzas acknowledged familial ties to the better known Itzas of Chich'en Itza in the northern Yucatán Peninsula (Jones 1998:11).

Archaeological excavations, slow to catch up to historical work, began at opposite ends of the line of lakes, focusing on Tayasal in Lake Petén Itzá in the west (Chase 1983a; Cowgill 1963) and the Topoxté Islands in Lakes Yaxhá in the east (Bullard 1970; Rice 1979). This spatial separation led to significant problems in interpreting the archaeological record, the difficulties resulting from an im-

TABLE 1.1. CHRONOLOGY OF THE CENTRAL PETÉN LAKES REGION
CUADRO 1.1. CRONOLOGÍA DE LA REGIÓN DE LOS LAGOS DEL PETÉN CENTRAL

Period	Período	Gregorian Dates / Fechas Gregorianas	Long Count Dates / Fechas de la Cuenta Larga	*K'atun* Ending / Fin de *K'atun*
Late Colonial	Colonial Tardío	1720s - 1821		
Early Colonial	Colonial Temprano	1697 - 1720s	12.4.0.0.0 - ????	
Contact	Contacto	1525 - 1697	11.15.5.0.0 - 12.4.0.0.0	10 Ajaw
Late Postclassic	Postclásico Tardío	~1400 - 1525	???? - 11.15.5.0.0	in/en 13 Ajaw
Middle Postclassic	Postclásico Medio	1204 - ~1400	10.19.0.0.0 - ????	
Early Postclassic	Postclásico Temprano	948 - 1204	10.6.0.0.0 - 10.19.0.0.0	8 Ajaw
Terminal Classic	Clásico Terminal	830 - 948	10.0.0.0.0 - 10.6.0.0.0	8 Ajaw
Late Classic	Clásico Tardío	~593 - 830	9.8.10.0.0 - 10.0.0.0.0	7 Ajaw
Early Classic	Clásico Temprano	100 - ~593	8.8.0.0.0 - 9.8.0.0.0	5 Ajaw
Late Preclassic	Preclásico Tardío	~300 BC - AD 199	???? - 8.8.0.0.0	6 Ajaw
Middle Preclassic	Preclásico Medio	~900 BC - 400 BC		

Salpetén y Petén Itzá estuvieran unidos, aunque no necesariamente durante el periodo de la ocupación maya en la región (ver Hodell et al. 2006; Mueller et al. 2009:138–139; Rosenmeier et al. 2002). Al momento de la ocupación y construcción más temprana del Preclásico Medio en Ixlú, los niveles del lago eran mucho más altos que ahora. El área alrededor de la desembocadura de los ríos Ixlú e Ixpop habría estado inundada y la ligera elevación natural ahora ocupada por el sitio Ixlú (Figura 1.4) ha de haber sido una isla por un tiempo breve. Mientras los niveles de agua bajaban una franja de terreno bajo justo al norte del sitio ha de haber permitido el viaje en canoa entre los lagos (Rice 1996: Figura 3, 120). Durante los últimos 500 años las aguas del lago fueron más altas—posiblemente 5–8 m más altas—en los períodos entre 1550–1730 y 1940–2005 (Pérez et al. 2010). Sin embargo, durante el período reciente de niveles altos en los años 1990, el agua no cruzó por completo ya sea el norte o sur del sitio y los dos lagos no estaban unidos. En cualquier caso, a lo largo de tiempos antiguos el acarreo a pie entre el Petén Itzá y Salpetén habría sido relativamente sin cargas.

En el extremo este del lago Petén Itzá, Ixlú (16°58'47", 89°41'11") se asienta a ambos lados de un istmo estrecho de menos de 1.5 km de ancho que separa el lago Petén del Salpetén. El sitio se encuentra a menos de 800 m al noroeste de un estrecho navegable del río Ixlú y aproximadamente a 2 km de la desembocadura del río modificada por el humano. Esta última área posiblemente proveyó un lugar de embarque y desembarque protegido en la costa este del Petén Itzá. Una segunda y similar instalación en la desembocadura del río Ixpop, un poco más al suroeste, está aproximadamente a 3 km del centro del sitio. Estos puertos o embarcaderos (Capítulo 2) son visibles en fotografías aéreas e imágenes satelitales y los hemos visitado en kayaks, pero los muelles o embarcaderos no han sido investigados arqueológicamente y por consiguiente no conocemos las fechas de construcción.

El margen este del lago Petén—la orilla oeste del istmo—ha sido más o menos ocupado continuamente, incrementando en época reciente sirviendo como nexo para el viaje por tierra de este-oeste y norte-sur. El camino principal que va al este desde Flores se divide justo al sur de Ixlú, un lado se dirige al norte y sube hacia el sitio de Tikal y el otro continúa al este, al sur de los lagos hasta la frontera con Belice. Con el pavimento del camino al este desde Flores y norte a Tikal a finales de los años 1970 (y del lado este unos años después), los pequeños pueblos en el istmo, Ixlú al sur y El Remate al norte, han crecido y el área entre ellos está repleta de tiendas de artesanías para turistas y pequeños hoteles.

Contexto Cultural: Disputada Geo-Política e Intercambio

Las cuencas de los lagos del Petén central fueron foco de ocupación prehispánica empezando en la parte tardía del período Preclásico Temprano, alrededor del 1000 AC y posiblemente antes (Cuadro 1.1). Pequeños asentamientos del Preclásico Medio pueden encontrarse en islas, penínsulas y áreas de tierra firme al oeste del lago Petén Itzá al Sacnab, incluyendo a Ixlú (Capítulo 3). Estos lagos, como los ríos que bordean Petén, proveían a los residentes de agua potable permanente, así como de fauna y flora acuática.

La atención arqueológica hacia los mayas de Petén ha sido fiel principalmente al período Clásico, particularmente a las grandes ciudades del Clásico Tardío con los enormes templos-pirámides, las estelas y los altares tallados, así como los fechados y las suntuosas tumbas reales llenas de jade y elegante cerámica polícroma. De manera interesante, dado el deseo de acceder al agua—particularmente por parte de substanciales grupos de población durante la temporada tropical seca—los grandes centros cívico-ceremoniales del Clásico maya se encuentran comúnmente en el interior en vez de estar alrededor de las orillas de los lagos. Por ejemplo, la famosa ciudad de Tikal (ver Figuras 1.2 y 1.3) está situada entre bajos, aproximadamente a 28 km al norte del lago Macanché. Los sitios más grandes en la vecindad inmediata de los lagos son los centros del período Clásico de Yaxhá, en el lado norte de la cuenca del lago Yaxhá y Motul de San José, a 4 km de la orilla noroeste del lago Petén. Solamente Nixtun-Ch'ich' y Tayasal son sitios grandes a las orillas del lago Petén Itzá, ubicados en penínsulas opuestas que restringen el lago y crean un estrecho entre el cuerpo de agua grande al norte y su brazo pequeño al sur.

Los arqueólogos también se han preocupado por comprender el período Clásico Terminal y el "colapso" de la civilización maya de las tierras bajas del sur (Aimers 2007; Demarest et al. 2004; Webster 2002). Este episodio turbulento fue testigo del final de la realeza divina o sagrada y sus muchas manifestaciones y los cambios demográficos incluyendo migraciones, declive en la población y abandono de muchas ciudades Clásicas. Estos cambios fueron menos dramáticos en la región de los lagos donde el asentamiento cambió de tierra adentro a islas y penínsulas fáciles de defender y fue acompañado por inmigración. Una transformación económica importante fue el cambio de patrones de intercambio de rutas terrestres a costeras. El núcleo ístmico de intercambio de Ixlú probablemente ganó importancia para el interior de Petén, como parte de estos cambios y sospechamos que su papel como entrepôt comenzó por esta época. Los datos arqueológicos revelan que los residentes de Ixlú para el Clásico Tardío y Terminal tenían un contacto político estrecho con Tikal (Capítulo 3).

Los períodos Postclásico y el subsiguiente de Contacto español en la zona lacustre son conocidos, principalmente a través de investigaciones históricas y etnohistóricas que se han enfocado en el poderoso grupo llamado Itza y su gobernante Ajaw Kan Ek'. La entidad política Itza estaba centrada en la epónima cuenca del lago Petén Itzá, con su capital Nojpeten ("gran isla") o Tayza situada en la actual Isla de Flores, el más grande de varios islotes o petenes en el brazo pequeño del lago al sur de la península de Tayasal.

plicit sense that, because the lakes district was an environmental region, it should also constitute a cultural "region" and exhibit appreciable shared material culture. What was found, instead, was that eastern and western occupations were materially distinct in many ways.

These interpretive difficulties began to be resolved with ethnohistorian Grant D. Jones's model of the Late Postclassic- and Contact-period political geography of the Petén lakes area (1998; Rice et al. 1993). Jones revealed the important role of a second ethnopolity besides the Itzas, that of the Kowojs to the east (1998:17–19, 2009). The Kowojs were relatively recent immigrants into Petén from Yucatán, where they may have been part of the western Xiw alliance, long in conflict with the northern Itzas (see Rice and Rice 2009). From their center at the Topoxté Islands in Lake Yaxhá, the Kowojs had begun to push westward to Lakes Macanché and Salpetén, ultimately reaching the eastern shore of Lake Petén—and Ixlú. As discussed in chapter 4, much of our work at Ixlú and other Postclassic sites in the lakes region has been directed toward defining and characterizing these two ethnopolitical identities, Itza and Kowoj, on the basis of their material expression, especially in pottery and architecture.

Ixlú was a strategic node in transpeninsular trade and the Kowojs' westward expansion represented an overt challenge to Itza hegemony. This challenge was strengthened by their alliance with the Chak'an faction of the Itzas, whose territory lay west of Lake Petén Itzá (Jones 1998:95). By the seventeenth century relations between the two groups, Kowojs/Chak'ans and Petén Itzas, had devolved into factionalism and civil war, a major point of contention being the regional response to the Spaniards' ceaseless military and religious demands for submission and conversion.

The course of indigenous history in the central Petén lakes region was irrevocably altered on March 13, 1697, when the Itzas and their island capital of Nojpetén were ruthlessly assaulted by forces from Campeche led by Martín de Ursúa Arismendi y Aguirre (see Jones 1998:295–302). The Itzas of Petén, isolated deep in their interior forested landscape, were the last Maya kingdom to fall to the Spaniards. After the Itza ruler and other leaders were arrested and taken to the highlands, the remaining Itzas and Kowojs, separately and together, mounted programs of resistance, particularly directed against their forced resettlement (*congregación*) into mission villages around Lake Petén. Resistance also included efforts to reconstitute an Itza polity in Chak'an territory around Lake Sacpuy, as well as in southern Belize, and a rebellion in 1704 (see Jones 1998:381–385, 397–405).

History of Investigations

In 1921 the indefatigable Maya archaeologist Sylvanus Griswold Morley visited the site now known as Ixlú, naming it after the nearby creek called Ixlú or Ix Lu' (Morley 1937–1938, III:438). In Yukateko and Itzaj Mayan, *lu'* or *ixlu'* means "catfish" (Hofling, personal communication 2014. Alternative derivations of the toponym might be *ixluk'*, *ixlub*, or *ichluub'* [Comparato 1983:307n1093]: *luk'* means "mud"; one meaning of *lub* is "rest stop for travelers"; *ix* is usually a feminine prefix but may also mean "small," and *ich* means "inside, among.") The indigenous Maya name for the site is unknown and the Ixlú toponym is not seen in Spanish documents.

Indeed, Spanish toponymy (and associated orthography) in the region is confusing. In the sixteenth and seventeenth centuries the port area and associated town were known as Saclemacal (also Saklamakhal, Zachemacal, Achamacal, Cachemacal; Comparato 1983:380), but it is not clear if that town is the archaeological site known today as Ixlú. Etymologically, the root of this toponym is Itzaj *mak*, which refers to a top, cap, stoppage, or blockage; *makal* means "capped" and *makäl* is a reflexive verb for this action (Hofling and Tesucún 1997:428–429). *Sak* (or *zac*) means "white," but also "bright" or "reflective." We might speculate that the toponym refers to the temporary stoppage of traffic over water (and land?) at the Ixlú port facility. A related term in Spanish documents is Chaltuna (*chaltun*, 'dense white earth', probably *chaltun* + *ja'* 'water'), the Itzaj name for Lake Petén Itzá (Hofling and Tesucún 1997:192). The Spaniards sometimes referred to Chaltuna as a settlement on the eastern end of the lake but, as with Saclemacal, it is unclear if the term might refer to Ixlú or to a different place.

Ixlú was first mapped in 1924 by Franz Blom (Figure 1.5; Morley 1937–38, V:Plate 210a), who recorded 21 structures. The site was remapped in 1975 by Eric von Euw and then again in 1980 by our Proyecto Lacustre, which added previously unrecognized Postclassic constructions to the map for a total of 50 structures (D. Rice 1986:Figure 9.6). Ixlú was remapped yet a third time in 1994 by Proyecto Maya Colonial, with particular attention to areas outside the monumental core where numerous large, low platforms lie to the west and northwest. Ixlú is now known to comprise some 150 structures (Figure 1.6), dating to the Classic, Postclassic, and later Contact periods.

Our work at Ixlú in 1994 and 1998 initiated our ongoing archaeological investigation of Jones' (1998; Rice et al. 1993) model of Petén lakes Postclassic political geography. The 1994 Proyecto Maya Colonial exploration of Ixlú consisted of 16 test pits or test units (TUs). We numbered Ixlú's structures beginning with 2001, continuing a sequence from other sites in Proyecto Maya Colonial's surveys to the east. Test units were numbered consecutively beginning with TU1. These investigations continued in 1998 with nine additional TUs and more extensive surface clearing operations (the project's research design did not call for major architectural excavation) at 14 structures (Figure 1.7). It is also important to mention here that project goals did not include investigating Ixlú's entrepôt function, a role that has been recognized only after very recent reanalysis of satellite and aerial imagery, maps, and artifacts.

En el período de Contacto los Petén Itzaes reconocieron vínculos familiares con los conocidos Itzaes de Chich'en Itza en la norteña península de Yucatán (Jones 1998:11).

Las excavaciones arqueológicas, lentas para alcanzar el trabajo histórico, empezaron en lugares opuestos de la línea de lagos, enfocándose en Tayasal (Chase 1983a; Cowgill 1963) en el lago Petén Itzá al oeste y en las Islas de Topoxté al este en el lago Yaxhá (Bullard 1970; Rice 1979). Esta separación espacial llevó a problemas significativos en la interpretación del registro arqueológico, las dificultades provenientes de un sentimiento implícito de que si el distrito de los lagos era una región ambiental, también debía constituir una "región" cultural y exhibir una apreciable cultura material compartida. En su lugar, lo que se encontró fue que las ocupaciones al este y oeste eran materialmente distintas en muchas formas.

Estas dificultades de interpretación empezaron a ser resueltas con el modelo del etnohistoriador Grant D. Jones, sobre la geografía política del área de los lagos de Petén para el período Postclásico y de Contacto (1998; Rice et al. 1993). Jones reveló el papel importante de una segunda entidad política aparte de la de los Itzaes, la de los Kowojs al este (1998:17–19, 2009). Los Kowojs eran inmigrantes relativamente recientes de Yucatán hacia Petén, dónde pudieron ser parte de la alianza oeste Xiw, en conflicto antiguo con los Itzaes del norte (ver Rice y Rice 2009). Desde su centro en las Islas de Topoxté en el lago Yaxhá, los Kowojs empezaron a expandirse al oeste hacia los lagos Macanché y Salpetén, finalmente llegando a la orilla este del lago Petén y el territorio Itza—y a Ixlú. Como se discute en el Capítulo 4, mucho de nuestro trabajo en Ixlú y otros sitios Posclásicos en la región de los lagos ha sido dirigido hacia definir y caracterizar la identidad de estas dos entidades políticas, los Itza y Kowoj, con base en su expresión material, especialmente en la cerámica y arquitectura.

Ixlú era un núcleo estratégico en el intercambio transpeninsular y la expansión de los Kowojs hacia el oeste representaba un desafío público para la hegemonía Itza. Este desafío fue reforzado por su alianza con la facción Chak'an de los Itzaes, cuyo territorio estaba al oeste del lago Petén Itzá (Jones 1998:95). Hacia el siglo XVII las relaciones entre los dos grupos, Kowoj/Chak'an y Petén Itzaes, habían pasado al faccionalismo y la guerra civil, donde un gran punto de contención era la respuesta regional a las constantes demandas militares y religiosas de los españoles de sumisión y conversión.

El curso de la historia indígena en la región de los lagos del Petén central fue irrevocablemente alterado el 13 de marzo de 1697, cuando los Itzaes y su capital Nojpeten fueron asaltados fuertemente por fuerzas de Campeche comandadas por Martín de Ursúa Arismendi y Aguirre (ver Jones 1998:295–302). Los Itzaes de Petén, aislados en el interior del paisaje boscoso, fueron el último reino Maya en caer ante los españoles. Después que el gobernante Itza y otros líderes fueran arrestados y llevados al altiplano, los restantes Itzaes y Kowojs, por separado y en conjunto, armaron varios programas de resistencia, particularmente dirigidos contra el reasentamiento forzado (congregación) en misiones alrededor del lago Petén. La resistencia también incluía esfuerzos para reconstituir la entidad Itza en el territorio Chak'an alrededor del lago Sacpuy, así como en el sur de Belice y una rebelión en 1704 (ver Jones 1998:381–385, 397–405).

Historia de las Investigaciones

En 1921, el infatigable arqueólogo maya, Sylvanus Griswold Morley, visitó el sitio que ahora se conoce como Ixlú y lo nombró así por el arroyo cercano llamado Ixlú o *Ix Lu'* (Morley 1937–1938, III:438). En yucateco y maya itzaj la palabra *lu'* o *ixlu'* significa "pez gato" (Hofling, comunicación personal 2014. Derivaciones alternativas del topónimo pueden ser *ixluk'*, *ixlub* o *ichluub'* [Comparato 1983:307n1093]: *luk'* significa "lodo", un significado de *lub* es "lugar de descanso para viajeros", *ix* usualmente es un prefijo femenino, pero también puede significar "pequeño" e *ich* significa "adentro, entre"). El nombre indígena maya para el sitio no es conocido y en los documentos españoles no se ha visto un topónimo de Ixlú.

De hecho, el topónimo español (y ortografía asociada) en la región es confuso. En los siglos XVI y XVII el área del puerto y pueblo asociado eran conocidos como *Saclemacal* (también *Salamakhal*, *Zachemacal*, *Achamacal*, *Cachemacal*; Comparato 1983:380), pero no es claro si este pueblo es el sitio arqueológico que ahora se conoce como Ixlú. Etimológicamente, la raíz de este topónimo es el itzaj *mak* que se refiere a lo de arriba, tapadera, tapón o bloqueo; *makal* significa "tapado" y *makäl* es un verbo reflexivo para esta acción (Hofling y Tesucún 1997:428–429). *Sak* (o *zac*) significa "blanco", pero también "brillante, que refleja, precioso". Podemos especular que el topónimo se refiere a la parada temporal de tráfico sobre agua (y tierra?) en las instalaciones de puerto de Ixlú. Un término relacionado de los documentos españoles es *Chaltuna* (*chaltun*, 'tierra blanca densa', probablemente *chaltun + ja* 'agua'), el nombre itzaj para el lago Petén Itzá (Hofling y Tesucún 1997:192). Los españoles algunas veces se referían a Chaltuna como un asentamiento al este del lago, pero como con Saclemacal, no es claro si el término se refiere a Ixlú o a un lugar diferente.

Franz Blom hizo el mapa de Ixlú por primera vez en 1924 (Figura 1.5; Morley 1937–38, V:Plate 210a), quien registró 21 estructuras. El mapa del sitio se hizo de nuevo en 1975 por Eric von Euw y luego en 1980 por nuestro Proyecto Lacustre que añadió construcciones Postclásicas que anteriormente no habían sido reconocidas haciendo un total de 50 estructuras (D. Rice 1986: Figura 9.6). El mapa de Ixlú se hizo por tercera vez en 1994 por el Proyecto Maya Colonial y se prestó atención particular a las áreas fuera del núcleo monumental donde hay varias plataformas largas y bajas al oeste y noroeste. Ahora se sabe que Ixlú está conformado por unas 150 estructuras visibles que datan de los períodos Clásico, Postclásico y, de Contacto (Figura 1.6).

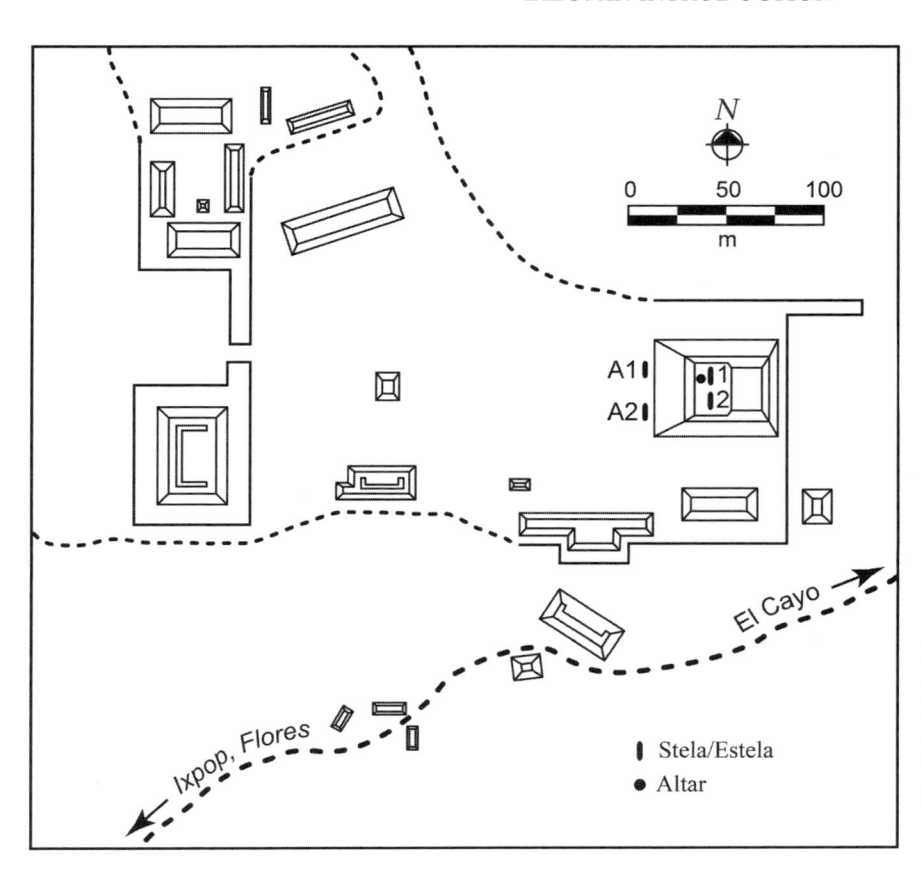

Figure 1.5. The 1924 map of the site of Ixlú made by Franz Blom, showing the east-west trail between Flores, Petén, and Cayo (now San Ignacio), Belize, that passed through the southern part of the site (redrawn from Morley 1937–38, V: 201a).

Figura 1.5. El mapa de Ixlú de 1924 hecho por Franz Blom, mostrando el camino este-oeste entre Flores y El Cayo (ahora San Ignacio, Belice) que pasaba por la parte sur del sitio (re-dibujado de Morley 937–38, V:201a).

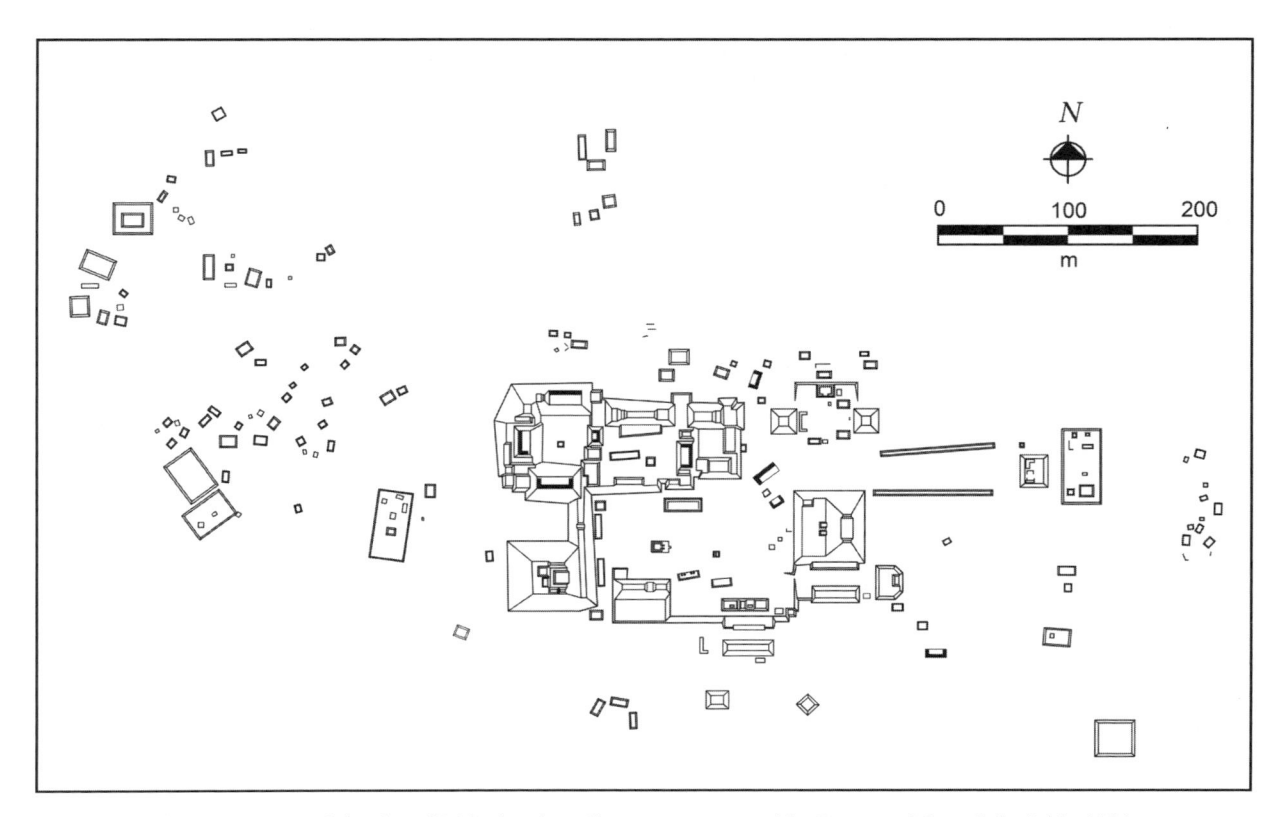

Figure 1.6. Map of the site of Ixlú, showing all structures mapped by Proyecto Maya Colonial in 1994.
Figura 1.6. Mapa de Ixlú mostrando todas las estructuras mapeadas por el Proyecto Maya Colonial en 1994.

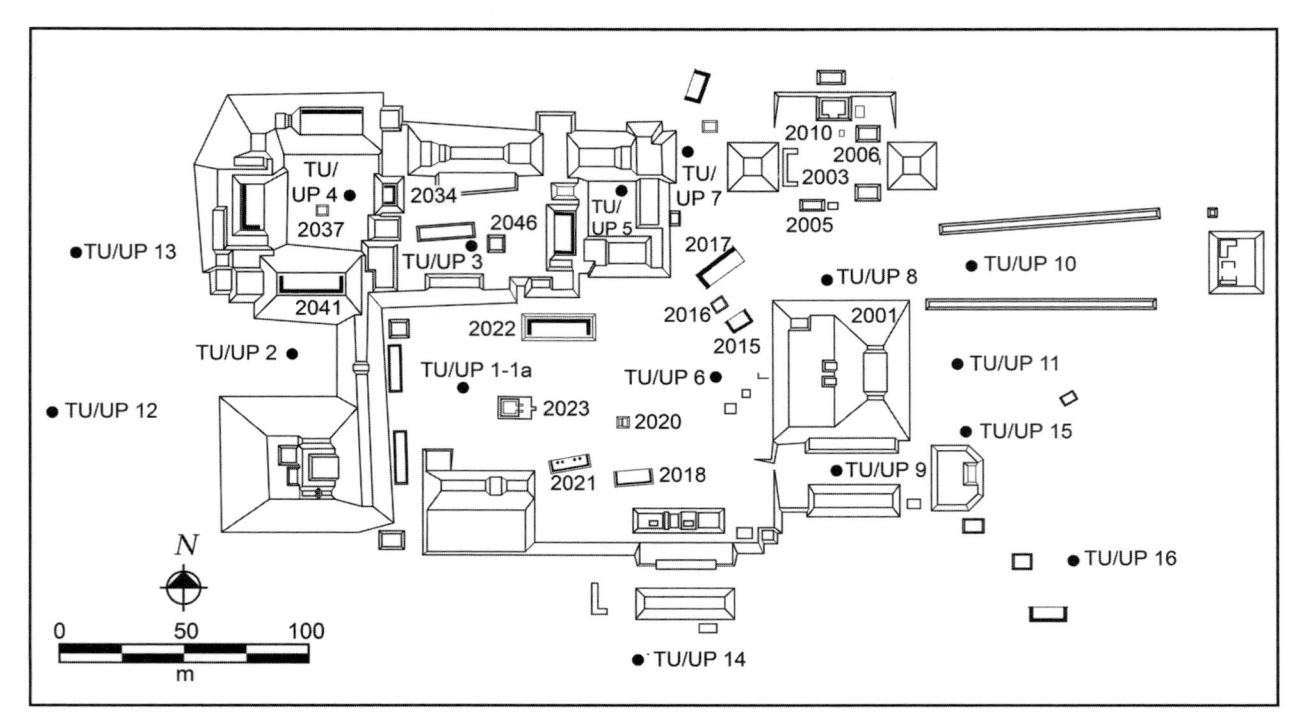

Figure 1.7. Location of the archaeological investigations by Proyecto Maya Colonial in the site of Ixlú. TUs are test-pits, and the numbered structures were subjected to clearing and in some cases limited excavation.
Figura 1.7. Ubicación de las investigaciones del Proyecto Maya Colonial. UPs son las unidades de prueba y las estructuras numeradas son las que se limpiaron y que en algunos casos se excavaron.

En los años 1994 y 1998, nuestro trabajo en Ixlú inició la investigación arqueológica continua del modelo de Jones (1998; Rice et al. 1993) de la geografía política del Postclásico en los lagos de Petén. En 1994 la exploración del Proyecto Maya Colonial consistió en 16 pozos de prueba o unidades de prueba (UP). Numeramos las estructuras de Ixlú empezando con 2001, siguiendo una secuencia de otros sitios iniciada durante los reconocimientos de superficie del Proyecto Maya Colonial al este. Las unidades de prueba fueron numeradas consecutivamente iniciando con UP1. Estas investigaciones continuaron en 1998 con nueve UP adicionales y operaciones de limpieza de superficie más extensas en 14 estructuras (el diseño de investigación del Proyecto no contemplaba la excavación de arquitectura mayor) (Figura 1.7). También es importante mencionar que los objetivos del Proyecto no incluían la investigación de la posible función de Ixlú como entrepôt, un papel que ha sido reconocido solamente después de un reciente reanálisis de las imágenes satelitales y aéreas, los mapas y artefactos.

Las actividades de limpieza del Proyecto contemplaron la remoción de los depósitos de la parte superior del "humus y colapso" para exponer las superficies de ocupación. Como en otros sitios que hemos investigado en la región de los lagos, aproximadamente los 10–15 cm superiores de la tierra de superficie constituyen el Nivel 1, e incluyen pequeñas cantidades de cerámica erosionada y otros artefactos distribuidos por la erosión y bio-perturbación. Generalmente, el Nivel 2 corresponde a los siguientes ca. 20–50 cm de colapso estructural: piedras grandes y otros materiales de construcción que quedan después que un edificio ha sido abandonado y sus porciones superiores empiezan a deteriorarse por la exposición. La remoción de estos niveles de hecho expone deshechos, basureros, rasgos como escondites y elementos estructurales incluyendo paredes de cimientos, bancas, altares, columnas, pisos, rellenos y otros.

Los datos cronológicamente sensibles acerca de la construcción y ocupación en Ixlú consisten de cerámica y otros artefactos, formas estructurales y configuraciones arquitectónicas, como lo recuperado en el mapeo, UP y la limpieza de las superficies de las estructuras. Además, los varios elementos esculpidos de Ixlú ofrecen tanto información temporal como percepciones de las afiliaciones políticas regionales del período Clásico.

Diseño del Sitio y Configuración Arquitectónica

Ixlú es un sitio relativamente a nivel cubierto por bosque alto con guardias que mantienen baja la vegetación. Su localización ístmica, la arquitectura cívico-ceremonial y la comunidad residencial inmediata no son de carácter defensivo, ni artificial o naturalmente. Es más, Ixlú parece mejor caracterizado por su accesibilidad por tierra y agua, especialmente desde el sur. Al este, la orilla del lago Salpetén está solamente a unos 300 metros de la construcción

Project clearing activities entailed removal of the uppermost "humus and collapse" deposits to expose occupational surfaces. As at other sites we have investigated in the lakes region, the upper ca.10–15 cm of surface soil constitutes Level 1 and includes small quantities of eroded pottery and other artifacts disturbed by weathering and bioturbation. Level 2 generally represents the underlying ca. 20–50 cm of structural collapse: large stones and other construction materials remaining after a building was abandoned and its upper portions began to deteriorate from exposure. Removal of these levels exposes de facto refuse, middens, features such as caches, and structural elements including foundation walls, benches, altars, columns, floors, fills, and so on.

Chronologically sensitive data about construction and occupation at Ixlú consist of ceramics and other artifacts, structure forms, and architectural configurations as recovered in mapping, TUs, and clearing structure surfaces. In addition, Ixlú's several sculptured monuments offer both temporal information and insights into Classic-period regional political affiliations.

Site Layout and Architectural Configuration

Ixlú is a relatively level site covered by high forest, with low vegetation kept at bay today by site guards. Its isthmian location, civic-ceremonial architecture, and immediate residential community are neither artificially nor naturally defensive in nature. Rather, Ixlú seems better characterized by accessibility via land and water, especially from the south. To the east, the shore of Lake Salpetén lies only about 300 m from the easternmost construction, making for easy entry into that basin and portages further east.

Small by comparison with neighboring centers in the lakes region, Ixlú has a footprint measuring ca. 800 m east–west by ca. 500 m north–south (0.4 km²; 40 ha). The north, east, and west margins of the site drop fairly steeply. Ixlú's civic-ceremonial core, with structures of primarily Late and Terminal Classic date, is dominated by the rectangular Main Plaza anchored by temple-pyramids to the east (Temple 1, also Structure 2001) and west (Temple 2, Structure 2002) (Figure 1.8). The Main Plaza is bordered on its northwest by an Acropolis consisting of three plazas or patios and on its northeast by the North Plaza. North of the latter is a twin-pyramid complex, a structural plan first identified at Tikal (Jones 1969) and unique to that site and its political satellites. Two east–west-oriented ballcourts lie on the southern edge of the core, the western court constructed south of the Main Plaza and the eastern immediately south of Temple 1.

Temple 1, 12 m high (Morley 1937–38, III:439), has a broad apron on the front (west) side, an unusual feature that is also seen on west-facing Temples 216 ("El Mirador") and 256 at the site of Tayasal on the tip of the Tayasal Peninsula, and Structure 1 on Canté Island in Lake Yaxhá. Both Tayasal structures, much taller than Ixlú Temple 1,

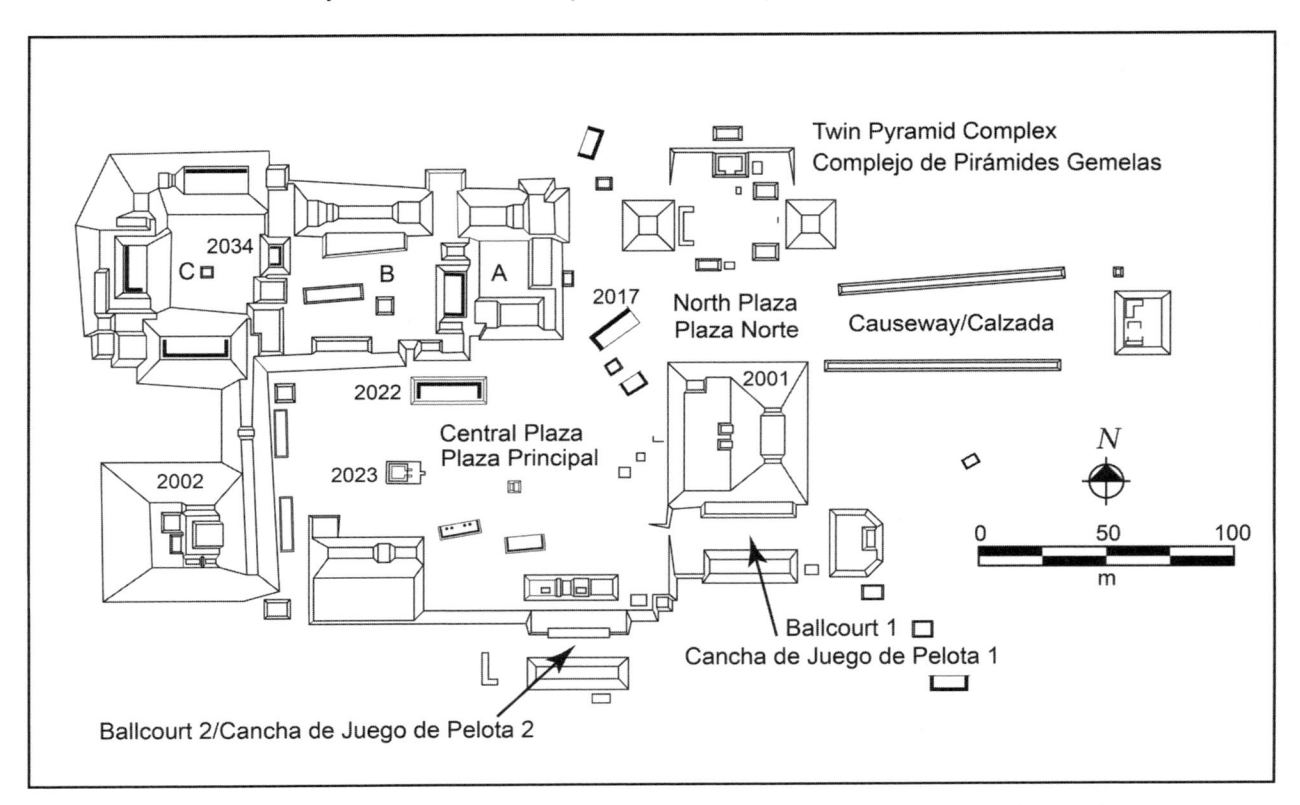

Figure 1.8. The civic-ceremonial center of the site of Ixlú, showing its major architectural complexes and structures.
Figura 1.8. El centro cívico-ceremonial de Ixlú, mostrando los mayores componentes arquitectónicos y estructuras.

ubicada en el extremo este, permitiendo una entrada fácil a la cuenca y los acarreos del este.

Pequeño al compararlo con otros centros vecinos de la región de los lagos, Ixlú mide ca. 800 m este-oeste por ca. 500 m norte-sur (0.4 km², 40 ha). El núcleo cívico-ceremonial de Ixlú (Figura 1.8), que tiene esencialmente estructuras fechadas para el Clásico Tardío y Clásico Terminal está dominado por una Plaza Principal rectangular, desde la cual el terreno al norte, este y oeste desciende muy abruptamente. La Plaza Principal está anclada al este por templos piramidales (Templo 1, es decir Estructura 2001) y al oeste (Templo 2, Estructura 2002) y bordeada al noreste por una Acrópolis consistente de tres patios. Al este de la Acrópolis y al norte del Templo 1 está la Plaza Norte. Al norte de dicha plaza hay un complejo de pirámides gemelas, un plano estructural que fue identificado primero en Tikal (Jones 1969) y único para ese sitio y sus satélites políticos. Hay dos canchas de juego de pelota orientadas este-oeste que se ubican en la orilla sur del núcleo. La cancha oeste fue construida al sur de la Plaza Principal así como al este, inmediatamente al sur del Templo 1.

El Templo 1, de 12 m de alto (Morley 1937–38, III:439) tiene un amplio faldón al frente (oeste), un rasgo inusual que también se observa en la fachada oeste de los Templos 216 ("El Mirador") y 256 del sitio de Tayasal en la punta de la península de Tayasal, y en la Estructura 1 de la Isla Canté del lago Yaxhá. Ambas estructuras de Tayasal que son mucho más altas que el Templo 1 de Ixlú, tienen estructuras pequeñas en las esquinas noroeste y suroeste del faldón; haciéndolas variantes de la antigua forma Preclásica conocida como estructura o grupo triádico. El Templo 1 de Ixlú tiene una pequeña plataforma en la esquina noroeste del faldón y dos plataformas pequeñas en los lados norte y sur de su elevación superior (este). En 1968, William R. Bullard Jr. investigó este templo piramidal colocando dos pozos de prueba pocos profundos sobre y en la base del faldón, encontrando cerámica Postclásica en los primeros 40 cm (Bullard 1973:237; Rice 1987b:44–47). El Templo 2, en el lado oeste de la Plaza Principal, no fue limpiado, excavado o sondeado con nuestras unidades de prueba, pero sus dimensiones y volumen son generalmente similares a las del Templo 1. Sin embargo, este no tiene faldón orientado hacia la plaza. Como se observa en la Figura 1.7, la superficie superior de la pirámide soporta un espacio en forma de C (o como triádico) creado por las estructuras norte, oeste y sur.

En general, el enfoque de los espacios públicos de Ixlú es la Plaza Principal elevada la cual es relativamente grande (ca. 155 x 70 m / 1.08 ha). El acceso a la plaza es permitido en sus esquinas suroeste y sureste en las bases de los Templos 2 y 1, respectivamente. Una calzada corta y ancha entre la Plaza Norte y un pequeño grupo de estructuras cerca de la orilla oeste del lago Salpetén, sugieren una entrada más formal en el lado este, pero de acceso restringido. Esta calzada, de aproximadamente 1.1 m de alto y explorada con la UP10, parece que fue construida y reconstruida con cuatro estratos de relleno en el Clásico Tardío. Una pequeña depresión o cenote al sur, detrás del Templo 1 pudo haber sido un área de cantera (UP11).

La Acrópolis de Ixlú es una plataforma que se eleva aproximadamente 3 m sobre la sutilmente elevada roca madre (y sobre la Plaza Principal), comprendiendo un arreglo lineal de tres complejos pequeños de patio o patios de plaza. El Patio A que se encuentra al extremo este es el más pequeño, mientras que el Patio B es el central y más grande; el Patio C es un espacio pequeño y estrecho que se ubica al oeste. Nuestras unidades de excavación no fueron colocadas para determinar las entradas a la Acrópolis, pero parece que el acceso era restringido, por lo menos en la forma final del complejo y, posiblemente, cambió con el tiempo. Una escalinata añadida en la esquina noroeste de la Plaza Principal conducía a la esquina sureste del Patio C. Y más hacia el este dos extensiones al sur, pueden haber tenido escalinatas que daban acceso a los Patios A y B.

El mapeo del Proyecto Maya Colonial identificó numerosas estructuras bajas del Postclásico que intruyeron los espacios arquitectónicos definidos para el período Clásico de Ixlú, ya que sus ubicaciones y orientaciones a menudo no se conformaban al diseño cardinal de la arquitectura monumental del sitio. Muchas parecían ser pobremente construidas, y junto al crecimiento de los árboles, las líneas de muros fueron perturbadas contribuyendo a la poca visibilidad de las estructuras.

have small structures on the northwest and southwest corners of the apron, making them variants of the long-lived Preclassic form known as a triadic structure or group. Ixlú Temple 1 has a small platform on the northwest corner of its apron, and two small platforms on the north and south ends of its upper (eastern) elevation. In 1968 William R. Bullard Jr. investigated this temple-pyramid through two shallow test pits on and at the base of the apron, encountering Postclassic pottery in the upper 40 cm (Bullard 1973:237; Rice 1987b:44–47). Temple 2, on the western side of the Main Plaza, was not cleared, excavated, or probed by our test units, but its dimensions and volume are generally similar to those of Temple 1. It does not have an apron facing the plaza, however. As seen in Figure 1.7, the upper surface of the pyramid supports a C-shaped (or triadic-like) space created by structures on the north, west, and south.

The overall focus of Ixlú's public spaces is the relatively large (ca. 155 x 70 m/1.08 ha), elevated Main Plaza. Access into the plaza is permitted at its southwest and southeast corners at the bases of Temples 2 and 1, respectively. A more formal but restricted entry from the east is suggested by a short, broad causeway between the North Plaza and a small structural group near the western shore of Lake Salpetén. This causeway, approximately 1.1 m high and explored by TU10, appeared to have been built and rebuilt with four fill strata in the Late Classic. A small depression or sinkhole south of the causeway, behind Temple 1, may have been a quarry area (see TU11).

Ixlú's Acropolis is a platform rising approximately 3 m above slightly elevated bedrock (and above the Main Plaza), comprising a linear arrangement of three small patio complexes. Easternmost Patio A is the smallest and central Patio B is the largest of the courtyards; Patio C is a small, cramped space on the west. Our excavation units were not placed to determine entrances into the Acropolis, but it appears that access was restricted, at least in the complex's final form, and likely changed over time. A possible inset stairway at the extreme northwest corner of the Main Plaza led to the southeastern corner of Patio C and farther to the east two southern extensions may have had stairways giving access to Patios A and B.

Mapping by Proyecto Maya Colonial identified numerous low Postclassic structures intruded into Ixlú's Classic period-defined architectural spaces, their locations and orientations often disconformant with the cardinal layout of the site's monumental architecture. Many appeared to be poorly built, and this plus tree growth disturbed wall lines and resulted in the structures' low visibility.

Chapter 2

Embarcaderos: Ixlú as Entrepôt

Ixlú's location on a narrow isthmus at the base of the central Petén lake basins' northern escarpment conferred a strategic advantage for monitoring movements of goods and people. Moreover, just to the southwest are prominent modifications of the mouths of two streams emptying into the eastern end of the main body of Lake Petén Itzá. These likely served as the *embarcaderos*, or docking and port facilities (Rice 1996:112–115), reported in this area by seventeenth-century Spanish missionaries and soldiers. We propose, largely on the basis of these reports and modifications (rather than on specific artifactual material recovered in excavations), that Ixlú functioned as an entrepôt.

Harbor and Port Facilities

The extreme eastern edge of Lake Petén Itzá can be considered to have three small harbors or coves, one natural (the eastern edge of the lake itself) and the other two to the south created by pairs of raised jetties stretching into the lake (Figure 2.1). At times of high lake waters, as in the 1990s, these finger piers or wharfs are barely visible as narrow strips of vegetation peeking above water level. When the lake levels are lower, as in the 1970s and as seen in early twenty-first century Google Earth Pro™ satellite imagery—before the most recent rise in late 2013—they are visible as artificial elongations of the mouths of the two small rivers.

One set of jetties channels traffic at the mouth of the Río Ixlú, which drains the area south of Lakes Salpetén and Macanché to the east. The second pair, 1.15 km farther south, modifies the mouth of the smaller Río Ixpop (or Arroyo Ixpop; Morley 1937–38, III:373) draining the southeastern shore of Lake Petén. Establishment of these jetties necessitated significant labor investments to dredge and straighten the lower river channels through the lakeshore terrain and create embankments on either side. The flows of these streams are too slow and too low in volume to have created these banks naturally (Rice 1996:115).

The Río Ixlú jetties extend nearly a kilometer (ca. 820 m) downstream from the first curve of the river, delimiting a straight course approximately 15–20 m wide (Figure 2.2). Upstream from the straight course, the river winds close to the site of Ixlú, its right bank some 3–4 m above water level and above the much lower left bank. The straightened channel of the Río Ixpop extends ca. 720 m and is significantly narrower, at 7–9 m. These channels were probably intended to handle canoe traffic of different sizes and cargoes. The lower Río Ixlú was certainly easily able to accommodate the large canoes that an Itza informant told Spanish conquerors could hold up to 40 persons (Morley 1937–38, I:44). Facilities such as these would have provided shelter for canoes during the storms and strong easterly winds common to the lake basins, but they likely also served two more formal functions: as cargo ports, serving canoe traffic that moved people and goods east-west, to and from the interior; and as fishing piers (recall *ixlu'* 'catfish').

Infrastructural facilities such as docks, bollards (see Canter and Pentecost 2007), and storage areas or warehouses were probably part of or adjacent to these *embarcaderos*. Perhaps the large low platforms all around Ixlú, especially immediately west of the core (Figure 1.6), now covered by modern settlement, also had warehousing functions. Similar "massive platforms" are known at other large Postclassic trade centers, including Mayapán (Masson et al. 2014:213–215), Cozumel (Freidel and Sabloff 1984:145), and Santa Rita (Chase and Chase 1988:87–98). Maps of Petén from the 1960s indicate a small settlement called Ixlú on the left (south) bank of the stream near the beginning of the straightened channel. Another hamlet—a "*rancho*" (Morley 1937–38, III:439)—called Ixpop (Pop or Ix Poop) lies on the right (northeast) bank of the Río Ixpop. Neither of these small communities exists today, nor have these areas been investigated on the ground.

Ixlú as Entrepôt

Comparatively little attention has been devoted to Postclassic and later patterns of circulation of goods and degrees of economic integration related to interior, overland exchange circuits and their interactions with better understood coastal trade. Ixlú's location at a crossroads of overland and water routes in central Petén provides an opportunity to investigate such an interior trans-peninsular pattern. Specifically, Ixlú can be considered an entrepôt.

Capítulo 2

Embarcaderos: Ixlú como Entrepôt

La ubicación de Ixlú en un istmo angosto en la base de la escarpa norte de las cuencas de los lagos del Petén central proporcionaba una ventaja estratégica para monitorear los movimientos de bienes y personas. Es más, justo al suroeste hay modificaciones prominentes de la desembocadura de dos arroyos que se vacían en el lado este del cuerpo principal del lago Petén Itzá. Estos posiblemente sirvieron como embarcaderos, para atracar y para instalaciones de puerto (Rice 1996:112–115) reportadas en esta área por los misioneros y soldados españoles del siglo XVII. Nosotros proponemos, en gran medida en base a estos reportes y modificaciones (en vez de artefactos materiales específicos recuperados en excavaciones) que Ixlú funcionó como un entrepôt.

Puertos e Instalaciones

Podemos considerar que la orilla en el extremo este del lago Petén Itzá tuvo tres puertos o caletas pequeños, uno natural (en sí el lado este del lago) y los otros dos al sur creadas por parejas de malecones elevados que se extienden hacia el lago (Figura 2.1). En tiempos cuando el nivel del agua del lago era alto, como en los años 1990, estos muelles en forma de dedo o embarcaderos son apenas visibles como franjas delgadas de vegetación que sobresale del nivel del agua. Cuando los niveles del lago son más bajos, como en los años 1970 y como se observa en las imágenes satelitales de Google Earth Pro™ de la parte temprana del siglo XXI, anteriores a la más reciente crecida de la segunda parte del año 2013, los muelles son visibles como elongaciones artificiales de las desembocaduras de los dos pequeños ríos.

Un conjunto de malecones canaliza el tráfico en la desembocadura del río Ixlú, el cual drena al área sur de los lagos Salpetén y Macanché, al este. Un segundo par, a 1.15 km más al sur, modifica la desembocadura del pequeño río Ixpop (o Arroyo Ixpop; Morley 1937–38, III:373) drenando la orilla sureste del lago Petén. Establecer estos malecones necesitó de una significativa inversión de trabajo para dragar y enderezar los canales río abajo a través del terreno de la orilla del lago y crear los diques a cada lado. Los flujos de estos arroyos son demasiado lentos y bajos en volumen para haber creado naturalmente estas orillas (Rice 1996:115).

Los malecones del río Ixlú se extienden casi un kilómetro (ca. 820 m) río abajo desde la primera curvatura del río, delimitando un curso derecho de aproximadamente 15–20 m de ancho (Figura 2.2). Río arriba desde el curso derecho, el río serpentea cerca del sitio Ixlú, su orilla derecha arriba de 3 a 4 m sobre el nivel del agua y también arriba de la orilla izquierda que es más baja. El canal derecho del río Ixpop se extiende ca. de 720 m y es significativamente más angosto, como 7–9 m. Posiblemente, la intención de estos canales era manejar el tráfico de canoas de tamaños y cargamentos diferentes. La parte baja del río Ixlú ciertamente podía acomodar con facilidad las canoas grandes que el informante Itza dijo a los españoles que podían sostener hasta 40 personas (Morley 1937–38, I:44). Instalaciones como estas debían haber provisto de refugio a las canoas durante tormentas y los fuertes vientos del este que son comunes en las cuencas del lago, pero también pudieron servir dos funciones formales: puertos de carga, sirviendo el tráfico de canoas que movían personas y bienes de este a oeste, hacia y desde el interior; y como muelles de pesca (recuerden *ixlu'* 'bagre').

La infraestructura de las instalaciones, como muelles, bolardos (ver Canter y Pentecost 2007) y áreas de almacenamiento o bodegas, probablemente fueron parte de o estaban adyacentes a estos embarcaderos. Tal vez, las grandes plataformas bajas alrededor de todo Ixlú, especialmente al oeste del núcleo (Figura 1.6) que ahora están cubiertas por el asentamiento moderno, también tenían funciones de almacenaje. "Plataformas masivas" similares se conocen en otros grandes centros de intercambio del Postclásico, incluyendo Mayapán (Masson et al. 2014:213–215), Cozumel (Freidel y Sabloff 1984:145) y Santa Rita (Chase y Chase 1988:87–98). Mapas de Petén de los años 1960 indican la presencia de una población pequeña llamada Ixlú en la orilla izquierda (sur) del arroyo cerca del inicio del canal derecho. Otro caserío—un rancho (Morley 1937–38, III:439)—llamado Ixpop (Pop o Ix Poop) estaba en la orilla derecha (noreste) del río Ixpop. Ninguna de estas comunidades pequeñas existe hoy día y estas áreas tampoco han sido investigadas.

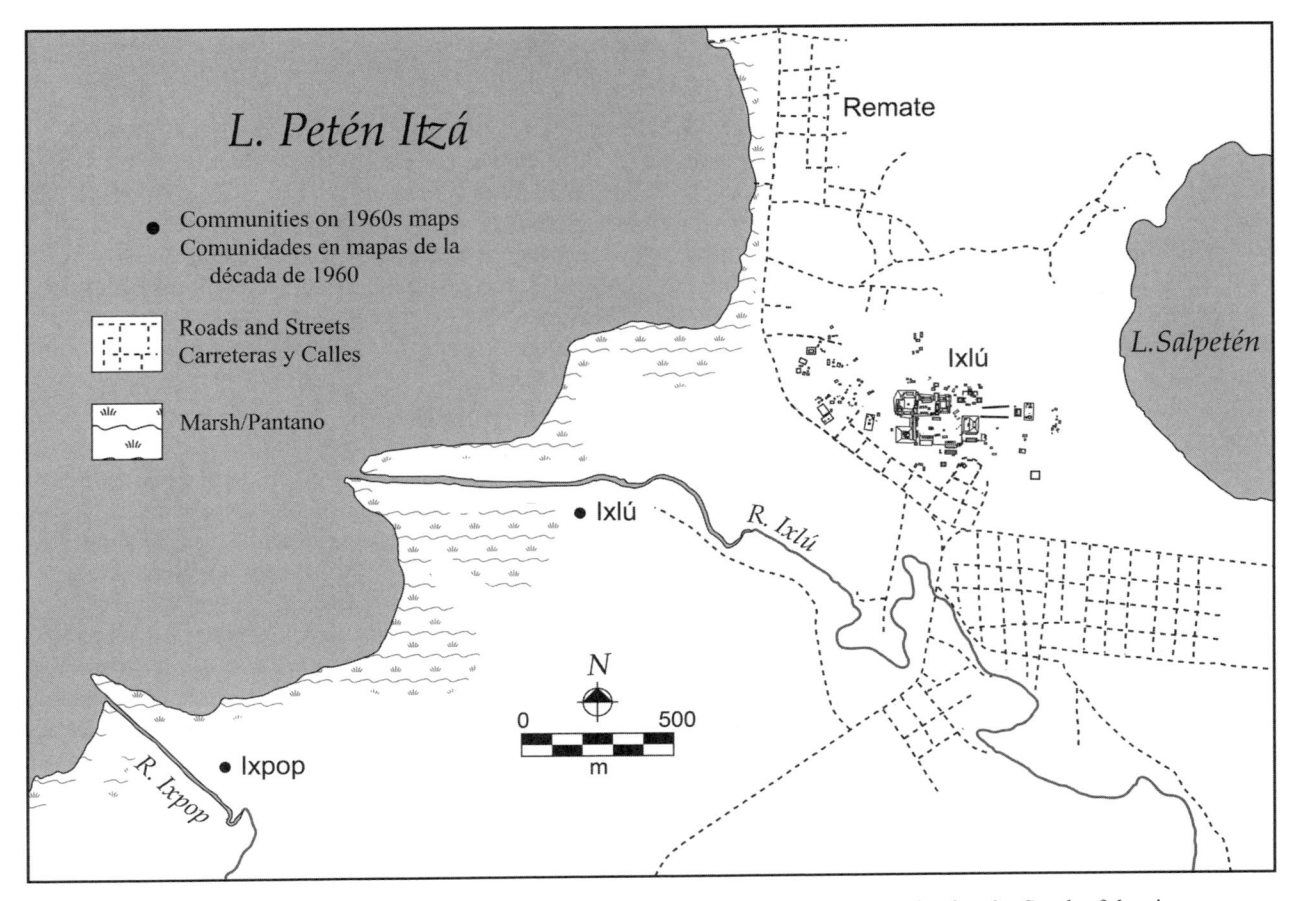

Figure 2.1. The location of the site of Ixlú on the isthmus between lakes Petén Itzá and Salpetén. South of the site are the port installations formed by canalization of the lower courses of the rivers Ixlú and Ixpop.
Figura 2.1. La ubicación ístmica de Ixlú entre los lagos Petén Itzá y Salpetén. Al sur del sitio se encuentran las instalaciones de puerto formadas por la canalización de los cursos bajos de los ríos Ixlú e Ixpop.

Dictionary definitions of entrepôt emphasize its intermediary role in the middle (Fr. *entre*, inter-) of long-distance trade routes and networks. In modern studies of international trade, an entrepôt is associated with "indirect" trade: it is a commercial center where goods are imported for purposes of being repackaged for export, without import or export duties being imposed (see, e.g., Fisman et al. 2007). An entrepôt, in other words, is an intermediate node or nexus that facilitates interregional trade and transshipment between parties that are served by different exchange circuits and that may be physically or socio-politically distant. Raw materials or finished goods from different producing areas in one circuit are offloaded and accumulated at an entrepôt, to be reloaded for transport to destinations within different trade orbits.

Entrepôts share some characteristics with two other types of trading center, the emporium and the port of trade, both of which tend to be associated with seaborne "international" commerce. Karl Polanyi (1963:34) discusses the Mediterranean emporium, "a meeting place of traders, located outside of the gates of a town" or the "sector of a coastal town which was devoted to foreign commerce. Separated from the rest of the city, it contained its harbor, quay, warehouses, mariners' hostel, [and] administrative buildings." Ports of trade have been defined and redefined by multiple socio-political diagnostics, also primarily with respect to long-distance, waterborne commerce (see Berdan 1978; Geertz 1980; McKillop 1996; Möller 2001; Polanyi 1963). Anne Chapman's (1957) model identified three main characteristics of such a port: political neutrality (locations such as cultural boundaries or ecological buffer zones); trade in luxury goods and their raw materials; and traders acting as agents of the state rather than as individuals. To these might be added a fourth trait: storage facilities (see, e.g., Sabloff and Freidel 1975:375–376). More recently, typologies of ports of trade in various eras and areas of the world have emphasized polythetic sets of geographical criteria and spatial boundaries as opposed to strictly socio-political ones (e.g., Galloway 2005; Luke 2003). Numerous ports of trade have been identified throughout the ancient world, particularly in coastal south Asia. It has been suggested that the term "port of trade" itself should be jettisoned in favor of "international trade centers" (see Gasco and Berdan 2003; Smith and Berdan 2003:31). But not all long-distance trade is necessarily "international" and not all trading centers are maritime ports; some, for example, may be riverine (e.g., O'Brien 1991).

Ixlú como Entrepôt

Comparativamente, se ha dedicado poca atención a los patrones de circulación de bienes durante y después del Postclásico, y a los grados de integración económica relacionados a los circuitos de intercambio terrestres del interior, y sus interacciones con el intercambio costero que es mejor comprendido. Ixlú se asienta casi directamente en la división este-oeste de la divisoria de las tierras bajas del sur en la intersección de las rutas terrestres y acuáticas en el Petén central. Esta ubicación provee una oportunidad para investigar estos patrones interiores y transpeninsulares. Específicamente, se puede considerar a Ixlú como un entrepôt.

Las definiciones de diccionario de entrepôt enfatizan su papel de intermediario en el medio (Fr. *entre*, inter-) de rutas y redes de comercio a larga distancia. En estudios modernos de comercio internacional, un entrepôt está asociado con intercambio "indirecto": es un centro comercial donde los bienes son importados para propósitos de ser re-empacados para la exportación, sin la imposición de impuestos de importación o exportación (ver e.g., Fisman et al. 2007); aunque ciertamente algún tipo de recargo por uso debe ser aplicado para obtener ingresos. En otras palabras, un entrepôt es un núcleo intermedio o un nexo que facilita el intercambio inter-regional y el trasbordo entre partes atendidas por diferentes circuitos de intercambio y que pueden estar distantes física o socio-políticamente. La materia prima o bienes acabados de diferentes áreas productoras en un circuito son desembarcados y acumulados en el entrepôt, para ser recargados para su transporte a otros destinos dentro de diferentes órbitas de intercambio.

Los entrepôts comparten ciertas características con otros dos tipos de centros de intercambio, el emporio y el puerto de intercambio, los cuales tienden a ser asociados con el comercio "internacional" transportado por mar. Karl Polanyi (1963:34) discutió el emporio mediterráneo, un "lugar de reunión de mercaderes, ubicado fuera de las puertas de una población" o el "sector de una población costera que está dedicado al comercio extranjero. Separado del resto de la ciudad, tiene un puerto, muelle, bodegas, hostal para marineros y edificios administrativos." Los puertos de intercambio han sido definidos y redefinidos por múltiples diagnósticos sociales, políticos y económicos, también principalmente con respecto al comercio acuático a larga distancia (ver Berdan 1978; Geertz 1980; McKillop 1996; Möller 2001; Polanyi 1963). El modelo de Anne Chapman (1957) identificó tres características principales de estos puertos: neutralidad política (ubicaciones como límites culturales o áreas de amortiguamiento ecológicas); intercambio de bienes de lujo y sus materias primas; y la presencia de mercaderes que actúan como agentes del estado en vez de como individuos. A éstas se puede agregar una cuarta característica: la presencia de instalaciones de almacenamiento (ver e.g., Sabloff y Freidel 1975:375–376). Recientemente, las tipologías de los puertos de intercambio en varias eras y áreas del mundo han enfatizado conjuntos politéticos de criterios geográficos y límites espaciales, en oposición a los estrictamente socio-políticos (e.g., Galloway 2005; Luke 2003). Se ha identificado numerosos puertos de intercambio a través del mundo antiguo, particularmente en las costas del sur de Asia. Se ha sugerido que el término "puerto de intercambio" por sí mismo debe ser eliminado en favor de "centros de intercambio internacionales" (ver Gasco y Berdan 2003; Smith y Berdan 2003:31). Pero, no todo el intercambio a larga distancia es necesariamente "internacional" y no todos los centros de intercambio son puertos marítimos; algunos, por ejemplo, pueden ser fluviales (e.g., O'Brien 1991).

Aparte de instalaciones físicas, la neutralidad política es clave. Los entrepôts, emporios y puertos de intercambio son espacios donde los grupos que toman parte en el intercambio, grupos provenientes de entidades políticas diferentes e incluso en competencia, pueden interactuar con alguna estabilidad y protección de hostilidades. Esta neutralidad puede ser establecida y asegurada por la entidad política en la cual el puerto se ubica o por un consenso entre comerciantes (Polanyi 1963:38). En las tierras bajas mayas, los esfuerzos por identificar puertos de intercambio se han enfocado en el intercambio costero internacional del Clásico Terminal y Postclásico alrededor de la Península de Yucatán, entre Acalan en Tabasco y Nito, Honduras. Los puertos incluyen sitios como la Isla Cerritos (Andrews 2008; Andrews et al.1988), Cozumel (Freidel y Sabloff 1984) y el Cayo Wild Cane (McKillop 1996); Xcambó fue un puerto costero del período Clásico (Sierra Sosa et al. 2014).

Suponemos que la función del puerto y las instalaciones en Ixlú comenzaron o fueron mejoradas durante el período Clásico Terminal. Como observan Juan Antonio Valdés y Federico Fahsen (2004:147), la inestabilidad política y demográfica de los períodos Clásico Tardío y Clásico Terminal en el Petén central seguramente causaron más dificultades para el comercio y los viajes terrestres. Los conflictos y asaltos podrían llevar al rompimiento de alianzas e interrupciones en las redes tradicionales de intercambio, con impactos fuertes en el intercambio de las tierras bajas al oeste a través de la ruta fluvial Pasión-Usumacinta (ver Demarest 2014; Demarest et al. 2014). Esto habría afectado la circulación de bienes de prestigio, como plumas, jade y obsidiana de las fuentes del altiplano para las élites de las tierras bajas, quienes rápidamente estaban perdiendo sus posiciones en la cima de las jerarquías sociopolíticas.

Tal vez como parte del resultado de estos disturbios políticos en el interior, el patrón de intercambio marítimo circumpeninsular se desarrolló. Es más, el estatus de los mercaderes estaba aumentando en esta época (McAnany 2013). El intercambio terrestre—mover mercadería en la espalda de portadores humanos—disminuyó simultáneamente y fue, en cualquier caso, más lento y menos eficiente que el transporte por canoa. El nuevo énfasis en el comercio costero habría dejado a los residentes de las cuencas de los lagos de Petén, en el interior de la península, aislados de la participación directa. Aunque sin lugar a dudas se ha-

Figure 2.2. The extended lower channel of the Río Ixlú, looking west toward the mouth, from a kayak.

Figura 2.2. Vista al oeste hacia la desembocadura del río Ixlú, tomada desde un kayak dentro del canal artificialmente extendido.

Apart from physical facilities, political neutrality is key. Entrepôts, emporia, and ports of trade are spaces where trading parties from distinct and even competing polities can interact with some stability and protection from hostilities. This neutrality may be established and safeguarded by the polity in which the port is located or by consensus among traders (Polanyi 1963:38). In the Maya lowlands, efforts to identify ports of trade have focused on Terminal Classic and Postclassic international coastal exchange around the Yucatán Peninsula between Acalan in Tabasco and Nito, Honduras. Ports include sites such as Isla Cerritos (Andrews 2008; Andrews et al. 1988), Cozumel (Freidel and Sabloff 1984), and Wild Cane Caye (McKillop 1996); Xcambó was a Classic period coastal port (Sierra Sosa et al. 2014).

We surmise that the port function and facilities of Ixlú began or were enhanced during or around the Terminal Classic period. As Juan Antonio Valdés and Federico Fahsen (2004:147) observe, the political and demographic instability of the Late and Terminal Classic periods in central Petén surely caused major difficulties for overland commerce and travel. Conflict and raiding would have led to broken alliances and disruptions in traditional exchange networks, with major impacts on western lowland trade through the Pasión-Usumacinta riverine route (see Demarest 2014; Demarest et al. 2014). This would have impinged on the circulation of prestige goods, such as feathers, jade, and obsidian from highland sources to lowland elites, who were rapidly losing their positions at the apex of sociopolitical hierarchies.

Perhaps partly as a result of these political disturbances in the interior, the pattern of circum-peninsular, waterborne trade developed, as overland trade—moving goods on the backs of human porters—declined and was, in any case, always slower and less efficient than canoe transport. The new emphasis on coastal commerce would have left residents of the Petén lake basins, deep in the interior of the peninsula, isolated from direct participation. However they undoubtedly had engaged in overland or trans-peninsular trading, both east–west and north–south, for centuries, and the shift to coastal routes surely would have necessitated some internal adjustments and shifts in local and regional internal trade. It was likely in response to this cascade of disruptions that the Ixlú port facilities were either constructed or enlarged (if they existed in the Classic period), perhaps by immigrants from the southwest, perhaps groups who had long been involved in internal Petén trading networks feeding the major Pasión-Usumacinta artery. Moreover, the statuses of merchants were rising at this time (McAnany 2013).

During the Postclassic and into the Contact period, the site of Ixlú was likely an administrative center for its adjacent ports, regulating access and perhaps collecting some sort of management fees, or tariffs or taxes, on people and goods passing through this hub (but cf. the entrepôt role). It has been proposed that at Wild Cane Caye, for example, Ixtepeque obsidian became a form of payment for port services (McKillop 2010:99). Unfortunately we have no dates for the straightening and widening of the mouths of the Ríos Ixlú and Ixpop, or for the construction and use of the Saclemacal/Ixlú area's port facilities. We know some or all of them functioned at the time of Spanish conquest, but because the central Petén lake basins were inhabited since early Middle Preclassic times some versions could have been in place considerably earlier.

Other Lake Ports and Routes

Previous discussions of Classic and Postclassic trade in the southern lowlands, and efforts to reconstruct routes, lacked information about Lake Petén Itzá docking places (e.g., Adams 1978; Jones 1982; Lee and Navarrete 1978; Flores Martos and Lázaro 1993; Piña Chan 1978; Rathje et al. 1978). Given the lake's size and central location in the interior southern Yucatán Peninsula, it is not surprising that multiple gateway port facilities can be found along its shores (Figure 2.3). On the main body of the lake, a small harbor/port existed at Quetz/Ketz (La Ensenada), a late

bían comprometido con el intercambio terrestre o trans-peninsular, tanto este-oeste y norte-sur, por siglos, el cambio a las rutas costeras definitivamente habría requerido algunos ajustes internos y cambios en el intercambio interno local y regional. Es posible que las instalaciones portuarias de Ixlú fueran construidas o agrandadas (si existían en el período Clásico) en respuesta a esta cascada de disturbios, causadas tal vez por inmigrantes del suroeste o quizás por grupos que habrían estado involucrados por mucho tiempo en las redes de intercambio internas de Petén que nutrían la arteria mayor Pasión-Usumacinta.

Durante el Postclásico y al inicio del período de Contacto, es posible que el sitio de Ixlú fuera un centro administrativo para sus puertos aledaños, regulando acceso y recolectando algún tipo de pago por usuario o por manejo, sean tarifas o impuestos, a personas y mercaderías que pasaban por este centro. Por ejemplo, se ha propuesto que en Cayo Wild Cane la obsidiana de Ixtepeque se convirtió en alguna forma de pago por servicios portuarios (McKillop 2010:99). Además, Ixlú pudo haber hecho y proveído de canoas a los mercaderes y viajeros como lo hizo el sitio colonial temprano de Bacalar en el lago Bacalar (Quintana Roo, México), un puerto tierra adentro y punto de embarque regional (i.e., un entrepôt) con acceso fluvial a Chetumal, un centro mayor de intercambio costero (ver Jones 1989:40, 64–65, 69,102). Desafortunadamente, no tenemos fechas para el enderezado y ensanchamiento de las desembocaduras de los ríos Ixlú e Ixpop o para la construcción y uso de las instalaciones portuarias del área Saclemacal/Ixlú. Sabemos que algunas o todas ellas funcionaron durante la conquista española, pero porque las cuencas de los lagos del Petén central estaban habitadas desde el Preclásico Medio, algunas versiones pudieron estar en el lugar mucho antes.

Otros Puertos y Rutas Lacustres

Discusiones previas acerca del intercambio durante el Clásico y Postclásico en las tierras bajas del sur, y esfuerzos por reconstruir las rutas carecieron de información acerca de los muelles en el lago Petén Itzá (e.g., Adams 1978; Flores Matos y Lázaro 1993; Jones 1982; Lee y Navarrete 1978; Piña Chan 1978; Rathje et al. 1978). Dado el tamaño del lago y la ubicación central en el interior de la parte sur de la Península de Yucatán, no es de sorprender que podamos encontrar múltiples puestos, embarcaderos y/o instalaciones de puertos de entrada en sus orillas (Figura 2.3). En el cuerpo principal del lago, un pequeño puerto existió en Quetz/Ketz (La Ensenada), una comunidad Kowoj tardía, ubicada a aproximadamente 4 km en línea recta oeste-noroeste de Ixlú en la propiedad del Hotel Camino Real Tikal. En 1989 un reconocimiento de superficie de este sitio en la orilla del lago reveló seis estructuras sobre un área de aproximadamente 400 metros, la más grande de estas—una plataforma baja rectangular ca. 35 x 18 m—tenía la orilla que daba al lago sumergida (Velásquez 1992:183). Sin embargo, durante una visita a finales de marzo de 2014, muchas de las piedras que formaban las paredes de la estructura habían sido removidas y colocadas para delimitar los senderos en esta playa y esta remoción parece haber contribuido a la erosión de la altura de la estructura, ahora 1.5 y 3 m más baja que lo reportado en el reconocimiento anterior.

Más hacia el oeste, a lo largo de la orilla norte del lago, el puerto de La Trinidad de Nosotros, cerca de Motul de

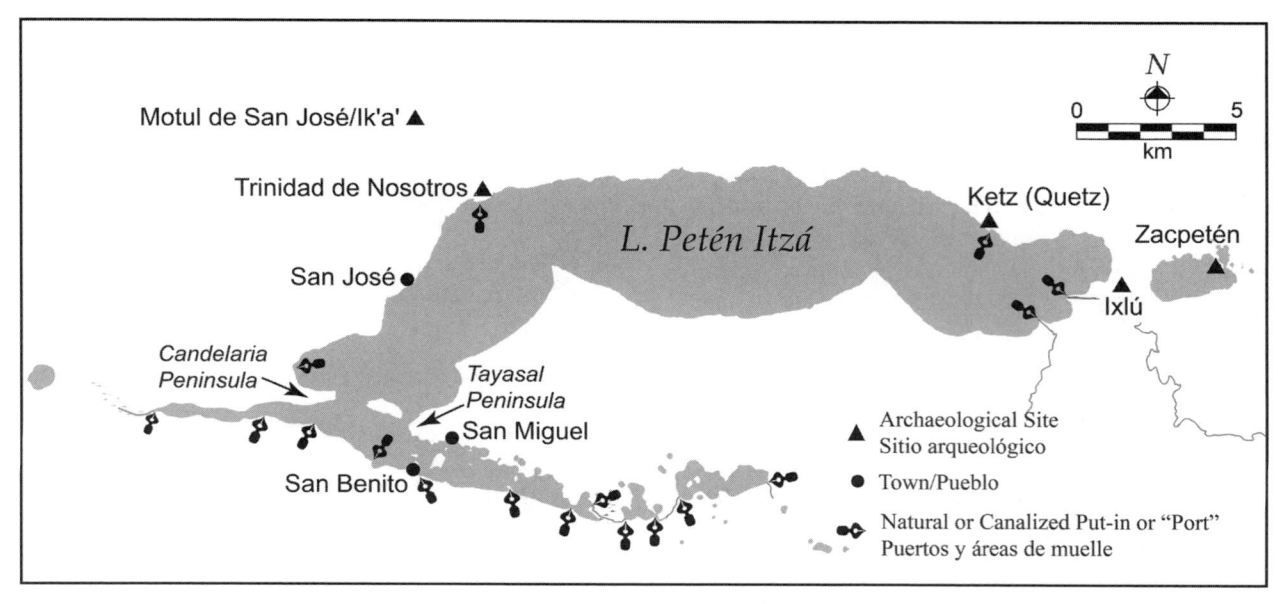

Figure 2.3. Lakes Petén Itzá, Petenxil, and Quexil, showing the locations of natural and modified canals, put-ins, wharfs, and port facilities on their coasts.
Figura 2.3. Los lagos Petén Itzá, Petenxil y Quexil mostrando la ubicación de canales naturales y modificados, puertos y áreas de muelle alrededor de la línea costera.

Kowoj community about 4 km straight-line distance west-northwest of Ixlú on the property of the Hotel Camino Real Tikal. In 1989 a surface survey of this lakeshore site revealed six structures over an area of about 400 m, the largest of which—a low rectangular platform ca. 35 x 18 m—had its lakeside edge under water (Velásquez 1992:183). At the time of a visit in late March, 2014, however, many stones forming the structure walls had been removed and were placed to outline paths in this beach, and this removal appears to have allowed structure heights to erode from the 1.5–3 m given in the earlier survey.

Farther west along the lake's northern shore, the harbor/port of La Trinidad de Nosotros near Motul de San José began to be constructed in the Late Preclassic period and was used through the Late Classic (Moriarty 2004, 2012). Although the Terminal Classic saw a "distinct pause in construction and maintenance" of this harbor area, refuse deposits suggest continued use (Moriarty 2012:220), doubtless because the site was one of the starting points of an important overland trail north to Yucatán. Other settlements, including the site of Tayasal proper (on the peninsula), could have easily monitored east-west traffic and settlement in the western lake basin, although no structural docking or port facilities have been identified there. In the extreme west, the small community of Nich on the Candelaria Peninsula in Chak'an Itza territory was identified as the Itza's western *embarcadero* with port services and functions (Avendaño 1987:29) although there, too, archaeological evidence is lacking.

The new Terminal Classic coastal trade patterns would have conferred economic advantages to Petén lake basin sites for moving a greater variety of goods and in greater quantities, especially heavy and bulk goods, east-west over water through the interior to the coastal ports, while also accelerating processes of commoditization. The presence of these specialized facilities supports the existence of commodity exchange and a market economy in the Maya lowlands, a much-debated topic with respect to the Classic period (see Chase and Chase 2014; Masson and Freidel 2013).

An anonymous 1747 map-like painting of the small southern part of Lake Petén Itzá shows two *embarcaderos* that probably represent channelized stream mouths still visible on aerial photographs and satellite imagery. One, opposite Flores Island, may be either the stream flowing into the lake through the grounds of the Hotel Maya Internacional or the small canal-like inlets at the western edge of the San Benito ensenada. (Local residents give conflicting names of these streams; one is the Río Pixol and the other the Río Pijul.) In the early twentieth century (and likely much earlier, too) the now heavily built-up San Benito peninsula was a market area for communities on the southern shore. The second *embarcadero* on the map may be the modified mouth of a stream that exits a tiny peninsula approximately 2 km to the east, the water flow now interrupted by the runway of the Mundo Maya International Airport. Other small streams with presumably artificially straightened lower courses lie farther east and west of those just mentioned, and would have provided easy water routes to bring foodstuffs (from probable raised field systems) and artisan products from the mainland to Nojpeten and to local and regional markets.

Petén Trade Goods

In a broader context of Late Postclassic Mesoamerican economies viewed from a world-systems perspective, the central Petén lakes region—indeed most of the southern lowlands—was characterized as an "unspecialized peripheral zone . . . remote and isolated . . . [with] relatively low populations without large cities" (Smith and Berdan 2003:29). Yet in terms of resources, the lakes district was much like the "affluent production zone" of northern Belize, producing and exchanging similar perishable goods and foodstuffs (Smith and Berdan 2003:28; see also Piña Chan 1978; Voorhies 1982:Table 1). In the Postclassic period, most of these goods moved through various "exchange circuits," the coastal routes around the Yucatán Peninsula having been investigated most intensively by archaeologists and ethnohistorians.

Recent studies of Contact- and Colonial-period trade through Lake Petén's network of regional or inter-regional inland ports suggest that different ports were trans-shipment nodes in different exchange circuits or trade routes (Caso and Aliphat 2006a:Figure 2). The southern ports—for example, the ensenada and stream at San Benito, the stream in Santa Elena, and/or the small port on the airport grounds—would have been involved in trade with the south (e.g., Ch'ol Mayas in Verapaz). The western *embarcadero* at Candelaria, controlled by the Chak'an faction of the Itzas, engaged in trade to the southwest (Lacandon area) and northwest (Kejaches around the Río San Pedro Mártir; Ch'olan traders farther north in Acalan). The Ixlú area served trade to the northeast (Tipu, upper Belize River valley).

International trading ports supposedly engage primarily in "luxury" or "exotic" goods. The goods passing through Lake Petén's inland ports, however, included a broad range of goods, both elite and basic: cacao (*Theobroma cacao*), annatto (achiote; *Bixa orellana*), vanilla (*Vanilla planifolia*), cotton and textiles, salt, feathers, slaves, sacrificial victims, and, after Spanish contact, iron tools (Caso and Aliphat 2006a:31, 2006b:289). Some of these items can be considered both local prestige and wealth goods for indigenous elites (cacao, slaves, feathers, sacrificial victims) and also tribute items in the Spanish-colonial economy: cacao, textiles, salt, beeswax candles. Cacao is of particular interest, as the Itzas reached southward to control cacao-producing areas in the richer, deeper soils of the Manche Ch'ol and Lacandon regions, as well as around Tipu to the east in Belize (Caso and Aliphat 2006a, 2006b; Jones 1982:283–284).

Surely a great variety of quotidian commodities also moved through these exchange circuits. One of these would

San José empezó a ser construido en el período Preclásico Tardío y fue utilizado hasta el Clásico Tardío (Moriarty 2004, 2012). Aunque el Clásico Terminal vio una "pausa distintiva en la construcción y el mantenimiento" del área de puerto, los depósitos de basura sugieren uso continuo (Moriarty 2012:220), sin duda porque el sitio fue uno de los puntos de partida de un importante camino hacia el norte a Yucatán. Otros asentamientos, incluyendo el sitio peninsular de Tayasal, pudieron monitorear el tráfico este-oeste y el asentamiento en la cuenca oeste del lago; aunque allí ninguna estructura para atracar o instalaciones de puerto han sido identificadas. En el extremo oeste, la pequeña comunidad de Nich en la Península Candelaria en el territorio Chak'an Itza fue identificada como el embarcadero oeste de los Itzaes con servicios y funciones portuarios (Avendaño 1987:29), aunque también allí se carece de evidencia arqueológica.

Los nuevos patrones de intercambio costero del Clásico Terminal habrían conferido ventajas económicas a los sitios de la cuenca del lago Petén al movilizar una variedad de bienes en grandes cantidades; especialmente bienes pesados y al por mayor de este-oeste por agua, a través del interior a los puertos costeros, mientras se aceleraban los procesos de mercantilización. La presencia de estas instalaciones especializadas apoya la existencia de intercambio de mercancías y una economía de mercado en las tierras bajas mayas, un tema muy debatido con respecto al período Clásico (ver Chase y Chase 2014; Masson y Freidel 2013).

Una pintura anónima de 1747 representa un mapa de una pequeña parte del sur del lago Petén Itzá en el cual se muestran dos embarcaderos que probablemente representaban las desembocaduras de arroyos canalizados aún visibles en las fotografías aéreas e imágenes satelitales. Una, opuesta a la Isla de Flores, puede corresponder al arroyo que fluye hacia el lago a través del terreno del Hotel Maya Internacional o las pequeñas entradas en forma de canal en la orilla oeste de la ensenada de San Benito. (Los residentes locales dan nombres conflictivos a estos arroyos; uno es río Pixol y el otro río Pijul). A inicios del siglo veinte (posiblemente también antes) la ahora densamente construida península de San Benito era un área de mercado para las comunidades en la orilla sur. El segundo embarcadero del mapa puede ser la desembocadura modificada de un arroyo que sale de una pequeña península aproximadamente 2 km al este, cuyo flujo de agua está ahora interrumpido por la pista del Aeropuerto Internacional Mundo Maya. Otros arroyos pequeños con cursos bajos posiblemente enderezados artificialmente están más allá al este y oeste de los anteriormente mencionados y pudieron proveer rutas fluviales fáciles para traer alimentos (desde sistemas de campos elevados) y productos artesanales de tierra adentro a Nojpeten y a mercados locales y regionales.

Productos de Intercambio de Petén

En un contexto más amplio de las economías mesoamericanas del Postclásico Tardío observadas desde la perspectiva de sistemas globales, la región de los lagos del Petén central—de hecho casi todas las tierras bajas del sur—fue caracterizada como una "zona periférica sin especialización . . . remota y aislada…[con] poblaciones relativamente bajas sin ciudades grandes" (Smith y Berdan 2003:29). Sin embargo, en términos de recursos, el distrito de los lagos era parecido a la "zona de producción afluente" del norte de Belice, produciendo e intercambiando productos perecederos y alimentos similares (Smith y Berdan 2003:28; ver también Piña Chan 1978; Voorhies 1982: Cuadro 1). En el período Postclásico, la mayoría de estos productos se movían a través de varios "circuitos de intercambio", siendo las rutas costeras alrededor de la Península de Yucatán las investigadas con más intensidad por arqueólogos y etnohistoriadores.

Recientes estudios de intercambio durante los períodos de Contacto y Colonial a través de la red de puertos terrestres regionales e inter-regionales del lago Petén sugieren que los diferentes puertos eran nódulos de transbordo en diferentes circuitos de intercambio o rutas de comercio (Caso y Aliphat 2006a:Figura 2). Los puertos al sur—por ejemplo, la ensenada y el arroyo en San Benito, el arroyo en Santa Elena, y/o el pequeño puerto en el terreno del aeropuerto—habrían estado involucrados en el intercambio con el sur (e.g., mayas Ch'ol de Verapaz). El embarcadero oeste en Candelaria, controlado por la facción Chak'an de los Itzaes, estaría comprometido con el intercambio al suroeste (área de Lacandón) y noroeste (Kejaches alrededor del río San Pedro Mártir; comerciantes Ch'olan más al norte de Acalan). El área de Ixlú servía al intercambio al noreste (Tipu, valle superior del río Belice), una provincia indígena conocida como Dz'ulwinikob.

Los puertos de intercambio internacionales supuestamente estaban involucrados principalmente en productos de "lujo" o "exóticos". Sin embargo, los productos que pasaban a través de los puertos terrestres del lago Petén habrían incluido una gran gama de bienes, tanto de élite como básicos: cacao (*Theobroma cacao*), achiote (*Bixa orellana*), vainilla (*Vanilla planifolia*), algodón y textiles, sal, plumas, esclavos, víctimas para sacrificio y, después del contacto español, herramientas de hierro (Caso y Aliphat 2006a:31, 2006b:289; Chuchiak 2009:153). Algunos de estos pueden considerarse tanto bienes de prestigio local como bienes de lujo para élites indígenas (cacao, esclavos, plumas, víctimas para sacrificio), así y como artículos de tributo en la economía española-colonial: cacao, textiles, sal, candelas de cera de abejas. El cacao es de especial interés. Este no crece bien en el Petén central, pero como le dijo Kan Ek' a Cortés en 1525, los Itzaes llegaban hasta el sur para controlar áreas productoras de cacao en los territorios ricos y de suelos profundos de las regiones de Manche Ch'ol y Lacandón, así como alrededor de Tipu al este en Belice (Caso y Aliphat 2006a, 2006b; Cortés 1986:376; Jones 1982:283–284, 1989:102–104). Los granos de cacao eran molidos para hacer una bebida ritual y también servían como medio de intercambio.

be obsidian from sources in highland Guatemala and Mexico. Other non-local stone goods traveling through the Postclassic networks, coastal and inland, included manos and metates of vesicular basalt (volcanic highlands) and granite (Belize), items of greenstone (jade, serpentine; Motagua valley), colored stone and shell (marine coasts) beads, copper (Mexico?), and gold (Panama?), but it is not known how much of this material might have passed through Ixlú specifically. In addition, ceramics, including incense burners and other "idols" as well as tableware, were circulated (on trade in Postclassic- and Contact-period Yucatán, see Roys 1972:46–56; Tozzer 1941:94–96).

Bulk foodstuffs such as maize were also moved from mainland fields to island population centers through the Petén lacustrine network. Many of these crops, such as cacao, achiote, and cotton, were grown around Lake Petén Itzá in the late seventeenth century, but only in small quantities (Avendaño 1987:42) and, along with coffee and sugarcane, into the late twentieth (E. Chan and M. Salas, personal communication 2014). These items circulated locally and regionally along with valued forest products: animal skins, game, feathers, precious woods (e.g., *Cedrela odorata*, for carving wooden "idols") and resins (e.g., copal; *Protium copal*), dyes (e.g., indigo; *Indigofera tinctoria*), bark of the *Lonchocarpus violaceus* tree to make *balché*), honey and beeswax, allspice (*Pimenta dioica*) berries, and seasonal fruits such as sapote/mamey. Unfortunately, all these goods plus fish (fresh or dried), snails, turtles, and other products of the lakes' waters, are all perishable, and in the hot, damp climate of Petén they are not likely to survive for centuries awaiting archaeological recovery.

Perishability is certainly one reason for the scarcity of trade goods at Ixlú, but this seems to be a broader pattern. Despite abundant documentary references attesting to a thriving Postclassic mercantile economy, particularly in terms of coastal trade between Mexico and the Maya region, "one would think that . . . there would be more trade goods in the archeological record, when in fact there are almost none" at Mayapán or elsewhere (Andrews 2010:376; see also Masson and Peraza 2010).

Contact-Period and Later Trade and Travel

The commercial environment of southern Mesoamerica changed after 1500, when coastal trade was curtailed as a result of multiple factors: the Spanish presence in Caribbean and Gulf waters beginning in the 1490s; relocation of the wealthy Acalan (Gulf coast) trading center populations into the interior; Spanish conquest of the northern peninsula and establishment of cities and missions after about 1540; and increasing attacks by English pirates in the seventeenth century. These dangers would have elevated the role of trade routes through the interior of the southern lowlands. In addition, with Spanish domination of areas to the north, east, and south of the fiercely independent central Petén polities, it would not be surprising if considerable clandestine trade, for example in "idols" and other forbidden goods evidencing apostasy, was carried out through the lakes area. Such underground trade and contacts with fugitive Mayas leaving northern *encomiendas* likely played a role in fueling anti-Spanish sentiment and rebellion in the early seventeenth century (Jones 1998:49). The fact that the Kowojs were contesting Itza control of the Ixlú/Saclemacal port suggests that some level of real economic advantage—rather than simply social capital or prestige—accrued to the oversight of this entrepôt.

Shortly after the 1697 conquest of the Itzas, one of the Spanish captains sent out from Nojpetén to raid maize fields to feed the presidio searched the Saclemacal/Ixlú port area, describing it as "a very extensive and large town . . . [with] many milperías" and houses (Jones 1998:371). More to the point, he learned that the road he followed was "a well-traveled trade route that connected the region with far distant places—as far, in fact, as the Ríos Pasión and Usumacinta to the west and Coban, Sacapulas, and San Agustín in Verapaz" (Jones 1998:371; also Caso Barrera and Aliphat 2006a:302). Indeed, Cortés reported in 1525 that the Itza ruler Ajaw Kan Ek' or his vassals had apparently created "inns" or rest-stops for traders along the main route south through Petén toward the key trading post of Nito in Honduras (Cortés 1986:378).

Petén was largely a vacant no-man's land for two centuries after conquest. Details about overland travel to and from Ixlú next emerge in the late nineteenth and early twentieth centuries. These come from archaeologists: Teobert Maler's (1910, 1911) visits in 1895 and 1904, and Morley's in 1921, and shed light back onto Colonial and Postclassic times. These accounts typically provide details of a journey beginning in El Cayo, now San Ignacio, in western Belize, which was the upstream limit of navigation on the Belize River. And until the advent of air travel between Guatemala City and Flores, it was primarily through this Belizean route that people and non-local goods reached Flores Island.

Today's west-to-east paved road from Flores across the lakes district takes a southern course, passing just south of Lakes Peténxil, Quexil, Salpetén, Macanché, then farther south of Lakes Yaxhá and Sacnab, and then on to El Cayo. A century or more ago, however, the journey between Flores and Belize followed a more northerly path. From El Cayo the trail to Flores headed westward, passing immediately south of Lakes Sacnab and Yaxhá and then one part headed *north* of Lakes Macanché and Salpetén, curving south around Salpetén to Ixlú. At Ixlú the path passed immediately south of the Main Plaza, as shown on Blom's map (Figure 1.5). One km southwest of Ixlú, the road divided, with one branch heading north to the village of Remate (and then to Tikal) and the other going southwest to Ixpop (Figure 2.4; Morley 1937–38, III:373, 438–439). From Ixpop, a traveler could either arrange for a canoe or motor launch to head west to Flores, or continue overland along the southern shore of Lake Petén Itzá (i.e., the northern

Seguramente, una gran variedad de mercancías cotidianas también se movían a través de estos circuitos de intercambio. Una de estas sería la obsidiana de fuentes del altiplano de Guatemala y México. Otras serían los productos de piedra no-local que iban a través de las redes Postclásicas, costeras y terrestres, que incluían manos y metates de basalto vesicular (sierras volcánicas) y granito (Belice), productos de piedra verde (jade, serpentina; valle del Motagua), cuentas de piedra de color y de concha (costas marinas), cobre (¿México?) y oro (¿parte baja de Centro América?), pero no se sabe cuánto de estos materiales habrían pasado a través de Ixlú específicamente. También circulaba la cerámica, incluyendo incensarios y otros "ídolos", así como vajillas de servicio (en intercambio durante los períodos Postclásico y de Contacto en Yucatán, ver Roys 1972:46–56; Tozzer 1941:94–96).

Productos alimenticios al por mayor, como el maíz, también eran movidos desde las plantaciones tierra adentro a los centros poblados de la isla a través de la red lacustre de Petén. Muchos de estos cultivos, como el cacao, achiote y algodón, eran cosechados alrededor del lago Petén Itzá a finales del siglo XVII, pero solo en pequeñas cantidades (Avendaño 1987:42). Estos, junto los productos introducidos de café y caña de azúcar, continuaron siendo cultivados hasta finales del siglo XX (E. Chan y M. Salas, comunicación personal 2014). Estos artículos circularon local y regionalmente junto a valiosos productos forestales: pieles de animal, carne de caza, plumas, maderas preciosas (e.g., *Cedrela odorata*, para los "ídolos" de madera tallada) y resinas (e.g., copal; *Protium copal*), corteza de árbol (de *Lonchocarpus violaceus* para el aguamiel *balché*), tintes (e.g., índigo; *Indigofera tinctoria*), miel y cera de abejas, semillas de pimienta (*Pimienta dioica*) y frutas de la estación como el sapote o mamey. Desafortunadamente, todos estos productos además del pescado (fresco o seco), caracol, tortugas y otros productos de las aguas de los lagos son perecederos y en el clima caliente y húmedo de Petén no es factible que sobrevivan por siglos esperando la recuperación arqueológica.

El ser perecedero es ciertamente una razón para la escasez de bienes de intercambio en Ixlú, pero esto parece ser un patrón más amplio. A pesar de la abundancia de referencias documentales que atestiguan de una economía mercantil Postclásica pujante, particularmente en términos del intercambio costero entre México y la región maya, "uno pensaría que...habrían más productos de intercambio en el registro arqueológico, cuando de hecho no hay casi nada" en Mayapán o cualquier otro lado (Andrews 2010:376; ver también Masson y Peraza 2010).

Intercambio y Viajes del Período de Contacto y Después

El ambiente comercial del sur de Mesoamérica cambió después del año 1500, cuando el intercambio costero fue restringido como resultado de múltiples factores: la presencia española en aguas del Caribe y Golfo a inicios de los años 1490; la re-ubicación de las poblaciones del rico centro de intercambio de Acalan (costa del Golfo) hacia el interior; la conquista española del norte de la península y el establecimiento de ciudades y misiones después de aproximadamente 1540; y un incremento de los ataques por piratas ingleses en el siglo XVII. Estos peligros habrían elevado el papel de las rutas de intercambio a través del interior de las tierras bajas del sur. Además, la dominación española de áreas al norte, este y sur de las fieramente independientes entidades políticas del Petén central, no sería de sorprender si se llevaba a cabo considerable intercambio clandestino, por ejemplo de "ídolos" y otros bienes prohibidos evidenciando apostasía, a través del área de los lagos así como era hecho en otros lados (ver Chuchiak 2009:153–154). Este intercambio encubierto y contactos con mayas fugitivos que huían de las encomiendas norteñas y de la economía tributaria, posiblemente jugaron un papel instigando el sentimiento anti-español y la rebelión en la parte temprana del siglo XVII (Jones 1998:49; ver también Jones 1989:101–106). El hecho que los Kowojs estaban disputando el control del puerto de Ixlú/Saclemacal con los Itzaes sugiere algún nivel de verdadera ventaja económica—en vez de simple capital social o prestigio—acumulada en la supervisión de este entrepôt.

Poco después de la conquista de los Itzaes en 1697, uno de los capitanes españoles enviados fuera de Nojpetén para saquear los campos de maíz para alimentar el presidio buscó el área portuaria de Saclemacal/Ixlú, describiéndola como "un poblado extenso y grande...[con] muchas milperías" y casas (Jones 1998:371). Más puntualmente, aprendió que el camino que siguió era "una ruta de intercambio muy concurrida que conectaba la región con lugares distantes—tan lejanos, de hecho, como los ríos Pasión y Usumacinta al oeste y Cobán, Sacapulas y San Agustín en la Verapaz" (Jones 1998:371; también Caso Barrera y Aliphat 2006a:302). De hecho, Cortés reportó que el gobernante Itza Ajaw Kan Ek' o sus vasallos aparentemente habían creado "hostales" o lugares de descanso para los comerciantes a lo largo de la ruta principal al sur a través de Petén hacia el destino de intercambio clave de Nito en Honduras (Cortés 1986:378).

Durante los dos siglos posteriores a la conquista, Petén era básicamente tierra vacante, de nadie. Detalles sobre viajes terrestres desde y hacia Ixlú emergen a finales del siglo XIX y principios del siglo XX, los cuales vienen de arqueólogos: las visitas de Teobert Maler (1910, 1911) en 1895 y 1904, y la de Morley en 1921, y dan luz acerca de cómo era en tiempos Coloniales y Postclásicos. Estas historias típicamente proveen detalles de un viaje que comienza en El Cayo, ahora San Ignacio en el oeste de Belice que era el límite río arriba de navegación en el río Belice. Hasta el avenimiento de los viajes aéreos entre Ciudad de Guatemala y Flores, era a través de esta ruta beliceña que la gente y los productos no-locales llegaban a la Isla de Flores.

Hoy en día la carretera pavimentada oeste-este de Flores a través del distrito de los lagos toma curso al sur, pa-

edge of the Tayasal Peninsula). The route north of Macanché and Salpetén clearly would have facilitated east-west interactions among Postclassic and Contact-period peoples living in the Lake Macanché basin and on the Zacpetén peninsula. The southern route was emphasized in the mid-twentieth century when FYDEP, the Petén development agency, bulldozed an all-weather road for vehicular travel.

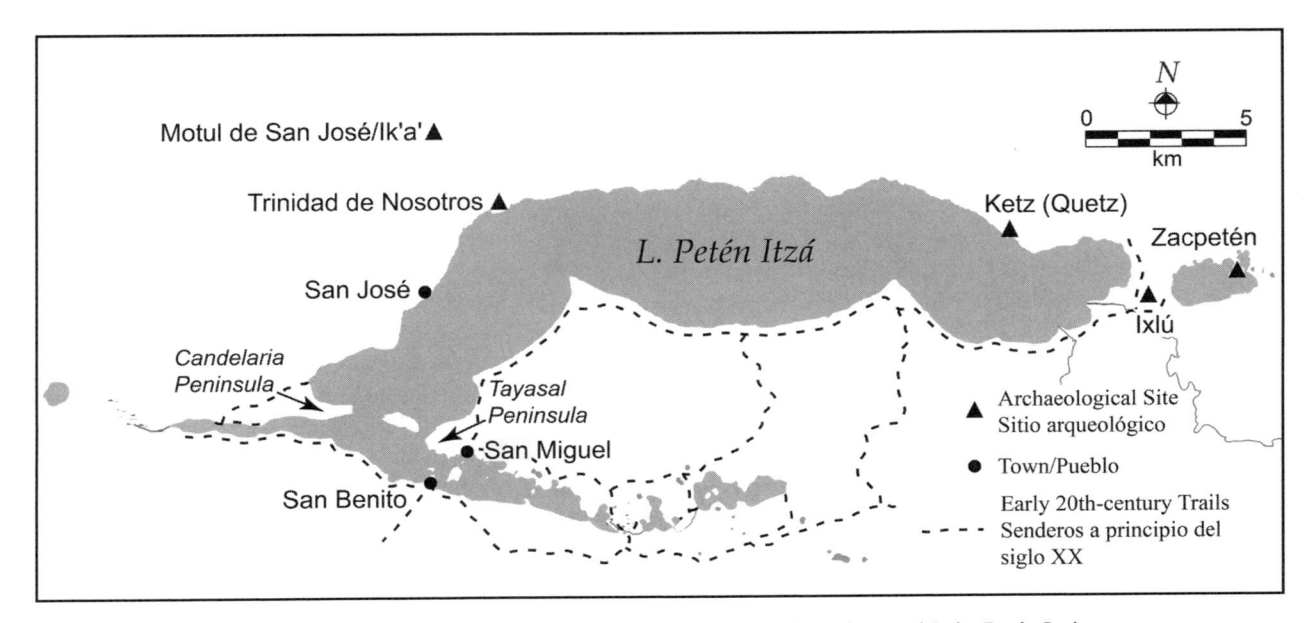

Figure 2.4. Early twentieth-century trails in the area of Ixlú and around Lake Petén Itzá
(from a 1923 map by Kilmartin, published in Morley 1937–38: V).
Figura 2.4. Senderos alrededor del lago Petén Itzá y el área de Ixlú a principios del siglo XX
(del mapa Kilmartin de 1923 en Morley 1937–38, V).

sando al sur de los lagos Peténxil, Quexil, Salpetén, Macanché y luego más al sur de los lagos Yaxhá y Sacnab y hacia El Cayo. Sin embargo, hace un siglo o más, el viaje entre Flores y Belice seguía un curso más al norte. Desde El Cayo el camino a Flores era hacia el oeste, pasando al sur de los lagos Sacnab y Yaxhá, y luego una parte conducía al *norte* de los lagos Macanché y Salpetén curvando al sur alrededor de Salpetén a Ixlú. En Ixlú el camino pasaba inmediatamente al sur de la Plaza Principal, como lo muestra el mapa de Blom (Figura 1.5). Un kilómetro al suroeste de Ixlú, el camino se dividía, con un camino que se dirigía hacia el norte al poblado de Remate (y luego a Tikal) y el otro al suroeste a Ixpop (Figura 2.4; Morley 1937–38, III:373, 438–439). De Ixpop, el viajero podía arreglar el uso de una canoa o lancha de motor para ir al oeste a Flores o continuar vía terrestre a lo largo de la orilla norte de la península de Tayasal. La ruta norte de Macanché y Salpetén claramente habría facilitado las interacciones este-oeste entre la gente de los períodos Postclásico y de Contacto que vivían en la cuenca del lago Macanché y en la península de Zacpetén. La ruta sureña se usó con más énfasis a mediados del siglo XX cuando el FYDEP, la agencia de desarrollo de Petén, construyó una carretera permanente para el tránsito vehicular.

Chapter 3

Early Occupation: Preclassic- and Classic-Period History and Material Culture

At Ixlú, as throughout the lowlands, the final phases of Late Classic construction destroyed, modified, or covered over much evidence of Preclassic and earlier Classic occupation. In the Petén lakes region, later Postclassic settlement, followed by post-conquest abandonment and afforestation, resulted in further degradation of early structures. Consequently, detailed description of Classic architecture and cultural features is often nearly impossible absent substantial excavations. Moreover, Proyecto Maya Colonial's mapping and limited excavations at Ixlú (Figure 1.7) were not designed to expose Preclassic and Classic architecture. Thus only the test units revealed superposition of construction and yielded early artifacts incorporated into the fills. Nonetheless it is evident that the core of the site, like that of other centers in the Petén lakes district (Yaxhá, Zacpetén, Nixtun-Ch'ich'), began as an early Middle Preclassic (see Table 1.1) settlement. The following interpretations of Ixlú's settlement history and material culture are set within this broader framework.

Preclassic and Early Classic Occupation and Construction

Middle Preclassic Ceramics

Middle Preclassic pottery (Figure 3.1) was recovered at the basal levels of most test units at Ixlú, typically associated with bedrock leveling and platform construction immediately above. Early material is found in the northern and western parts of the site in TU1 in the western Central Plaza, TU2 west of the Main Plaza, TU3 in the Acropolis, TU7 between the Acropolis and the twin-pyramid group, and TU8 north of Temple 1 (see Figure 1.7). Smaller quantities of early sherds, often badly eroded, were noted in TUs 5, 10, and 13.

Ixlú's intermediary positioning between eastern and western cultural zones in the lakes district, so apparent in the Postclassic and Contact periods, is evident as early as the Middle Preclassic. The site participated in both eastern and western Preclassic ceramic traditions: the red and orange slipped wares of the eastern lakes and Belize, and the cream and black wares more common in the west. Slips are primarily red (Juventud ceramic group), black (Chunhinta), and brown (Boolay), with an increase in red slipping and a decrease in black-brown slipping over time. Cream (Pital, Vexcanxan) slips are present but less common than in the western Lake Petén Itzá basin. Unnamed dichrome combinations of black, red, and cream are present but not in large quantities. Decoration is primarily pre-slip fine- and groove-incising (common in the east), with fluting and chamfering (more common in the west) also noted. Forms include jars, bowls, and platters with thickened direct or everted lips. A few spouted "chocolate pots" were identified in both Juventud and Chunhinta groups, along with occasional *tecomates* (neckless jars). Achiotes Unslipped pottery is abundant but Calam Buff appears infrequently. Non-local types include rare Savana Orange (Mars Orange ware) and very rare Jocote Orange-Brown, both thought to have been produced in what is now Belize.

Fifteen Preclassic sherds from Ixlú (three unslipped; four pre-Mamom) were submitted for INAA analyses of paste and LA-ICP-MS analyses of slips, along with material from three other Petén lakes sites. The groupings resulting from both techniques primarily showed the Ixlú-Zacpetén pottery distinct from that in the western Lake Petén Itzá basin, especially in magnesium (Mg; Stoner and Glascock 2012), doubtless a function of the differing geology—variable presence of dolomite (calcium-magnesium carbonate) and gypsum (magnesium sulfate)—and water chemistries of the two regions.

Excavations at Ixlú also yielded anthropomorphic figurines common throughout Middle Formative Mesoamerica (Rice 2013, 2014). Nineteen fragments of solid, hand-modeled Middle Preclassic figurines were recovered from early fill layers above bedrock in several locations, primarily in Plaza B of the Acropolis.

Middle Preclassic Constructions

Middle Preclassic construction is best evidenced in Patio B, the raised central group in the Acropolis. Plaza B is relatively large and rectangular, its present floor at least a meter higher than that of Plazas A and C to either side. Two low structures lay in the open courtyard and a large Postclassic C-shaped open hall (see Chapter 4) sat on its eastern border with Patio A. Qualitatively and quantitatively, the best sample of Middle Preclassic pottery at Ixlú came

Capítulo 3

Ocupación Temprana: Historia y Cultura Material de los Períodos Preclásico y Clásico

En Ixlú, como en todas las tierras bajas, las fases finales de construcción Clásico Tardío destruyó, modificó o cubrió mucha de la evidencia del Preclásico y la ocupación temprana del Clásico. En la región de los lagos de Petén, el asentamiento tardío Postclásico, seguido por el abandono post-conquista y la repoblación forestal, resultó en una mayor degradación de las estructuras tempranas. Consecuentemente, una descripción detallada de la arquitectura Clásica y de rasgos culturales muchas veces es casi imposible sin excavaciones sustanciales. Es más, el mapeo y las limitadas excavaciones en Ixlú del Proyecto Maya Colonial (Figura 1.7) no estaban diseñadas para exponer arquitectura del Preclásico o del Clásico. Por consiguiente, solamente las unidades de prueba revelaron la superposición de construcción y produjeron artefactos tempranos incorporados a los rellenos. Sin embargo, es evidente que el núcleo del sitio, como el de otros centros en el distrito de los lagos de Petén (Yaxhá, Zacpetén, Nixtun-Ch'ich'), empezó como un asentamiento de la parte temprana del Preclásico Medio (ver Cuadro 1.1). Las siguientes interpretaciones de la historia y cultura material del asentamiento de Ixlú están contenidas dentro de este amplio marco.

Ocupación y Construcción Preclásica y del Clásico Temprano

Cerámica del Preclásico Medio

La cerámica del Preclásico Medio (Figura 3.1) fue recuperada en los niveles basales de la mayor parte de unidades de prueba en Ixlú, típicamente asociadas con la nivelación de la roca madre y la construcción de plataformas inmediatamente sobre esta. El material temprano se encuentra en las partes norte y oeste del sitio en la UP1 al oeste de la Plaza Central, UP2 al oeste de la Plaza Principal, UP3 en la Acrópolis, UP7 entre la Acrópolis y el grupo de pirámides gemelas y UP8 al norte del Templo 1 (ver Figura 1.7). Observamos menores cantidades de tiestos tempranos, muchas veces muy erosionados en las UP5, 10 y 13.

La posición intermediaria de Ixlú, entre las zonas culturales del este y oeste en el distrito de los lagos, tan aparente en los períodos Postclásico y de Contacto, es evidente tan temprano como el Preclásico Medio. El sitio participó en las tradiciones cerámicas Preclásicas del este y oeste: las vajillas con engobe rojo y naranja del este de los lagos y Belice y las vajillas crema y negro más comunes en el oeste. Principalmente, los engobes eran rojos (grupo cerámico Juventud), negro (Chunhinta) y café (Boolay), con un incremento en el engobe rojo y descenso en el engobe café-negro al correr del tiempo. Los engobes crema (Pital, Vexcanxan) están presentes, pero son menos comunes en la cuenca oeste del lago Petén Itzá. Combinaciones bícromas sin nombre de negro, rojo y crema están presentes, pero no en grandes cantidades. La decoración es principalmente de incisión fina y acanalada antes del engobe (común en el este), también se observan acanaladuras y achaflanes (más comunes en el oeste). Las formas incluyen cántaros, cuencos y platos con bordes engrosados o evertidos. Hay algunas vasijas "chocolateras" con vertederas identificadas en los grupos Juventud y Chunhinta, junto con los ocasionales tecomates (cántaros sin cuello). La cerámica Achiotes Sin Engobe es abundante, pero la Calam Buff no es frecuente. Tipos no locales incluyen el raro Savana Naranja (vajilla Mars Naranja) y la muy rara Jocote Naranja-Café, las cuales se cree que fueron producidas en lo que hoy se conoce como Belice.

Enviamos 15 tiestos del Preclásico (tres sin engobe; cuatro pre-Mamom) de Ixlú al análisis de pasta de INAA y análisis de engobe LA-ICP-MS, junto con material de otros tres sitios de los lagos de Petén. Los agrupamientos resultantes de las dos técnicas mostraron, principalmente que la cerámica Ixlú-Zacpetén es geoquímicamente diferente a la de la cuenca oeste del lago Petén Itzá, especialmente en magnesio (Mg; Stoner y Glascock 2013), sin duda una función de la diferente geología—presencia variable de dolomita (calcio-carbonato de magnesio) y yeso (sulfato de magnesio)—y la química del agua de ambas regiones.

Las excavaciones en Ixlú también produjeron figurillas antropomorfas comunes en todo el Formativo Medio de Mesoamérica (Rice 2013, 2014). Recuperamos 19 fragmentos de figurillas del Preclásico Medio, sólidos y modelados a mano de las capas tempranas del relleno sobre la roca madre en varias ubicaciones, especialmente en la Plaza B de la Acrópolis.

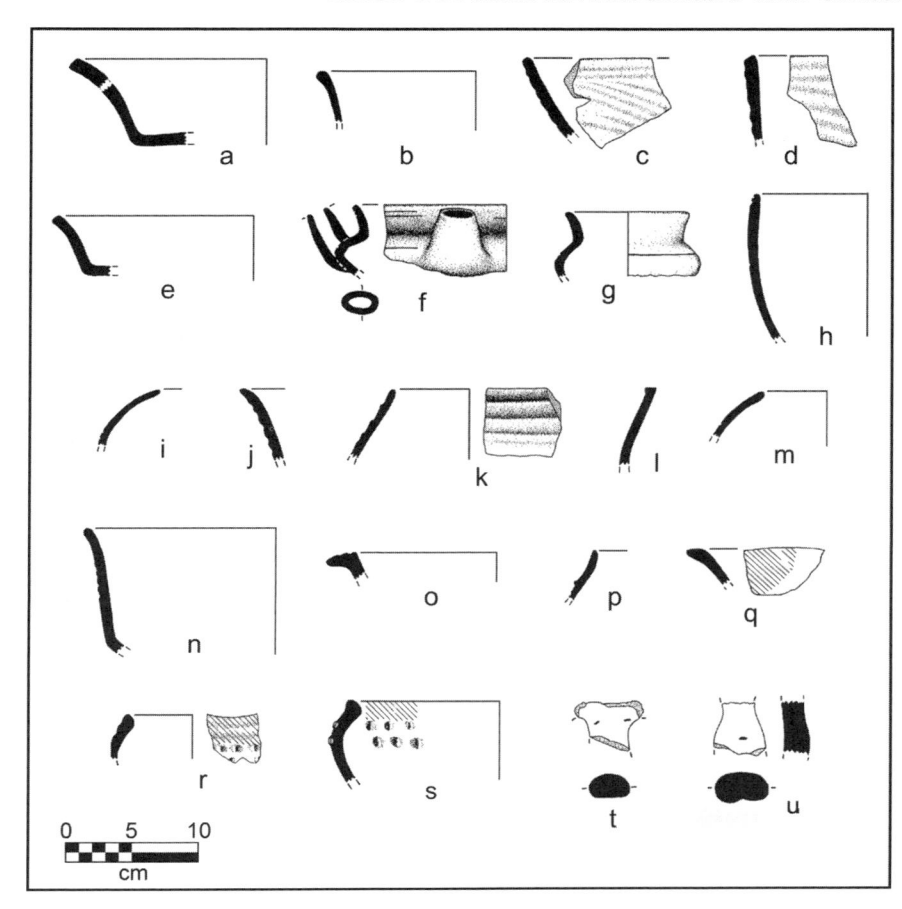

Figure 3.1. Middle Preclassic ceramics from Test-pit 3, Plaza B, Structure B-sub-1 at Ixlú: a-d, Juventud (red) ceramic group; c-d, Xexcay Acanalado; e-k, Chunhinta (black) ceramic group; e-f, Deprecio Incised "chocolate pot"; j, Centenario Acanalado; k, achaflanado sin nombre; l-m, Boolay (café) ceramic group; n, Cortales Acanalado; o, Paso Danto Incised; p, Muxanal Rojo-on-Cream (lip use-worn); q, Tierra Mojada Resist (interior decoration); r-s, Yalmanchac (?) Impressed (with red slip or border band); t-u, figurine torsos.

Figure 3.1. Cerámica del Preclásico Medio de la UP3, Plaza B, Estructura B-sub-1 de Ixlú: a-d, grupo cerámico Juventud (rojo); c-d, Xexcay Acanalado; e-k, grupo cerámico Chunhinta (negro); e-f, "vasija chocolatera" Deprecio Inciso; j, Centenario Acanalado; k, achaflanado sin nombre; l,m, grupo cerámico Boolay (café); n, Cortales Acanalado; o, Paso Danto Inciso; p, Muxanal Rojo-en-Crema (borde erosionado por uso); q, Tierra Mojada Resistente (decoración interior); r-s, Yalmanchac (¿?) Impreso (con engobe rojo o franja en borde); t-u, torsos de figurillas.

from the fills of two superposed low platform constructions penetrated by TU3. TU3, a 1-x-2 m pit, was excavated in 1994 west of Structure 2046. This unit was important because it yielded evidence of minimally five episodes of patio construction and plaster floors, beginning with Middle Preclassic fills at 3 m below surface (Figure 3.2).

The first constructional event consisted of leveling bedrock with fill containing a dozen non-diagnostic sherds and a few chert fragments, and sealed with very thin lime plaster surfacing (Floor 1). Above Floor 1, two deposits of fills created either a stand-alone platform or an elevation of the plaza and initiation of the acropolis proper. This construction is identified here as Structure B-sub-1. The lower fill layer, B-sub-1a, 42 cm thick, included enormous quantities (nearly 1000 sherds) of pottery, both slipped and decorated and unslipped (see Figure 3.1). Many fragments represented primary breakage and semi-reconstructible vessels. Slipped pottery, unusually well-made and well-fired (often "clinky") with thick engobes that varied from waxy to non-waxy and hard, primarily represents the Chunhinta, Boolay, and Juventud groups. A subset of the Juventud pottery, especially sherds with fluted decoration, had thick, hard, pale yellowish-brown, volcanic ash pastes and clear-fired, non-waxy, red-orange slips, characteristics also seen in some material at Tikal (Culbert 1993:5). Other pottery fragments included the types and forms described above. Achiotes Unslipped was represented by at least three pastes widely noted throughout the central and west-central lakes area: "pink-brown," gray, and red-brown. A layer of hearth ash in the southwest corner of the pit was noted near a deposit of fragmented bone. Pottery under the ash was excavated and bagged separately, but no clear differences could be noted visually compared with other material in the fill; the bone was not analyzed. Besides the pottery fragments, the B-sub-1a fill included three figurine torso fragments, a possible stone anvil (for making pottery?), fragments of groundstone, and obsidian.

The upper fill layer, B-sub-1b, 25 cm thick, included more than 1000 sherds representing largely the same types and forms, and a few sherds were conjoinable with those of B-sub-1a. Palma Daub might be represented. Other artifacts included four figurine fragments, obsidian, shell, and abundant chert. Floor 2 was a plaster surfacing 5 cm thick that included small quantities of most of the same pottery types. Structure B-sub-1 thus rose 72 cm above Floor 1.

Floor 2 was covered by Structure B-sub-2, a third Middle Preclassic construction episode that was also represented by two distinct fill deposits. As with sub-1, it cannot be determined from our small test unit if sub-2 represented a discrete platform or another plaza elevation. The lowest fill, 55 cm thick, was of medium-sized limestone; above was approximately 48 cm of fill of very large stones (up to ca. 60 cm). Also as with sub-1, the ceramics in these two fill layers were not chronologically distinguishable. As compared with sub-1, the sub-2 fills included smaller quantities of pottery fragments (about 500) and typologi-

Construcciones del Preclásico Medio

La construcción del Preclásico Medio se evidencia mejor en el Patio B, el grupo central elevado en la Acrópolis. La Plaza B es relativamente grande y rectangular, su piso actual está por lo menos un metro más arriba que el de las Plazas A y C, ubicadas cada una a un lado. Dos estructuras bajas están en el patio abierto y un salón abierto Postclásico en forma de C (ver Capítulo 4) está asentado en el lado este con el Patio A. Cualitativa y cuantitativamente, el mejor ejemplo de cerámica del Preclásico Medio en Ixlú provino de los rellenos de la construcción de dos plataformas bajas superpuestas penetradas por la UP3. En 1994 excavamos la UP3, un pozo de 1x2 m, al oeste de la Estructura 2046. Esta unidad fue importante porque produjo evidencia de por lo menos cinco episodios de construcción de patios y pisos estucados, empezando con rellenos del Preclásico Medio a 3 metros debajo de la superficie (Figura 3.2).

El primer evento constructivo consistió en la nivelación de la roca madre con un relleno conteniendo una docena de tiestos no diagnósticos y algunos fragmentos de pedernal y sellado con una superficie muy fina de estuco (Piso 1). Sobre el Piso 1, dos depósitos de rellenos crearon una plataforma individual o una elevación de la plaza y el comienzo de la propia acrópolis. Esta construcción es identificada aquí como la Estructura B-sub-1. La capa de relleno inferior, B-sub-1a, de 42 cm de grosor, incluyó grandes cantidades (casi 1000) tiestos, tanto engobados y decorados como sin engobe (ver Figura 3.1). Muchos fragmentos representaban quiebre primario y vasijas semi-restaurables. La cerámica con engobe, inusualmente bien hecha y bien cocida (frecuentemente tintineante) con engobes gruesos que variaban de cerosos a no cerosos y duros, era mayoritariamente de los grupos Chunhinta, Boolay y Juventud. Un subconjunto de la cerámica Juventud, especialmente tiestos con decoración acanalada, tenían pasta gruesa, dura, de color amarillo-café pálido, con ceniza volcánica y cocción clara, engobes rojo-naranja no cerosos, características también vistas en algunos de los materiales de Tikal (Culbert 1993:5). Otros fragmentos cerámicos incluían los tipos y formas descritos anteriormente. El Achiotes Sin Engobe estaba representado por lo menos por tres pastas ampliamente observadas a través del área central y oeste-central de los lagos: "rosado-café", gris y rojo-café. Observamos una capa de ceniza de fogón en la esquina suroeste del pozo cerca de un depósito de hueso fragmentado. La cerámica debajo de la ceniza fue excavada y embolsada por separado, pero visualmente no apreciamos claras diferencias con el otro material en el relleno; el hueso no ha sido

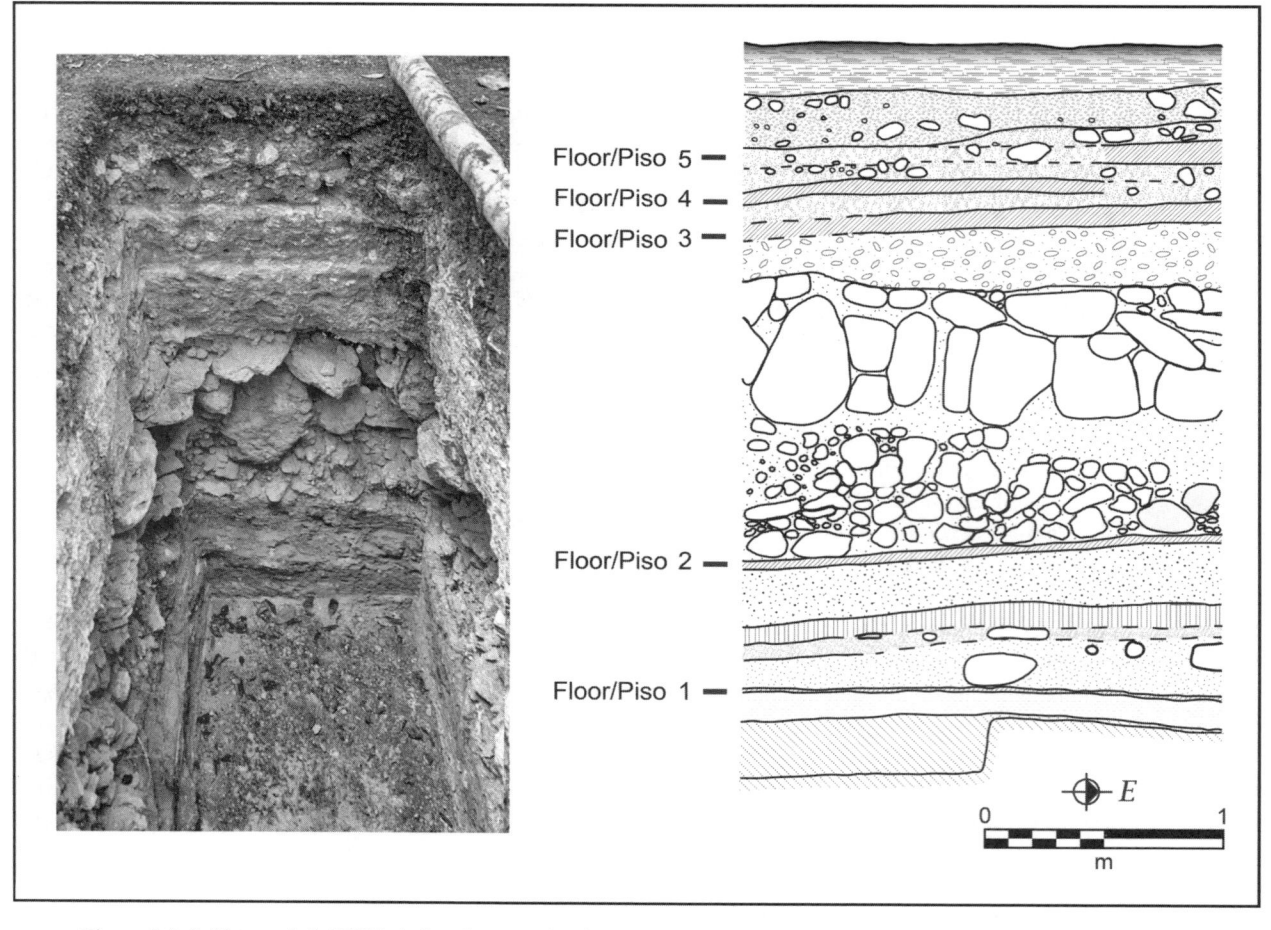

Figure 3.2. Ixlú test-pit 3 (TU3): left - photograph of the north face, right- profile of the west side of the excavation.
Figura 3.2. Unidad de prueba 3 (UP3) de Ixlú: izquierda, fotografía de la pared norte; derecha, perfil del lado oeste de la excavación.

cal differences are largely proportional: sub-2 had greater amounts of red-slipped than black- and brown-slipped materials; the opposite was seen in sub-1. In addition, Calam Buff was present in greater quantities in sub-2. Other artifacts included lithics, groundstone, shell, and two figurine heads. Structure B-sub-2 was topped by a 23 cm-thick layer of ballast and plaster surfacing (Floor 3) that incorporated large quantities of very small, eroded sherds. Structure B-sub-2 rose 1.36 m above Floor 2.

Above Floor 3, a 20 cm-thick deposit of Middle Preclassic fill included small sherds representing the same ceramic groups (primarily Juventud; also Chunhinta, Calam, Pital, Achiotes; dichromes) as in lower levels. This fill was topped by Floor 4.

Two thin clayey fills overlay Floor 4, both topped with plaster floors that had been cut in antiquity on the north side of the unit. Eroded pottery in the 24 cm-thick fills was primarily Late Preclassic, with a few (possibly intrusive) Classic fragments. The uppermost ~46 cm of deposits included a mixture of pottery from the Preclassic and Late Classic periods, plus a few small, heavily eroded, Postclassic sherds.

Early Classic

The Early Classic period has been a conundrum in the lakes region west of Lake Yaxhá. Surveys around Lakes Yaxhá and Sacnab yielded settlement data indicating continuous population growth from the Preclassic through the Late Classic, but the Early Classic has been elusive elsewhere (Rice and Rice 1990). On the Tayasal Peninsula, Early Classic deposits were described as "extensive," but diagnostic polychrome pottery was "exceedingly rare" and fills incorporating Early Classic ceramics were uncommon (Chase and Chase 1983:88–89, 90; also Pugh and Sánchez 2013). The problematic Preclassic-to-Classic transition has recently been explored at Holmul in northeastern Petén (Callaghan 2013), but clearly in the western part of the lakes district something was going on that, minimally, limited the production and circulation of polychrome pottery. Unfortunately, data from Ixlú do not speak to this issue, because only small amounts of Early Classic ceramics (e.g., a few fragments of Z-angle bowls, ring bases, Balanza Black) were noted and then only in mixed fills.

Late and Terminal Classic Periods

Ixlú's Classic-period history needs to be viewed within a nested or layered set of local, regional, and inter-regional contexts. The local context includes sites in the basins of Lakes Petén Itzá and Salpetén: Zacpetén, Tayasal, Flores, Motul de San José/Ik'a', and Nixtun-Ch'ich'. Regionally the context broadens to include the lakes farther to the east, including Macanché, Yaxhá, and Sacnab, but also north to the site of Tikal/Mutal and its allies. Tikal's Late Classic influence extended much farther to the east than to the west, as far as Uxbenka in southern Belize (Grube 2000:254; Wanyerka 2009). Further afield, major centers such as Calakmul to the north and sites to the southwest in the Pasión/Petexbatun region—Dos Pilas and Seibal—appear to have played indirect and later roles in Ixlú's and Lake Petén's fortunes.

Important insights into Late Classic Maya geo-political relations come from the display of "Emblem Glyphs" (EGs) on monuments and pottery. An EG is a complex sign that appears to signify both a title and a toponym, but exactly what those components signify—a specific ruler, a dynasty, a site, a polity—continues to be debated (see, e.g., Berlin 1958; Marcus 1976; Tokovinine 2008: 162–168). Classic cities are known by their EGs, although not all sites claimed such a sign.

Relations with Tikal and the Southwest

Politically, sites in the Petén lakes area were secondary- and tertiary-level satellites under Tikal and displayed that site's EG, which read "Mutal." In the eastern Petén lakes region, the secondary sites of Yaxhá and Topoxté had their own EGs, the latter also appearing on Altar 5 at Tikal. Ixlú, a tertiary center, is not known to have its own EG, but, like neighboring Zacpetén, displayed that of Tikal/Mutal, approximately 28 km to the north-northeast.

Another indicator of relations with Tikal comes from the presence of distinctive cardinally arranged buildings known as "twin-pyramid groups" (Jones 1969). This assemblage consists of identical radial substructures—tiered pyramids with a stairway on all four sides—facing one another east-west across a plaza, with plain stelae set in front of the eastern temple. A rectangular enclosure lies on the north side of the plaza, housing a sculptured stela-altar pair, and a low structure with nine doorways occupies the south edge. Tikal boasts possibly as many as ten of these complexes and others exist only in the lakes region at Yaxhá and Ixlú (and possibly Zacpetén). At these latter sites, however, the southern structure is incomplete; at Ixlú it was little more than a low, oblong pile of rubble. This suggests that either these late-dating complexes were unfinished, or that there was some rejection of the function or ideology (south, death, Underworld) expressed by that structure.

Tikal's influence in the western Lake Petén Itzá basin, for example at the secondary-level site of Motul de San José/Ik'a', appears to have waxed and waned in concert with the former's broader political circumstances (see Tokovinine and Zender 2012:50–52). In Classic histories reconstructed from inscriptions, Tikal was engaged in a struggle with Calakmul, having emerged from a 130-year hiatus in carved monument erection with the defeat of that site in AD 695 (Martin and Grube 2008:44–45). Little is known about the hiatus period due to the lack of texts, but it appears that some conflict within Tikal's dynasty had resulted in the defection of one faction, perhaps led by the scion of an unnamed ruler, sometime in the early seventh century (Martin and Grube 2008:56). By 648 this group established a new capital at the site known as Dos Pilas to the southwest in the Petexbatun region and displayed the Mutal EG, despite a putative alliance with rival Calakmul.

analizado. Aparte de los fragmentos de cerámica, el relleno de B-sub-1a, incluía tres fragmentos de torsos de figurillas, un posible yunque (¿para hacer cerámica?), fragmentos de piedras de moler y obsidiana.

El relleno superior, B-sub-1b, de 25 cm de grosor, incluía más de 1000 tiestos representando casi los mismos tipos y formas y algunos fragmentos podían ser unidos con los de B-sub-1a. Observamos unos pocos tiestos posiblemente de Palma Daub. Otros artefactos incluían cuatro fragmentos de figurillas, obsidiana, concha y abundante pedernal. El Piso 2 era una superficie de estuco de 5 cm de grosor que incluía pequeñas cantidades de casi los mismos tipos cerámicos. Así, la Estructura B-sub-1 se elevó 72 cm sobre el Piso 1.

El Piso 2 fue cubierto por la Estructura B-sub-2, un tercer episodio constructivo del Preclásico Medio que también fue hecho con dos depósitos de relleno distintos. Como en sub-1, no pudimos determinar por nuestra pequeña unidad de prueba si sub-2 representaba una plataforma discreta u otra elevación de la plaza. El relleno inferior, de 55 cm de grosor, era de piedra caliza mediana; arriba había aproximadamente 48 cm de relleno de piedras grandes (ca. 60 cm). También, como en sub-1, la cerámica de estas dos capas de relleno no fue cronológicamente distinguible. Comparados con sub-1, los rellenos de sub-2 incluían menores cantidades de fragmentos de cerámica (como 500) y las diferencias tipológicas son esencialmente proporcionales: sub-2 tiene mayor número de engobe rojo que de materiales con engobe negro y café; lo opuesto fue visto en sub-1. Además, encontramos Calam Buff en mayores cantidades en sub-2. Otros artefactos incluyen lítica, piedras de moler, concha y dos cabezas de figurillas. En la parte superior de la Estructura B-sub-2 fue colocada una capa de 23 cm de grava y estuco (Piso 3) que incorporaba grandes cantidades de tiestos muy pequeños y erosionados. La Estructura B-sub-2 se elevó 1.36 m sobre el Piso 2.

Sobre el Piso 3, un depósito de 20 cm de grosor de relleno del Preclásico Medio incluía pequeños tiestos de los mismos grupos cerámicos (principalmente Juventud; también Chunhinta, Calam, Pital, Achiotes; bícromos) que en los niveles inferiores. Este relleno fue cubierto por el Piso 4.

Dos rellenos finos y arcillosos cubren el Piso 4, ambos cubiertos con pisos de estuco que fueron cortados en la antigüedad en el lado norte de la unidad. La cerámica erosionada en los rellenos de 24 cm de grosor era principalmente del Preclásico Tardío, con pocos (posiblemente intrusivos) fragmentos del Clásico. Los 46 cm superiores de depósitos incluían una mezcla de cerámica de los períodos Preclásico y Clásico Tardío, además de tiestos pequeños y muy erosionados del Postclásico.

Clásico Temprano

El período Clásico Temprano ha sido un enigma en la región de los lagos al oeste del lago Yaxhá. Reconocimientos alrededor de los lagos Yaxhá y Sacnab produjeron datos de asentamientos indicando un crecimiento de población continuo desde el Preclásico hasta el Clásico Tardío, pero en otras partes el Clásico Temprano ha sido elusivo (Rice y Rice 1990). En la península de Tayasal, los depósitos del Clásico Temprano fueron descritos como "extensivos", pero la cerámica polícroma diagnóstica fue "excesivamente rara" y los rellenos incorporando cerámica del Clásico Temprano fueron poco comunes (Chase y Chase 1983:88–89, 90; también Pugh y Sánchez 2013). La problemática transición del Preclásico al Clásico ha sido explorada recientemente en Holmul en el noreste de Petén (Callaghan 2013), pero claramente en la parte oeste del distrito de los lagos algo estaba pasando que, por lo menos, limitó la producción y circulación de la cerámica polícroma. Desafortunadamente, los datos de Ixlú no hablan de este asunto, ya que solo notamos pequeñas cantidades de cerámica del Clásico Temprano (e.g., pocos fragmentos de cuencos con ángulo Z, bases anulares, Balanza Negro) y aun así solo en rellenos mezclados.

Períodos Clásico Tardío y Terminal

La historia del período Clásico de Ixlú necesita ser observada dentro de un conjunto de contextos locales, regionales e inter-regionales entrelazados. El contexto local incluye sitios en las cuencas de los lagos Petén Itzá y Salpetén: Zacpetén, Tayasal, Flores, Motul de San José/Ik'a' y Nixtun-Ch'ich'. Regionalmente, el contexto se amplía para incluir los lagos más al este, Macanché, Yaxhá y Sacnab, pero también al norte al sitio de Tikal/Mutal y sus aliados. La influencia de Tikal en el Clásico Tardío se extendió mucho más al este que al oeste, tan lejos como Uxbenka en el sur de Belice (Grube 2000:254; Wanyerka 2009). Aún más lejos, centros mayores como Calakmul al norte y sitios al suroeste en la región de la Pasión/Petexbatun—Dos Pilas y Seibal—parece que jugaron un papel indirecto y más tardío en la fortuna de Ixlú y del lago Petén.

Percepciones importantes en las relaciones geo-políticas del Clásico Tardío Maya vienen de la exposición de los "Glifos Emblemas" (GE) en los monumentos y la cerámica. Un GE es un signo complejo que parece significar tanto un título como un topónimo, pero exactamente qué significan sus componentes—gobernante particular, una dinastía, un sitio, una entidad política—continúa siendo debatido (ver e.g., Berlin 1958; Marcus 1976; Tokovinine 2008:162–168). Se conocen las ciudades del Clásico por sus GEs, aunque no todos los sitios reclaman dicho signo.

Relaciones con Tikal y el Suroeste

Políticamente, los sitios en el área de los lagos de Petén eran sitios satélites de nivel secundario y terciario bajo Tikal y exhibían el GE de ese sitio, el cual se leía "Mutal". En la parte este de la región de los lagos de Petén, los sitios secundarios de Yaxhá y Topoxté tenían sus propios GEs, este último aparecen también en el Altar 5 de Tikal. No se conoce si Ixlú, un centro terciario, tuvo su propio GE; pero al igual que el sitio vecino de Zacpetén, Ixlú exhibía

However, by the middle eighth century, as conflict erupted in the Petexbatun region, Tikal's influence in the western Lake Petén Itzá basin may have begun to wane.

Some kind of relations between Ixlú and Seibal may be indicated by ballcourts. Ixlú has two small ballcourts that lack formally circumscribed end zones and are oriented east-west, rather than sharing the Mayas' more typical north-south orientation (see Cohodas 1975:118; Scarborough 1991:138–139). A test unit, TU9, excavated into the center of the alley of the eastern court, revealed two fill layers above bedrock at about 45 cm b.s. and no plaster flooring; ceramics were Late Classic. Presumably the players engaged on dirt surfacing or more formal flooring was destroyed. Seibal also has two ballcourts oriented east-west (as does Chich'en Itza: Structures 2D9 and 3D4). Seibal's ballcourt A-19 in the North Court of Group A, dating to the Terminal Classic period, incorporates the northern side of a large temple pyramid (Structure A-20) as one of its range structures and has a low extension on the west side (Smith 1982:77–82; Willey et al. 1975:33). Similarly Ixlú Ballcourt 1, roughly the same size as Seibal's A-19, incorporates the south face of Temple 1 as the northern face of the alley; it is bounded to the west by the southeastern side of the Main Plaza and to the east by a platform. Farther afield in the Upper Grijalva basin (Chiapas) and the K'iche' (Guatemala) highlands, ballcourts with enclosed end zones have east–west as well as north–south and intermediate orientations (de Montmollin 1997; Fox 1987). The east-west orientation is Mexican (de Montmollin 1997:24).

Ceramics

Late and Terminal Classic pottery at Ixlú (Figure 3.3) primarily represents the Tepeu and Eznab ceramic spheres, best known from studies at Tikal and Uaxactun to the north (Culbert 1973, 1993; Smith 1955). Red-slipped vessels were most commonly volcanic ash-paste and carbonate-paste dishes, incurving-rim bowls, and jars of types in the Tinaja ceramic group (including Cameron Incised, Subin Red, Chaquiste Impressed, and Pantano Impressed). In particular, fragments of large, deep, incurving-rim bowls were often recovered in midden deposits with Postclassic pottery, suggesting long-term continued use of these multi-function utility vessels. Also present were Achote Black and Cubeta Incised, eroded polychromes (primarily of the Saxche/Palmar group, including Zacatal Cream Polychrome), and rare Jato Black-on-gray (typically found in Terminal Classic mortuary contexts). Local types include Harina Cream, better known from Macanché Island (Rice 1987b:71–74), local paste variants or "imitations" of Fine Orange (see Helmke and Reents-Budet 2008), including rare examples of Sahcaba Molded-carved, and common fragments of an unidentified orange ware. Rare sherds of Fine Gray were occasionally noted. Unslipped types include Cambio Unslipped, Encanto Striated, and occasional

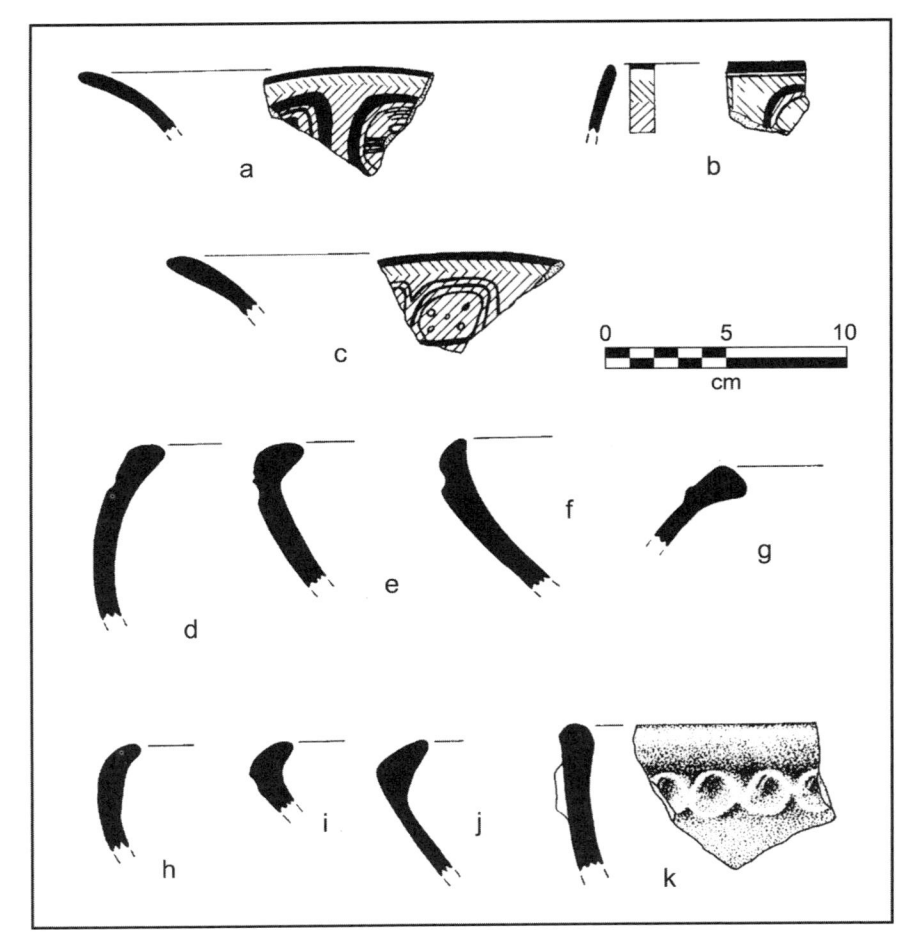

Figure 3.3. Late and Terminal Classic ceramics from various locations at Ixlú: a-c, polychromes from TU11: a,c, Saxche/Palmar Orange Polychrome; b, Julecki/Zacatal Cream Polychrome; d-f, large, deep vessels of Maquina Brown with incurving rims, mouth diameter 22 cm (d) to 36 cm (f); g, Chinja Impressed? (Tinaja ceramic group); h-j, vessels of volcanic ash paste with eroded slips from TU13; k, an unnamed variety of Achote Black with finger-impressed fillet from TU11.

Figura 3.3. Cerámica del Clásico Tardío y Terminal de varias ubicaciones de Ixlú: a-c, polícromos de la UP11: a,c, Saxche/Palmar Naranja polícromo; b, Julecki/Zacatal Crema polícromo; d-f, vasijas grandes y profundas Maquina Café con bordes convergentes, diámetro de la boca 22 cm (d) a 36 cm (f); g, ¿Chinja Impreso? (grupo cerámico Tinaja); h-j, vasijas con pasta de ceniza con engobes erosionados de la UP13; k, Achote Negro, variedad sin nombre con filete de impresiones de dedo de la UP11.

el de Tikal/Mutal, ubicado aproximadamente a 28 km al norte-noreste.

Otro indicador de las relaciones con Tikal proviene de la presencia de distintivos arreglos cardinales de las estructuras conocidas como "grupos de pirámides gemelas" (Jones 1969). Este conjunto consiste de subestructuras radiales idénticas—pirámides escalonadas con una escalinata en sus cuatro lados—una frente a la otra, de este a oeste a través de una plaza con estelas lisas colocadas frente al templo este. Un recinto rectangular se encuentra al norte de la plaza, alojando a una pareja de estela-altar esculpidos y una estructura baja con nueve puertas ocupa el lado sur. Tikal presume de tener hasta diez de estos complejos y otros existen solamente en la región de los lagos en Yaxhá e Ixlú (y posiblemente en Zacpetén). Sin embargo, en estos últimos sitios la estructura sur está incompleta; en Ixlú era un poco más que un apilamiento bajo y alargado de escombros. Esto es un poco desconcertante y sugiere que estos complejos de fecha tardía estaban sin acabar o que hubo algún rechazo de la función o ideología (sur = muerte, inframundo) expresada por esta estructura.

La influencia de Tikal en la cuenca oeste del lago Petén Itzá, por ejemplo en el sitio secundario de Motul de San José/Ik'a', parece que sufrió altibajos en concierto con las circunstancias políticas generales de Tikal (ver Tokovinine y Zender 2012:50–52). En historias clásicas reconstruidas a partir de las inscripciones, Tikal estaba en conflicto con Calakmul, habiendo emergido de un hiato de 130 años en la erección de monumentos esculpidos, con la derrota de ese sitio en el 695 DC (Martin y Grube 2008:44–45). Poco se sabe sobre el período del hiato debido a la falta de textos, pero parece que algún conflicto dentro de la dinastía de Tikal resultó en la deserción de una facción posiblemente liderada por el vástago de un gobernante sin nombrar, durante la parte temprana del siglo VII (Martin y Grube 2008:56). Para el 648 DC este grupo se estableció en una nueva capital en el sitio conocido como Dos Pilas al suroeste de la región del Petexbatun y mostraban el GE de Mutal, a pesar de la presunta alianza con el rival Calakmul. Sin embargo, a mediados del siglo VIII, cuando el conflicto irrumpió en la región del Petexbatun, es posible que la influencia de Tikal en la cuenca oeste del lago Petén Itzá haya comenzado a menguar.

Los juegos de pelota podrían indicar algún tipo de relación entre Ixlú y Seibal. Ixlú tiene dos juegos de pelota pequeños que carecen de las zonas finales formalmente circunscritas y están orientados este-oeste, en vez de compartir la orientación norte-sur que era más típica de los mayas (ver Cohodas 1975:118; Scarborough 1991:138–139). La unidad de prueba UP9, excavada al centro del pasaje de la cancha este, reveló dos capas de relleno sobre la roca madre a aproximadamente 45 cm bajo la superficie y sin piso de estuco; la cerámica era del Clásico Tardío. Es posible que los jugadores jugaran sobre la superficie de tierra o que un piso más formal fuera destruido. Seibal también tenía dos canchas de juego de pelota orientadas este-oeste (como en Chich'en Itza: Estructuras 2D9 y 3D4). La cancha A-19 de Seibal, en el Patio Norte del Grupo A, data del período Clásico Terminal e incorpora la parte norte de un gran templo-pirámide (Estructura A-20) como una de sus estructuras de rango y tiene una extensión baja en el lado oeste (Smith 1982:77–82; Willey et al. 1975:33). Similarmente, el Juego de Pelota 1 de Ixlú, aproximadamente del mismo tamaño que el A-19 de Seibal, incorpora la fachada sur del Templo 1 como la fachada norte del pasaje; está limitado al oeste por el lado sureste de la Plaza Principal y al este por una plataforma. Más lejos, en la cuenca superior del río Grijalva (Chiapas) y el altiplano de K'iche' (Guatemala), los juegos de pelota tienen zonas finales este-oeste encerradas, así como orientaciones norte-sur e intermedias (de Montmollin 1997; Fox 1987). Las orientaciones este-oeste son Mexicanas (de Montmollin 1997:24).

Cerámica

La cerámica del Clásico Tardío y Terminal en Ixlú (Figura 3.3) representa principalmente las esferas cerámicas Tepeu y Eznab, mejor conocidas por los estudios en Tikal y Uaxactun al norte (Culbert 1973, 1993; Smith 1955). Las vasijas de engobe rojo comúnmente eran de pasta de ceniza volcánica y platos de pasta carbonatada, vasijas con bordes curvados y cántaros de los tipos en el grupo cerámico Tinaja (incluyendo Cameron Inciso, Subin Rojo, Chaquiste Impreso y Pantano Impreso). En particular, en depósitos de basura junto a cerámica del Postclásico recuperamos frecuentemente fragmentos de cuencos grandes y profundos de borde incurvado, sugiriendo un uso continuo de largo plazo de estas vasijas de funciones múltiples. También presentes están el Achiote Negro y Cubeta Inciso, polícromos erosionados (principalmente del grupo Saxche/Palmar, incluyendo Polícromo Zacatal Crema) y el extraño Jato Negro sobre gris (típicamente encontrado en contextos mortuorios del Clásico Terminal). Los tipos locales incluían el Harina Crema, mejor conocido de la Isla Macanché (Rice 1978b:71–74), variantes de pasta local o "imitaciones" del Naranja Fino (ver Helmke y Reents-Budet 2008), incluyendo ejemplos raros de Sahcaba Moldeado-esculpido y fragmentos comunes de una vajilla naranja sin identificar. Ocasionalmente notamos la presencia de unos pocos tiestos de Gris Fino. Los tipos sin engobe incluyen Cambio Sin Engobe, Encanto Estriado y el eventual incensario o fragmentos de pedestal de incensarios.

Los estudios de Christina Halperin (2010, 2014a, 2014b) sobre figurillas de los sitios de la región de los lagos de Petén incluyeron 83 objetos del Clásico Tardío/Terminal y 21 objetos del Postclásico de Ixlú. Las figurillas del período Clásico típicamente son huecas, formadas con un frente moldeado y la espalda lisa. Estaban hechas principalmente de pastas "rosadas a café pálido" con desgrasante de ceniza comunes al área este de los lagos, en contraste con las figurillas de pasta roja de la cuenca oeste del lago Petén Itzá (Halperin 2014a:Figura 8). Esto refuerza las conexiones primarias de Ixlú en el Clásico Tardío con el este de los lagos, también vistas en la participación del sitio en la esfera cerámica Tepeu y su programa arquitectó-

incensario (censer; incense burner) or censer stand fragments.

Christina Halperin's (2010, 2014a, 2014b) study of figurines from sites in the Petén lakes region included 83 Late/Terminal Classic and 21 Postclassic objects from Ixlú. Classic-period figurines are typically hollow, formed with a molded front and plain backing. They were made primarily of the "pink to pale brown" ash-tempered pastes common in the eastern lakes area, contrasting with the red-paste figurines of the western Lake Petén Itzá basin (Halperin 2014a:Figure 8). This reinforces Ixlú's primary Late Classic connections with the eastern lakes, also seen in the site's participation in the Tepeu-centric ceramic sphere and in its Tikal-related architecture and monumental sculpture program. Six figurines were of a gray paste used only at Ixlú and Fine Orange paste was used for one. Most of the figurine fragments were anthropomorphs, but eight zoomorphs were also analyzed: two owls and two other birds, two tapirs, a deer, and an anteater (Halperin 2010). A crocodile head is probably a zoomorphic vessel support of Postclassic Augustine Red.

Sculptured Monuments

Ixlú has long been considered a Late and Terminal Classic tertiary center in site size-based and text-based geopolitical hierarchies (e.g., Marcus 1976). In 1921 when Sylvanus Morley visited Ixlú, two sculptured stelae (Stelae 1 and 2) and carved Altar 1 stood on low basal platforms on the western apron of Temple 1, and two plain stelae (here renumbered Stela 3 and Stela 4) lay at its base (Morley 1937–38, III:439). It became apparent during our mapping and excavations that other monuments had existed at the site, as several Postclassic structures in the Main Plaza incorporated fragments of plain stelae (Structures 2020 and 2023) and a carved stone (Structure 2022) in their construction, especially their facings. Such monument re-use was a common Postclassic practice elsewhere in the lakes area, for example at Str. 601 at the Kowoj site of Zacpetén in Lake Salpetén (see Pugh 2001:228–229; Rice 2004:160–161) and at Tayasal, particularly in structures known as "shrines" (chapter 4; Pugh et al. 2012:10).

Ixlú Stela 1 (Figure 3.4) is currently exhibited in the Museo Nacional de Arqueología y Etnología in Guatemala City. This "wedge-shaped" monument, wider at the top than the base, has a Terminal Classic half-period (*lajuntun*)-ending date of (10.1.10.0.0) 4 Ajaw 13 Kank'in (October 5, 859). The main personage wears a jaguar skin kilt, an enormous feathered headdress, and a large feathered backrack with a deity head; he carries a long, knotted staff in his left arm and "scatters" with his right hand. Above him, in the broad upper area of the stela, four figures—the so-called cloud riders or Paddler gods (seen paddling a canoe to the Underworld on an incised bone from Tikal Burial 116)—float in dotted "cloud" or smoke scrolls.

Ixlú Stela 2 (Figure 3.5), now reset in the plaza of Flores Island, was originally dated by Morley (1937–38, III:441–443) at (10.2.10.0.0) 2 Ajaw 13 Chen (June 24, 879). It

Figure 3.4. Ixlú Stela 1.
Figura 3.4. Estela 1 de Ixlú.

has since been proposed to date roughly 30 years earlier: (10.0.19.4.11) 9 Chuwen 14 Sip (March 2, 849) (Schele and Grube 1995:118). The stela shows a scene similar to that on Stela 1: a figure wearing a jaguar kilt, feathered headdress and backrack, and performing the scattering rite with Paddler figures in dotted scrolls overhead. The primary difference between the two monuments is that the figure on Stela 2 holds a manikin scepter, perhaps suggesting celebration of an accession (Rice 2012) rather than a period-ending celebration.

Ixlú's all-text Altar 1 (Figure 3.6) was discovered by Morley in the roots of a large fallen tree, face down, with its glyphs well preserved. Now embedded in a wall in the Flores plaza, it is dated (10.2.10.0.0) 2 Ajaw 13 Ch'en (June 24, 879), corresponding to Morley's originally suggested date for Stela 2, making it likely that the two monuments were originally paired. Altar 1 celebrates an event held in the company of a *k'alomte* (highest-level lord) and displays the Tikal/Mutal Emblem Glyph. Ixlú's prominent display of this glyph suggests that the *k'alomte* may be from Tikal and visited the Ixlú satellite, or that Ixlú claimed the Mutal Emblem as its own (Schele and Freidel 1990:389; Schele and Grube 1995:136; Schele and Mathews 1998:187). The now heavily eroded inscription was read "in the middle of his 10th tun [≈ year] he seated/offered the stone [the altar] and scattered drops . . . he of the 20 captives" (S. Houston,

nico y escultórico monumental relacionado con Tikal. Seis figurillas eran de pasta gris, utilizada solamente en Ixlú y una era de pasta Naranja Fino. La mayoría de los fragmentos de figurillas eran antropomorfas, pero también analizó ocho zoomorfas: dos búhos y otras dos aves, dos tapires, un venado y un oso hormiguero (Halperin 2010). La cabeza de un cocodrilo es probablemente el soporte de una vasija zoomorfa de Augustine Rojo del Postclásico.

Monumentos Esculpidos

Desde hace mucho Ixlú ha sido considerado un centro terciario del Clásico Tardío y Terminal, tanto en base a tamaño como a jerarquías geopolíticas basadas en textos (e.g., Marcus 1976). En 1921, cuando Sylvanus Morley visitó Ixlú, dos estelas esculpidas (Estela 1 y 2) y el Altar tallado 1 estaban colocados en plataformas bajas en la plataforma oeste del Templo 1, y dos estelas lisas (aquí renumeradas Estela 3 y Estela 4) yacían en su base (Morley 1937–38, III:439). Durante nuestro mapeo y excavaciones nos fue evidente que otros monumentos habían existido en el sitio, ya que varias estructuras Postclásicas en la Plaza Principal incorporaban fragmentos de estelas lisas (Estructuras 2020 y 2023) y piedra esculpida (Estructura 2022) en su construcción, especialmente en las fachadas. Dicho reuso de monumentos era práctica común en el Postclásico en el área de los lagos, por ejemplo en la Estructura 601 en el sitio Kowoj de Zacpetén en el lago Salpetén (ver Pugh 2001:228–229; Rice 2004:160–161) y en Tayasal, particularmente en las estructuras conocidas como "santuarios" (Capítulo 4; Pugh et al. 2012:10).

La Estela 1 (Figura 3.4) de Ixlú está actualmente en el Museo Nacional de Arqueología y Etnología de Ciudad de Guatemala. La forma de cuña del monumento, con la parte superior más ancha que la base, tiene una fecha Clásico Terminal de terminación de medio-período (*lajuntun*) de (10.1.10.0.0) 4 Ajaw 13 Kank'in (5 de octubre 859). El personaje principal lleva una falda de piel de jaguar, un tocado enorme de plumas y un gran mecapal emplumado con la cabeza de una deidad; carga un cetro largo y anudado en su mano izquierda y con la derecha esparce. Sobre él, en la parte ancha de la estela, cuatro figuras—los llamados dioses remeros (vistos remando una canoa al inframundo en un hueso inciso del Entierro 116 de Tikal)—flotan en una "nube" punteada o en volutas de humo.

La Estela 2 (Figura 3.5) de Ixlú, que ahora se encuentra en la plaza de la Isla de Flores, fue originalmente fechada por Morley (1937–38, III:443) para el (10.2.10.0.0) 2 Ajaw 13 Chen (24 de junio 879). Pero se propuso que data de aproximadamente 30 años antes: (10.0.19.4.11) 9 Chuwen 14 Sip (2 de marzo 849) (Schele y Grube 1995:118). La estela muestra una escena similar a la de la Estela 1: un señor luciendo una falda de piel de jaguar, tocado de plumas y mecapal, y haciendo un rito de esparcimiento con las figuras de los remeros en volutas puntuadas sobre su cabeza. La diferencia principal entre estos monumentos es que el individuo de la Estela 2 lleva un cetro manikin, posiblemente sugiriendo la celebración de una ascensión

Figure 3.5. Ixlú Stela 2.
Figura 3.5. Estela 2 de Ixlú.

(Rice 2012), en lugar de la celebración de una terminación de período.

El Altar 1 (Figura 3.6) de Ixlú tallado solamente con texto fue descubierto por Morley cara-abajo bajo las raíces de un gran árbol caído, pero con sus glifos bien preservados. Ahora está empotrado en una pared de la plaza de Flores y fechado (10.2.10.0.0) 2 Ajaw 13 Ch'en (24 de junio 879), correspondiendo a la fecha que originalmente Morley había sugerido para la Estela 2, sugiriendo la posibilidad que ambos monumentos fueran un par. El Altar 1 celebra un evento que se llevó a cabo en la compañía de *xaman k'alomte* ("*k'alomte* norte" [Lacadena 2003:112]; *k'alomte* es el señor de mayor nivel) y muestra el Glifo Emblema de Tikal/Mutal. La prominente exhibición de este glifo en Ixlú sugiere que el *k'alomte* puede ser de Tikal y que visitó el sitio satélite de Ixlú o que Ixlú también reclamó el Emblema de Mutal como suyo (Schele y Freidel 1990:389; Schele y Grube 1995:136; Schele y Mathews 1998:187). La inscripción, ahora muy erosionada, dice "en la mitad de su tun [≈ año] 10 se sentó/ofreció la piedra [el altar] y esparció gotas…él de los 20 cautivos" (S. Houston, citado en Rice 2004:162). "Él" en este caso era un señor de Ixlú reclamando afiliación con Tikal.

El Altar 1 exhibe una aparente unión con Dos Pilas en la región de Petexbatun al suroeste. Una frase en el altar (en C3-D5) repite una en la Estela 8 (F18-G20) de Dos Pilas, invocando cinco sobrenaturales, dos de los cuales son las deidades remeras (Mathews 2001:399; Schele y Freidel 1990:Figura 10.7). La Estela 8, monumento al gobernador Itzamnaaj K'awiil (m. 726) de Dos Pilas, utiliza el "estilo Puuc" para fechar que puede ser específico para registrar eventos que ocurren durante la noche, en este caso el entierro del gobernante (Martin y Grube 2008:59; Mathews 2001:405–406). Como el Altar 1 de Ixlú, la Estela 8 también muestra el Emblema de Tikal, así como la Estela 2 de Jimbal. Con respecto a estas instancias de sitios secundarios y terciarios mostrando el Emblema de Tikal,

quoted in Rice 2004:162). "He" in this case was an Ixlú lord claiming affiliation with Tikal.

Altar 1 displays an apparent tie to Dos Pilas in the Petexbatun region to the southwest. A phrase on the altar (at C3–D5) repeats one on Dos Pilas Stela 8 (F18–G20) invoking five supernaturals, two of which are the Paddler gods (Mathews 2001:399; Schele and Freidel 1990:Figure 10.7). Stela 8, a monument to Dos Pilas ruler Itzamnaaj K'awiil (d. 726), uses the "Puuc-style" of dating that may be specific to recording events occurring during the night, in this case the ruler's burial (Martin and Grube 2008:59; Mathews 2001:405–406). Like Ixlú Altar 1, Stela 8 also displays the Tikal Emblem, as does Jimbal Stela 2. With respect to these instances of secondary and tertiary level sites displaying Tikal's Emblem, Valdés and Fahsen (2004:151) proposed that they reflect Tikal's waning power and may have two explanations. One is that the rulers of Tikal's satellites wanted to proclaim political independence of that center while simultaneously acknowledging their Tikal-related heritage. Or, perhaps Tikal's rulers implemented a "new political model" that was less centralized and hierarchical, in which they may have held a kind of regency. Valdés and Fahsen favor the latter.

A second carved altar at Ixlú, Altar 2 (Figure 3.7), was discovered face up in late 1993 by the site guard just south of the western ballcourt, where it remains today. This altar depicts two pairs of simply attired, seated, gesturing individuals, one with bound arms, in two registers (Rice 2004:Figure 5.27). The accompanying glyph blocks are eroded, thus making dating difficult; suggested dates range between 9.18.0.0.0 and 10.1.0.0.0 (see Rice 2004:165).

Stelae fragments were also recovered in Ixlú's twin-pyramid complex. Fragments of a sculptured stela (Stela 5) lay in front of the northern enclosure (Structure 2010) and a large, uncarved stela (Stela 6) lay in the plaza about 3.5 m south of Postclassic Structure 2006 (Figure 3.8) and west of the eastern pyramid, Structure 2004. In its "wedge" shape, wider at the top than at the base, Stela 6 resembles carved monuments at Ixlú (e.g., Stela 1) and also at Zacpetén: maximum upper width is 1.65 m, width is 1.2 m near the base, and length is 3.65 m.

Several things are intriguing about Ixlú's Terminal Classic monument-erection program. First, the site's stelae and altars celebrate alternating period-endings—at *lajuntuns* (ten-year half-*k'atuns* or *winikhaab's*)—between the 20-year *k'atun/winikhaab'* endings celebrated on Flores Stelae 1 and 3 and Panel 1, a pattern that may not be accidental (Morley 1937–38, III:440, 445). Most of the surviving monuments in the western lakes region (Motul de San José, Tayasal, Flores) have dates referring to full *winikhaab'* endings while those at the eastern end of the lake seem to emphasize *lajuntuns* (Table 3.1). Although issues of ancient or recent monument destruction, burial, movement, resetting, and so forth may render such patterning illusory, it is also hard to imagine such chronological selectivity underlying these kinds of semi-stochastic processes. The specific practices and beliefs associated with period-ending rituals are unknown, beyond the images that show scattering, but the alternating east-west dates suggest a wider sociopolitical integration of the region.

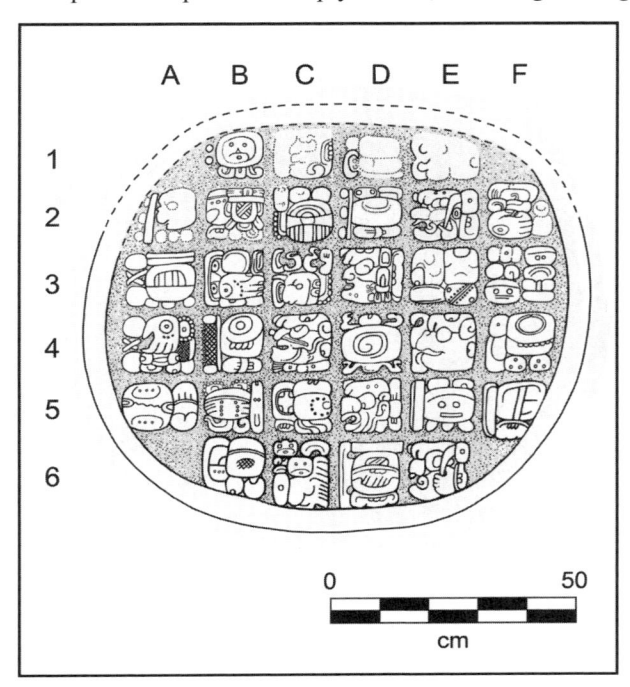

Figure 3.6. Ixlú Altar 1. Prepared by Don S. Rice from an original drawing by William R. Coe (Jones and Satterthwaite 1982: fig. 81), with additional details from a drawing of the monument by Linda Schele (Schele and Freidel 1990: fig. 10.7).
Figura 3.6. Ixlú Altar 1. Preparado por Don S. Rice utilizando un dibujo de William R. Coe (Jones y Satterthwaite 1982: fig. 81), con detalles adicionales tomados de un dibujo del monumento por Linda Schele (Schele and Freidel 1990: fig. 10.7).

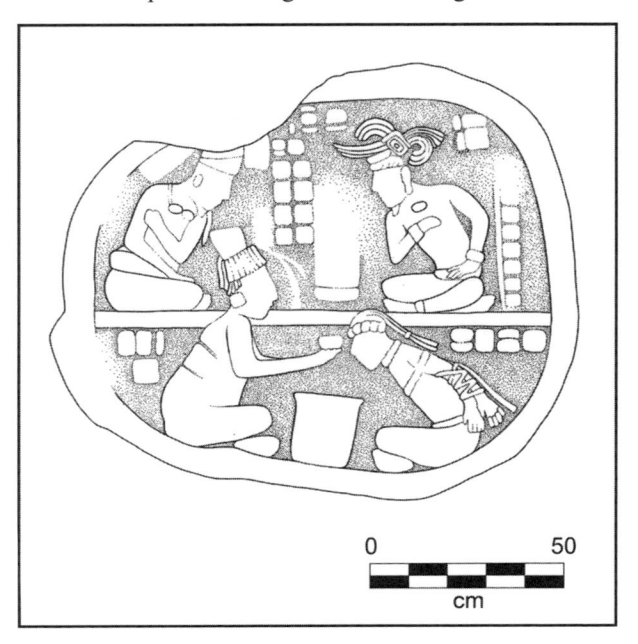

Figure 3.7. Ixlú Altar 2 (drawing by P. Morales).
Figura 3.7. Altar 2 de Ixlú (dibujo por P. Morales)

Valdés y Fahsen (2004:151) propusieron que esto refleja la disminución del poder de Tikal y que puede haber dos explicaciones. Una donde los gobernantes de los satélites de Tikal querían proclamar independencia política de este centro, mientras que al mismo tiempo reconocían su herencia relacionada a Tikal. O, tal vez los gobernantes de Tikal implementaron un "nuevo modelo político" que era menos centralizado y jerárquico, en el cual ellos habrían mantenido un tipo de regencia. Valdés y Fahsen favorecen esta última explicación.

Un segundo altar tallado de Ixlú, el Altar 2 (Figura 3.7) fue descubierto cara arriba hacia fines de 1993 por el guardia del sitio, justo al sur del juego de pelota oeste, donde se encuentra hoy en día. Este altar muestra, en dos registros, a dos pares de individuos con atuendos simples, sentados, haciendo gestos, uno de ellos con las manos atadas (Rice 2004:Figura 5.27). Los bloques de glifos que acompañan están erosionados haciendo difícil la datación; las fechas sugeridas van desde el 9.18.0.0.0 al 10.1.0.0.0 (ver Rice 2004:165).

También recuperamos fragmentos de estelas en el complejo de pirámides gemelas de Ixlú. Los fragmentos de una estela esculpida (Estela 5) yacen en frente del recinto norte (Estructura 2010) y una estela grande sin tallar (Estela 6) está en la plaza aproximadamente a 3.5 m al sur de la Estructura 2006 del Postclásico (Figura 3.8) y al oeste de la pirámide este, Estructura 2004. En su forma de cuña, más ancha arriba que en su base, la Estela 6 se asemeja a otros monumentos esculpidos de Ixlú (e.g., Estela 1) y también de Zacpetén: el ancho superior máximo es de 1.65 m, el ancho es de 1.2 m cerca de la base, y el largo es de 3.65 m.

Varias cosas son intrigantes respecto al programa de erección de monumentos durante el Clásico Terminal en Ixlú. Primero, las estelas y los altares del sitio celebran la terminación de períodos alternos—en *lajuntuns* (mitad de 10 años de *k'atuns* o *winikhaab's*)—entre las terminaciones de 20 años de los *k'atuns/winikhaab'* celebrados en las

Figure 3.8. Ixlú plain Stela 6 in the Twin Pyramid Complex, with cleared Structure 2006 to its north (upper center and right). Behind the northwest corner of Structure 2006 is the cleaning of Structure 2010, the Stela Enclosure of the Twin Pyramid Complex. View looking northwest.
Figura 3.8. Estela lisa 6 en el complejo de pirámides gemelas de Ixlú, con la Estructura 2006 limpia al norte (centro superior e derecho). Detrás de la esquina de Estrucura 2006 es la Estructura 2010, el recinto de estela del complejo de pirámides gemelas. Vista mirando al noroeste.

TABLE 3.1. SCULPTURED MONUMENTS AND THEIR PERIOD-ENDING DATES[a]
AT SITES IN AND AROUND THE LAKE PETÉN ITZÁ BASIN
CUADRO 3.1. MONUMENTOS ESCULPIDOS Y SU FECHAS DE FINALIZACIÓN DE PERÍODO[a]
EN SITIOS DENTRO Y ALREDEDOR DE LA CUENCA DEL LAGO PETÉN ITZÁ

Cuenca West/Oeste	Cuenca East/Oriente	Monument Monumento	Date/Fecha Maya	Date/Fecha Greg.	Comment/Comentario
San Benito		Stela/Estela 1			Late Preclassic? ¿Preclásico Tardío?
Tayasal		Stela/Estela 3			Early Classic/Clásico Temprano
Tayasal		Misc. Mon. 1			Early Classic/Clásico Temprano
Motul de SJ		Stela/Estela 4	9.12.10.0.0[b]	682[b]	Late Classic/Clásico Tardío
Motul de SJ		Stela/Estela 1	9.14.0.0.0	711	Late Classic/Clásico Tardío
Motul de SJ		Fragmento	9.15.18.0.0	749	Late Classic/Clásico Tardío
Flores		Stela/Estela 2	9.16.0.0.0	751	Late Classic/Clásico Tardío
Tayasal		Stela/Estela 1	9.17.0.0.0	771	Late Classic/Clásico Tardío
Motul de SJ		Stela/Estela 2	9.17.0.0.0[b]	771[b]	Late Classic/Clásico Tardío
Tayasal		Panel 1	9.18.0.0.0	791	Late Classic/Clásico Tardío
Tayasal		Stela/Estela 2	9.19.0.0.0[b]	810[b]	Late Classic/Clásico Tardío
	Zacpetén	Stela 4	9.19.10.0.0[b]	820[b]	*Lajuntun.* Parallel sides; lados paralelos
	Ixlú	Altar 2	9.18. - 10.1[b]	??	
Flores		Stela/Estela 3	10.0.0.0.0	830	Terminal Classic/Clásico Terminal
	Ixlú	Stela/Estela 5	??	??	Twin-pyramid complex/Complejo de pirámides gemelas
	Zacpetén	Stela/Estela 1	??	??	Wedge-shaped/Forma de cuña
	Zacpetén	Altar 1	10.1.0.0.0	849	
Flores		Panel 1	10.1.0.0.0	849	
	Ixlú	Stela/Estela 1	10.1.10.0.0	859	*Lajuntun.* Wedge-shaped/Forma de cuña
Flores		Stela/Estela 1	10.2.0.0.0	869	
	Ixlú	Stela/Estela 2	10.2.10.0.0[b]	879[b]	*Lajuntun.* Wedge-shaped/Forma de cuña
	Ixlú	Altar 1	10.2.10.0.0	879	All-text/Todo el texto[c]
Santa Elena		Stela 1	??	??	Upper corners removed/Esquinas superiores removidas
Flores		Stela/Estela 4	??	??	Postclassic/Postclásico
Flores		Stela/Estela 5	11.8.10.0.0[b]	1392[b]	Diving figure/Figura descendiente

Sources/Fuentes: Flores, Barrios 2009a, 2009b; Tayasal, Barrios 2009a, 2010; Motul de San José, Tokovinine and Zender 2013.

[a] Dates refer to period-ending ceremonies mentioned on the monument often, but not necessarily the monument's dedication date.—
[a] Las fechas a menudo se refieren a las ceremonias de terminación de período, pero no necesariamente son las fechas de dedicación
[b] Uncertain dates.—[b] Fechas inciertas.
[c] A characteristic often noted on late stelae in the Puuc area.—[c] Característica frecuentemente observada en estelas tardías del área Puuc.

Second, Ixlú's stelae are similar in shape and in iconographic themes to contemporaneous monuments at Tikal and satellite sites in Tikal's realm, such as Jimbal to the north and Zacpetén (Rice 2004:152–167). These themes include scattering, trampling captives, sky figures or Paddlers, use of Calendar Round dates, and display of the Tikal/Mutal Emblem. Alfonso Lacadena (2010: 384–387) has recently suggested that some of the common elements on these stelae, including the Paddlers and a particular sequence of day glyphs with squared cartouches, marks the entry of a new Venus calendar into the southern lowlands in the Terminal Classic.

Third, numerous Terminal Classic monuments in eastern Petén and western Belize depict scenes that can be interpreted as friendship, submission, or alliance (Chase 1983b:105–108; Chase, Grube, and Chase 1991). These monuments illustrate conversations between seated, simply attired, facing individuals lacking royal regalia, as on Ixlú

Estelas 1 y 3 y el Panel 3 de Flores, un patrón que tal vez no es accidental (Morley 1937–38, III:440, 445). La mayoría de los monumentos que sobreviven en la región oeste de los lagos (Motul de San José, Tayasal, Flores) tienen fechas que se refieren a las terminaciones completas del *winikhaab'*, mientras que los del lado este del lago parecen enfatizar los *lajuntuns* (Cuadro 3.1). Aunque problemas, antiguos y recientes, de robo, destrucción, enterramiento, movimiento, y reubicación de los monumentos pueden tornar tal patrón en una ilusión, es también difícil imaginar que tal selectividad cronológica esté por debajo de estos tipos de procesos semi-fortuitos. Las prácticas y creencias específicas asociadas con los rituales de terminación de período no son conocidas, más allá de las imágenes en las estelas asociadas (e.g., "esparcimiento"), pero la diferenciación alterna este-oeste sugiere una integración sociopolítica regional más amplia.

Segundo, las estelas de Ixlú son similares en forma y en temas iconográficos a los monumentos contemporáneos de Tikal y sitios satelitales en el reino de Tikal, como Jimbal al norte y Zacpetén (Rice 2004:152–167). Estos temas incluyen el esparcimiento, el pisoteo de cautivos, figuras descendientes o remeros, uso de fechas de la rueda calendárica y la exhibición del Emblema de Tikal/Mutal. Alfonso Lacadena (2010:384–387) ha sugerido que algunos de los elementos comunes de estas estelas, incluyendo los remeros y una secuencia particular de glifos de día con cartuchos cuadrados, marcan la entrada de un nuevo calendario de Venus a las tierras bajas del sur durante el Clásico Terminal.

Tercero, numerosos monumentos del Clásico Terminal en el este de Petén y oeste de Belice representan escenas que pueden ser interpretadas como amistad, sumisión o alianza (Chase 1983b:105–108; Chase et al. 1991). Estos monumentos ilustran conversaciones entre individuos sentados frente a frente, ataviados simplemente, sin vestimenta real, como en el Altar 2 de Ixlú, o algunas veces parejas de cautivos, como en los Altares 22 y 23 de Caracol. "Escenas de conferencia" similares también aparecen en la cerámica Pabellón Moldeada esculpido (Adams 1971:49; Werness 2003:29–30) y en pectorales de concha. Recientemente, cerca de la Estructura T-30 de Tayasal en un área perturbada cerca de dos entierros del Clásico Terminal (Figura 3.9a; Pugh et al. 2012:Figura 9) se recuperó un pectoral de *Strombus* con una escena incisa de una reunión. En Uaxactún "en un depósito tardío sobre el piso de Patio Este" en el Grupo A (Figura 3.9b; Kidder 1947:63, Figura 51 a,b) se

Figure 3.9. Terminal Classic incised *Strombus* shell pectorals: a, recovered near Structure T-3 at Tayasal (from Pugh et al. 2012, from an original drawing by Miguel Cano); b, from the East Plaza, Group A, Uaxactún (from Kidder 1947: Figure 51a).
Figura 3.9. Pectorales de concha *Strombus* incisos del Clásico Terminal: a, recuperado cerca de la Estructura T-30 de Tayasal (de Pugh et al. 2012; del dibujo original por Miguel Cano); b, del Patio Este, Grupo A, Uaxactún (de Kidder 1947: Figura 51a)

recuperó dos pectorales similares. Además, la conocida Estela 11 de Seibal parece registrar una reunión de personas de cuatro centros como lo evidencian sus Glifos Emblema.

Considerando la variedad de medios mostrando estas conferencias y en vista de todos los altares contemporáneos con solo texto, como el Altar 1 de Ixlú, el Altar 2 de Naranjo y el Altar 2 de Mountain Cow (Belice), el tema sugiere que las "reuniones cumbre" de señores mayas eran significativas en esta parte de las tierras bajas del sur. A excepción de las representaciones de cautivos, cuyas imágenes continúan del Clásico Tardío, estos nuevos temas del Clásico Terminal desenfatizan las ostentosas exhibiciones más tempranas de gala y guerra. En cambio, sugieren negociaciones y posiblemente compartir el poder, tal vez como una respuesta a la agitación política y demográfica, y la inmigración y, probablemente como "experimentos en el gobierno de concejo" (ver Demarest 2004:122–123). Estos temas también apoyan la sugerencia de Valdés y Fahsen (2004) de un "nuevo modelo político" menos centralizado y jerárquico.

Altar 2, or sometimes paired captives, as on Caracol Altars 22 and 23. Similar "conference scenes" also appear on Pabellon Molded-Carved pottery (Adams 1971:49; Werness 2003:29–30) and on shell pectorals. A *Strombus* pectoral bearing an incised meeting scene was recently recovered near Tayasal Structure T-30 in a disturbed area close to two Terminal Classic interments (Figure 3.9a; Pugh et al. 2012:Figure 9) and two similar pectorals were recovered at Uaxactun "in late deposit on floor of East Court" in Group A (Figure 3.9b; Kidder 1947:63, Figure 51a,b). In addition, the well-known Seibal Stela 11 seems to record a meeting of persons from four centers as evidenced by their Emblem Glyphs.

Considering the varied media depicting these conferences, and in light of contemporaneous all-text altars such as Ixlú Altar 1, Naranjo Altar 2, and Mountain Cow (Belize) Altar 2, the theme suggests that "summit meetings" of Maya lords were significant in this part of the southern lowlands. Except for the depictions of captives, which continue imagery from the Late Classic, these new Terminal Classic themes seem to emphasize negotiations and possibly power-sharing, rather than ostentatious displays of regalia and warfare, perhaps a response to political and demographic upheavals and in-migration, or "experiments in council government" (see Demarest 2004:122–123). They also support Valdés and Fahsen's (2004) suggestion of a less centralized and hierarchical "new political model."

Chapter 4

Postclassic and Contact Periods: Structures and Material Culture

Postclassic structures tend to be low platforms supporting superstructures of primarily perishable materials, rarely superposed, and collapse is primarily that of medial walls and masonry benches. Although Postclassic architecture inserted into the Classic landscape of Ixlú plays its part in obscuring earlier occupation, there has been relatively less time for Postclassic buildings to be disturbed by natural processes: fewer than 320 years have passed since the Spanish conquest of the Maya groups in the region. Thus, mapping combined with extensive surface clearing revealed much about the latest architectural characteristics and cultural features of Ixlú, as at Zacpetén (e.g., Pugh 2001), permitting more specific analyses of Postclassic and Contact period conformations and contexts.

Many Postclassic structures at Ixlú, as at other Petén sites, appeared to be poorly and perhaps quickly built, sometimes incorporating broken monuments and dressed stone scavenged from earlier architecture (for Zacpetén, see Pugh 2001). Use of mortar and plaster is relatively rare, especially on smaller structures. This inferior construction, combined with tree growth atop the low platforms and root penetration into them, frequently resulted in collapsed wall lines, meaning exact dimensions were difficult to obtain.

Bench Structures: C-Shapes and L-Shapes

At least a dozen structures at Ixlú, including four in Patio C of the acropolis and seven in the Main Plaza, were distinctive late bench forms. These consist of a low, masonry platform supporting a slightly smaller superstructure with low (c. 40–50 cm) foundation walls of double lines of stone. Topped with perishable *bajareque* (wattle and daub) walls and thatch roofs, these foundation walls define a structure that is generally rectangular in plan, and wider than deep (see Rice 1986:304–309). The interior benches, also with double stone foundations, are 1 m or more wide and roughly 20–25 cm high. They may only line the back wall or, more typically, display one or two short extensions on the sides creating an angular "C" or an "L" footprint.

Bench structures are characteristic Terminal Classic (Epiclassic) and Postclassic forms throughout the Maya region, as seen for example in the northern lowlands at Ek Balam, Chich'en Itza, Mayapán, Cozumel, and other sites (e.g., Bey et al. 1998), and also in the highlands (e.g., Fox 1987). They are common southwest of the Petén lakes beginning about AD 650 at Seibal on the Río Pasión, where they had residential functions; elite versions were built on tiered platforms, accessed by a stairway, and rarely faced west (Tourtellot 1988:36–39, 256–262, 293–295, 306, 318). They also are found in the Petexbatun region at Dos Pilas, but more commonly at slightly later Aguateca and Punta de Chimino (A. Demarest, personal communication 2011). In addition, bench structures can be seen in the savannas lying between the Pasión area and the lakes district at sites such as El Fango (Rice and Rice 1979) and El Chal (T. Pugh, personal communication 2014). Such structures may have been introduced into the central lakes region by immigrants fleeing endemic violence in the Late and Terminal Classic periods to the south (Demarest 2004; Rice 1986; Rice and Rice 2004:131–133).

Some arrangements of these bench structures at Ixlú conform to a variant of what Tatiana Proskouriakoff (1962b:89–91) called a "basic ceremonial group" (here BCG) at Late Postclassic Mayapán. This architectural complex comprises three buildings, a hall, a shrine, and an oratory (Figure 4.1a):

- Hall: an elongated structure with low masonry walls, an open front, and a bench against the long back and one or both short side walls; the back bench is usually interrupted with a small box altar in the center. These open halls (*salones abiertos*) may have columns across the front (a colonnaded hall).

- Shrine: a small room, usually on an elevated substructure (a raised shrine), which may have columns, a bench, an altar, or (as in one example at Mayapán) a statue.

- Oratory (*oratorio*): a smaller hall usually set toward the back of a low sub-structural platform, with a C-shaped bench and a small box altar against the rear wall. At Mayapán, oratories were also found in residential groups for families or related groups (e.g., *ch'ib'als*), where they often had mortuary functions and likely were ancestral shrines (Peraza Lope and Masson 2014b:73).

Capítulo 4

Períodos Postclásico y de Contacto: Estructuras y Cultura Material

Las estructuras Postclásicas tienden a ser plataformas bajas que soportan superestructuras hechas principalmente de materiales perecederos, raramente están superpuestas y el colapso es primordialmente el de las paredes medias y de las bancas de mampostería. Aunque la arquitectura Postclásica insertada en el paisaje Clásico de Ixlú jugó su papel en el oscurecimiento de la ocupación temprana, ha habido menos tiempo para que los edificios Postclásicos sean perturbados por procesos naturales: menos de 320 años han pasado desde la conquista española de los grupos mayas en la región. Sin embargo, muchas estructuras Postclásicas de Ixlú parecen ser de construcción pobre y tal vez rápida, algunas veces incorporando monumentos destruidos así como piedra tallada removida de arquitectura temprana (para Zacpetén ver Pugh 2001). El uso de mortero y estuco es relativamente raro, especialmente en estructuras pequeñas. Esta construcción inferior combinada con el crecimiento de árboles sobre las plataformas bajas y la penetración de las raíces, frecuentemente resultó en el colapso de hileras de paredes, lo que significa que fue difícil obtener las dimensiones exactas. No obstante, el mapeo combinado con la limpieza extensiva de la superficie reveló mucho acerca de las características arquitectónicas tardías y los rasgos culturales de Ixlú, permitiendo análisis más específicos de las conformaciones y contextos de los períodos Postclásico y de Contacto.

Estructuras con Banca: Forma de C y Forma de L

Por lo menos una docena de estructuras de Ixlú, incluyendo cuatro en el Patio C de la acrópolis y siete en la Plaza Principal, eran distintivas formas de banca tardías. Estas consisten en una plataforma baja de mampostería que soporta una superestructura un poco más pequeña con paredes de cimiento bajas (c. 40–50 cm) de doble hilera de piedra. Las paredes de cimiento, junto a las paredes de bajareque perecedero y los techos de paja, definen una estructura que generalmente es de planta rectangular, más ancha que profunda (ver D. Rice 1986:304–309). Las bancas interiores, también con cimientos de doble hilera de piedra, son de 1 m o más de ancho y aproximadamente 20–25 cm de alto. Estas solamente están alineadas a la pared posterior o, más típicamente, exhiben una o dos extensiones pequeñas a los lados creando una huella en forma de "C" o "L" angular.

Las estructuras con banca son formas características del Clásico Terminal (Epiclásico) y Postclásico a través de la región maya, como se observa en el ejemplo de las tierras bajas del norte en Ek Balam, Chich'en Itza, Mayapán, Cozumel y otros sitios (e.g., Bey et al. 1998) y, también en el altiplano (e.g., Fox 1987). Son comunes en el suroeste de los lagos de Petén desde alrededor del 650 DC en Seibal en el río La Pasión, donde tenían funciones residenciales; versiones de élite fueron construidas en plataformas escalonadas, con acceso por escalinatas y raramente orientadas al oeste (Tourtellot 1988:36–39, 256–262, 293–295, 306, 318). También son encontradas en la región de Petexbatun en Dos Pilas, pero más comunes en los sitios un poco más tardíos de Aguateca y Punta de Chimino (A. Demarest, comunicación personal 2011). Además, las estructuras con banca pueden ser observadas en las sabanas entre el área de La Pasión y el distrito de los lagos en sitios como El Fango (Rice y Rice 1979) y El Chal (T. Pugh, comunicación personal 2014). Es posible que inmigrantes que huían de la violencia endémica del sur durante los períodos Clásico Tardío y Terminal (Demarest 2004; D. Rice 1986; Rice y Rice 2004:131–133) introdujeran dichas estructuras en la región de los lagos centrales.

Algunos arreglos de estas estructuras con bancas en Ixlú conforman una variante que Tatiana Proskouriakoff (1962b:89–91) llamó "grupo ceremonial básico" (aquí GCB) en el sitio Postclásico Tardío de Mayapán. Este complejo arquitectónico contiene tres edificios, un salón, un santuario y un oratorio (Figura 4.1a):

- Salón: una estructura alargada con paredes de mampostería bajas, un frente abierto y una banca contra la larga parte de atrás, y en una o las dos paredes laterales bajas; usualmente la banca de atrás se interrumpe con un pequeño altar de caja al centro. Estos salones abiertos pueden tener columnas a lo largo del frente (salones con columnatas).
- Santuario: pequeño cuarto, usualmente en una subestructura elevada (un santuario en alto), el cual podía tener columnas, una banca, un altar o (como en un ejemplo en Mayapán) una estatua.

At Mayapán, the three structures of the BCG tended to be arranged parallel to each other, orthogonal to a medial axis, with the shrine between the hall and oratory. A similar grouping constitutes the main civic-ceremonial assemblage (Structures 1, 2, and 3) on Canté Island, one of the Topoxté Islands in Lake Yaxhá (Bullard 1970: fig. 12; Johnson 1985: fig. 1), where the eastern temple has a broad lower apron similar to that on Ixlú Structure 1. Two stelae and two altars appear to have been moved to the north of the central Structure 2 of the Canté group; their original location is unknown but probably somewhere within that structural arrangement.

In contrast, the Ixlú variant of the BCG is a *plazuela*-like configuration with the large hall to the north, a smaller hall (or oratory) on the south, and a raised square shrine, facing east, on the west side between the two. Although diminutive by comparison with those at Mayapán, two arrangements of structures at Ixlú exemplify this configuration: the Structure 2017 Group and the loosely composed Structure 2022 Group, both in the Main Plaza (see Figure 1.8). The Structure 2017 Group seems to be more residential than "ceremonial" in function.

The functions of these structures are not entirely clear, either from historical evidence, archaeology, or cross-cultural comparisons, and they may vary ethno-regionally. Colonnaded halls have been interpreted in many ways, as lineage houses, young men's houses, and council houses at least partially analogous to the Classic *popol naj* ('council house'; Bey and May Ciau 2014; Ringle et al. 2004:497) or highland K'iche' *nimja* ('big house'; Carmack 1981; Fox 1987:25). They may have been multi-functional, housing political and religious activities of nobles and feasting (see Peraza Lope and Masson 2014a: 110; Proskouriakoff 1962b:89–90). Although residential functions of the halls are disputed (Ringle and Bey 2001:286), they seem to have been used this way in Petén, particularly with a second room behind the first (a tandem structure) constructed entirely of perishable materials.

Similarly, the functions of *oratorios* are confusing, the term suggesting ritual activities. At Mayapán elite males are said to have had oratories for private venerations and seclusion before and during participation in rituals (Smith 1962:220–221, citing Landa). At Ixlú, the near absence of both effigy and composite incense burners and other indicators of ritual activity was notable at the structures in the typical position of oratories in BCGs. At least two of these structures at Ixlú might have had semi-secular (e.g., meal preparation) functions, although of course those meals could have been ritual components of rituals.

Proskouriakoff (1962b:91) also identified architectural elaborations of BCGs at Mayapán, which she called "temple assemblages" (Figure 4.1b). In the temple assemblage, a pyramid-temple (sometimes with serpent columns) is situated at right angles to the hall, the shrine is centered on the hall but facing the temple, and the oratory continues to face the open hall; another hall may be built opposite the temple, thus creating an enclosed plaza space. Variants of temple assemblages occur at Ek Balam and Uxmal in Yucatán (e.g., Ringle and Bey 2001:279–285). Other variants are found at Postclassic- and Contact-period sites occupied by the Kowojs in the eastern Petén lakes region, such as Zacpetén (Pugh 2001, 2003), Muralla de León on the north shore of Lake Macanché (Rice and Rice 1981), and the Topoxté Islands in Lake Yaxhá (Johnson 1985). As discussed in chapter 5, a temple assemblage also was constructed at Ixlú in Patio C in the Acropolis. In general, these Petén sites lack the stone sculptures typical of the northern serpent temples, although a large serpent head with open jaws was found on Topoxté Island (Hermes and Quintana 2000:65) and another on Flores Island. A small tenoned serpent head was recovered in Structure QQ1 at Nixtun-Ch'ich'.

Postclassic Domestic Pottery

Postclassic domestic service pottery at Ixlú was represented primarily by the slipped ceramic groups and types in the long-lived tan-to-gray Snail-Inclusion Paste (SIP) ware, made with lacustrine clays containing fragments of tiny freshwater aquatic snails (Cecil 2001, 2004, 2009; Chase 1983a; Cowgill 1963; Rice 1987b:105–107). SIP ware was made and used by the Itzas and is common in the western Lake Petén basin, where the Itza polity was centered at Tayza/Nojpeten, present-day Flores Island. Red-slipped pottery of the Paxcamán ceramic group in SIP ware was abundant at Tayasal, Nixtun-Ch'ich', Zacpetén, Macanché Island, and Ixlú. Compared with a small sample of Paxcamán sherds from Flores, the paste in about 75 percent of the Ixlú material was darker brown (7YR 5/3) with more and finer calcite, and fewer inclusions of snail shell, grog, and pumice lumps (L. Cecil, personal communication 2014). This may indicate a slightly varied sedimentary deposit of the common SIP clays.

Slipped forms include tripod plates and dishes, varied bowls, and jars with narrow and wide necks (Figures 4.2, 4.3). Supports for tripod vessels include cylindrical or trumpet shapes, bulbous, and "Turkish slipper" forms; cylinders were often unusually and disproportionately large/tall, with a marked "waist." Decoration was neither abundant nor varied at Ixlú, particularly compared with that at Zacpetén (see Cecil 2001:Table 8). Decorated types in the Paxcamán group include Ixpop Polychrome (with black-painted bands) and two varieties of Picú Incised: fine-incised Picú variety and groove-incised Thub variety grater bowls and drums. Small quantities of two other slipped types in SIP wares were also noted: Trapeche Pink (variably gray-cream-orangey) and Fulano Black. Augustine Red was also present in small amounts (total 110 sherds). Slipped Postclassic dishes and jars at Ixlú were larger than comparable ceramics at other sites in the lakes area (e.g., Macanché, Zacpetén; but cf. Flores), which may indicate food service for larger groups.

Plainware types include Pozo Unslipped wide-mouthed jars with a light tan (less frequently gray) paste and short,

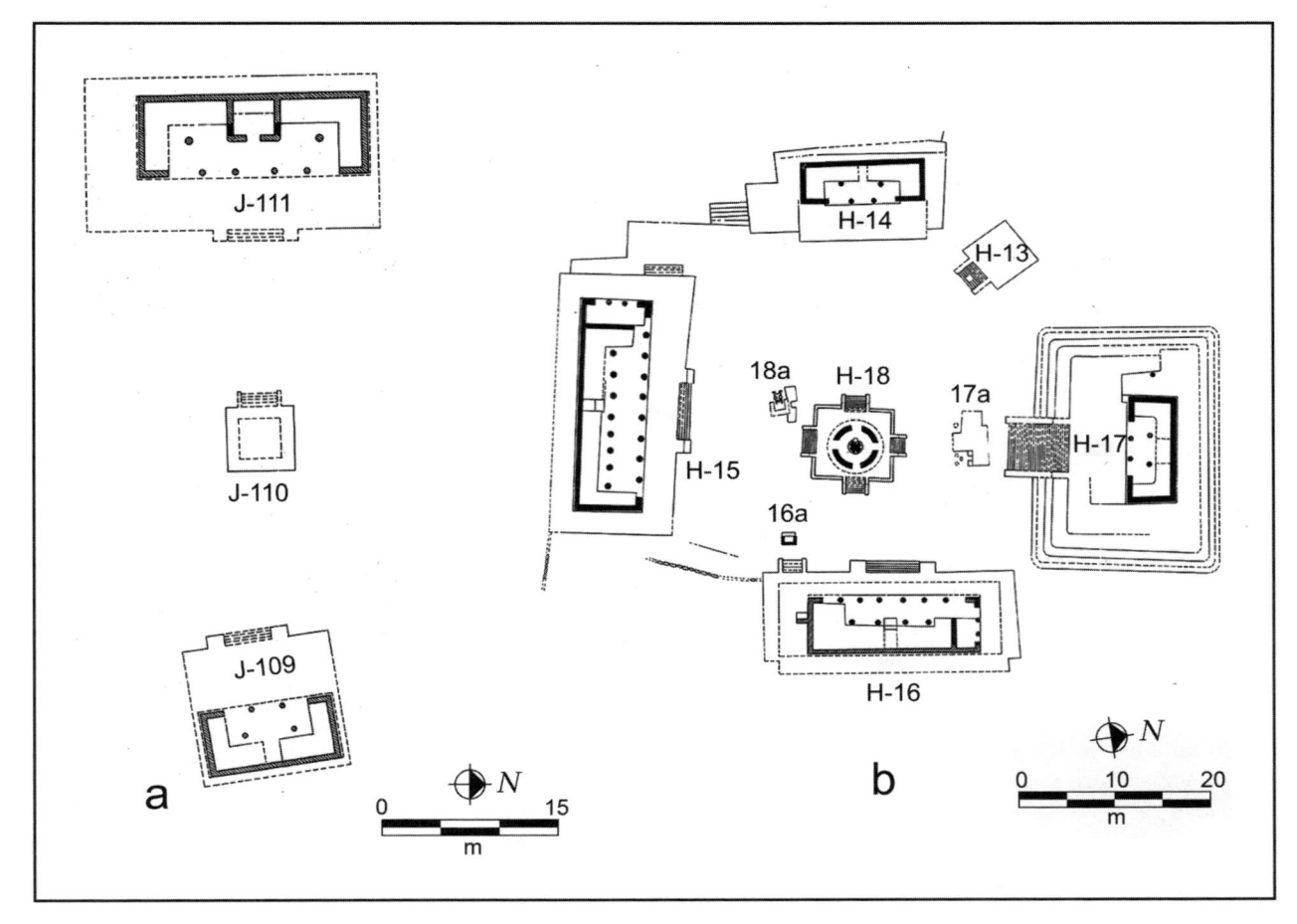

Figure 4.1. Postclassic structure complexes at Mayapán, Yucatán: a, basic ceremonial group (Proskouriakoff 1962b: Figure 2a); b, Group Itzamal Ch'en, a temple assemblage (Proskouriakoff 1962b: Figure 1). North is to the right in both drawings.
Figura 4.1. Complejos estructurales postclásicos de Mayapán, Yucatán: a, grupo ceremonial básico (Proskouriakoff 1962b: Figura 2a); b, Grupo Itzamal Ch'en, un conjunto de templo (Proskouriakoff 1962b: Figura 1). El norte es hacia la derecha.

- Oratorio: un salón más pequeño usualmente ubicado hacia la parte de atrás de una plataforma sub-estructural baja, con bancas en forma de C y un altar de caja pequeño contra la pared posterior. En Mayapán los oratorios también fueron encontrados en grupos residenciales para familias o grupos relacionados (e.g., *ch'ib'als*) donde a menudo tenían funciones mortuorias y posiblemente eran santuarios ancestrales (Chuchiak 2009:156n13; Peraza Lope y Masson 2014b:73).

En Mayapán, las tres estructuras GCB tendían a estar ubicadas paralelas unas a las otras, ortogonales a un eje central, con el santuario entre el salón y el oratorio. Un agrupamiento similar constituye el principal conjunto cívico-ceremonial (Estructuras 1, 2 y 3) de la Isla Canté, una de las islas de Topoxté en el lago Yaxhá (Bullard 1970: Figura 12; Johnson 1985: Figura 1), donde el templo este tiene una plataforma ancha más baja similar a la de la Estructura 1 de Ixlú. Parece que dos estelas y dos altares fueron movidos al norte de la central Estructura 2 del grupo Canté; no se conoce su ubicación original, pero probablemente estuvieron dentro de ese arreglo estructural.

En contraste, la variante de Ixlú del GCB es una configuración tipo plazuela con el salón grande al norte, el salón más pequeño (oratorio) al sur, y en el lado oeste entre las otras dos estructuras un santuario cuadrado elevado con vista al este. Aunque diminutos en comparación a los de Mayapán, dos arreglos de estructuras en Ixlú ejemplifican esta configuración: Grupo de la Estructura 2017 y el informalmente compuesto Grupo de la Estructura 2022, ambos en la Plaza Principal (ver Figura 1.8). El Grupo de la Estructura 2017 parece tener una función más residencial que "ceremonial".

Las funciones de estas estructuras no están totalmente claras, ni en la evidencia histórica, arqueológica o en comparaciones multiculturales, y pueden variar por etnicidad y región. Los salones con columnatas han sido interpretados de muchas formas, como casas de linajes, casas para hombres jóvenes y casas de consejo por lo menos parcialmente análogas al *popol naj* del Clásico ('casa del concejo'; Bey y May Ciau 2014; Ringle et al. 2004:497) o en el altiplano K'iche' la *nimja* ('casa grande'; Carmack 1981; Fox 1987:25). Pueden haber sido multifuncionales, albergando actividades políticas y religiosas de los nobles así como fiestas (ver Peraza Lope y Masson 2014a:110; Proskouriakoff 1962b:89–90). Aunque se disputa la función residencial de los salones (Ringle y Bey 2001:286), parece que

Figure 4.2. Slipped Postclassic ceramics from Ixlú: a, Paxcamán Red tripod plate with "turkish slipper" support; b, large Paxcamán tripod plate with trumpet support, Structure 2034; c-e, cylinder and slipper supports; f, Augustine Red effigy support; g-i, Picú Incised: Picú variety (TU11); j, Paxcamán Red collared bowl (TU11); k-q, large jars of Paxcamán Red and Fulano Black with folded rims and necks.

Figura 4.2. Cerámica con engobe Postclásica de Ixlú: a, plato trípode Paxcamán Rojo con soporte de "zapatilla turca"; b, plato grande Paxcamán Rojo con soporte de trompeta, Estructura 2034; c-e, soportes cilíndricos y de zapatilla; f, soporte de efigie Augustine Rojo; g-i, Picú Inciso: variedad Picú (UP11); j, cuenco con cuello Paxcamán Rojo (de UP11); k-q, bordes doblados y cuellos de cántaros grandes Paxcamán Rojo y Fulano Negro.

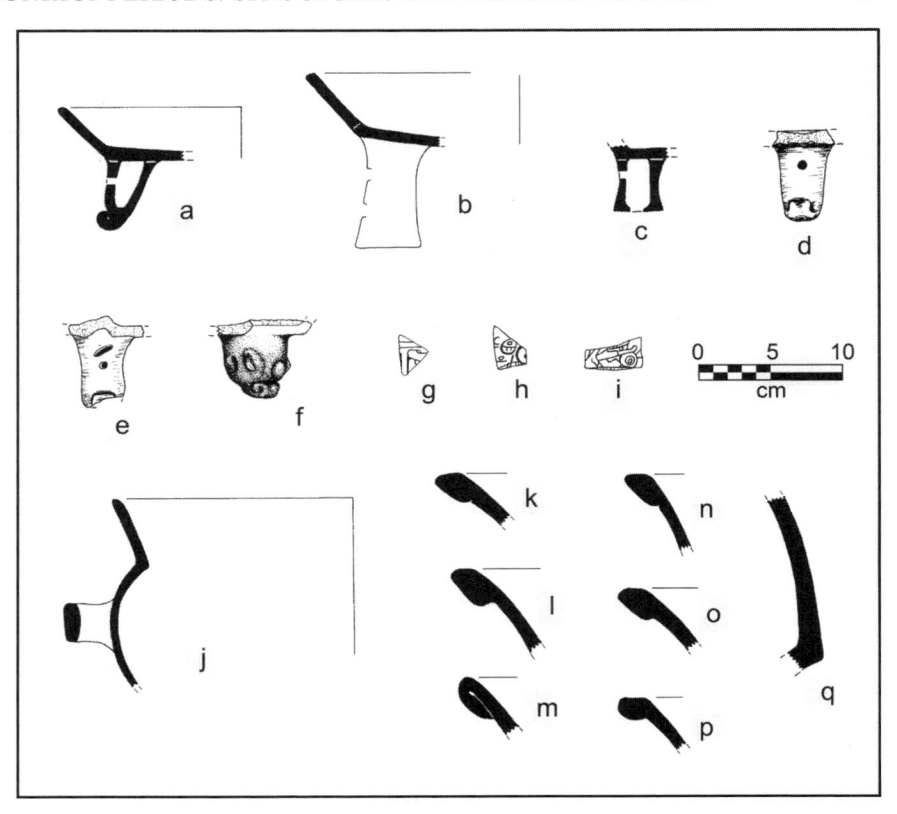

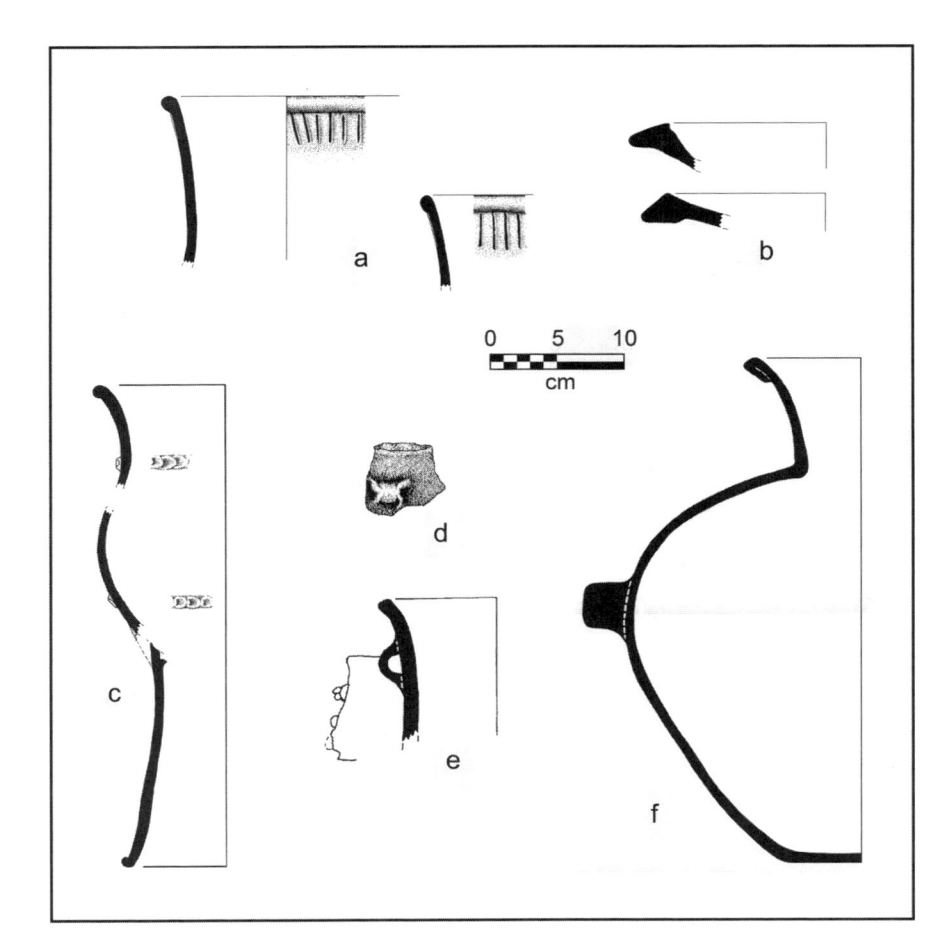

Figure 4.3. Postclassic slipped and unslipped ceramics from Ixlú: a, rim of a Picú Incised: Thub variety drum, left Structure 2017, right Structure 2034; b, Hubelna comal rims; c, an unusually tall Extranjeras/La Justa Composite censer, Structure 2018; d, fragment of a Maskall Unslipped jar with a small handle on the shoulder; e, profile of the neck of a Pitufo Modeled incensario with the profile of the head of a descending effigy figure; f, reconstruction of a large, narrow-necked Paxcamán Red jar, Structure 2023.

Figura 4.3. Cerámica Postclásica con engobe y sin engobe de Ixlú: a, borde de tambor Picú Inciso; variedad Thub, a la izquierda Estructura 2017, a la derecha Estructura 2034; b, bordes de comal Hubelna; c, incensario Extranjeras/La Justa Compuesto inusualmente alto, Estructura 2018; d, fragmento de cántaro Maskall Sin Engobe con un asa doblada pequeña en el hombro; e, perfil de cuello de incensario Pitufo Modelado con el contorno de la cabeza de una efigie descendiente; f, reconstrucción de un cántaro grande Paxcamán Rojo de cuello angosto, Estructura 2023

en Petén eran usadas de esta manera, particularmente con una segunda habitación detrás de la primera (una estructura conjunta) construida solamente con materiales perecederos.

Similarmente, las funciones de los oratorios son confusas, donde el término oratorio sugiere actividades rituales. En Mayapán se decía que los hombres de la élite tenían oratorios para sus veneraciones privadas y seclusión, antes y durante su participación en rituales (Smith 1962:220–221, citando a Landa). En Ixlú, en las estructuras ubicadas en la típica posición de los oratorios en los GCB, es notable la escasez tanto de incensarios con efigie, incensarios compuestos, y de otros indicadores de actividad ritual. Por lo menos dos de estas estructuras en Ixlú pudieron tener funciones semi-seglares (e.g., preparación de comidas), aunque por supuesto esas comidas podrían ser componentes de rituales.

Proskouriakoff (1962b:91) también identificó elaboraciones arquitectónicas de los GCB en Mayapán, las cuales llamó "conjuntos de templo" (Figura 4.1b). En un conjunto de templo, un templo pirámide (algunas veces con columnas o balaustradas de serpiente; un "templo serpiente") se sitúa en ángulos rectos con respecto al salón, el santuario está centrado en el salón, pero viendo al templo y el oratorio se ubica aún frente al salón abierto; es posible que se construya otro salón en oposición al templo, como creando el espacio de una plaza cerrada. Se conocen variantes de estos conjuntos de templo en Ek Balam y Uxmal en Yucatán (e.g., Ringle y Bey 2001:279–285). Otras variantes se encuentran en sitios de los períodos Postclásico y de Contacto ocupados por los Kowoj al este de la región de los lagos Petén, como en Zacpetén (Pugh 2001, 2003), Muralla de León en el lado norte del lago Macanché (Rice y Rice 1981) y en la Isla Canté en el lago Yaxhá (Johnson 1985). Como se discute en el Capítulo 5, también se construyó un conjunto de templo en el Patio C de la Acrópolis de Ixlú. Generalmente, estos ejemplos de Petén carecen de las características esculturas en piedra de los templos serpiente del norte, aunque se encontró una gran cabeza de serpiente con la boca abierta en la Isla de Topoxté (Hermes y Quintana 2000:65) y otra en la Isla de Flores. Y en la Estructura QQ1 de Nixtun-Ch'ich' se encontró una pequeña cabeza con espiga.

Cerámica Doméstica del Postclásico

La cerámica de servicio doméstico del Postclásico en Ixlú estaba representada principalmente por grupos y tipos cerámicos con engobe de la longeva vajilla de pasta con inclusiones de caracol (PIC) de color café claro a gris, hecha con arcillas lacustres conteniendo fragmentos diminutos de caracoles acuáticos de agua fresca (Cecil 2001, 2004, 2009; Chase 1983a; Cowgill 1963; Rice 1987b:105-107). La vajilla PIC fue hecha y utilizada por los Itzaes y es común en la cuenca oeste del lago Petén, dónde la entidad política de los Itzaes se centraba en Tayza/Nojpeten, hoy día Flores. La cerámica de engobe rojo del grupo cerámico Paxcamán dentro de la vajilla PIC era abundante en Tayasal, Nixtun-Ch'ich', Zacpetén, Isla Macanché e Ixlú; dos vasijas han sido identificadas tan al sur como en Quetzaltenango y al norte en Toniná (P. Rice 1986:283). Comparada con la pequeña muestra de tiestos de Paxcamán de Flores, la pasta en un 75% del material de Ixlú era café oscuro (7YR 5/3) con más calcita fina y menos inclusiones de concha de caracol, fragmentos de cerámica triturada ("grog") y nódulos de pómez (L. Cecil, comunicación personal 2014). Esto puede indicar un depósito de sedimentos ligeramente variado en las arcillas PIC comunes.

Las formas con engobe incluyen platos trípodes, variedad de cuencos y cántaros con cuellos delgados y anchos (Figuras 4.2, 4.3). Los soportes de las vasijas trípodes incluyen formas cilíndricas o de trompeta, bulbosos y formas de "zapatilla turca"; los cilindros a menudo fueron inusuales y desproporcionadamente altos/grandes con una cintura marcada. La decoración no era abundante ni variada en Ixlú, particularmente comparada con la de Zacpetén (ver Cecil 2001: Cuadro 8). Los tipos decorados en el grupo Paxcamán incluyen el Ixpop Polícromo (con bandas negras pintadas) y dos variedades de Picú Inciso: la variedad Picú inciso fino y los molcajetes y tambores de la variedad Thub acanaladura incisa. Los molcajetes y los tambores usualmente se recuperan en contextos rituales. También notamos pequeñas cantidades de otros dos tipos con engobe en las vajillas PIC: Trapeche Rosado (variablemente gris-crema-naranja) y Fulano Negro. Augustine Rojo también estaba presente en pequeñas cantidades (total de 110 tiestos). Los platos y cántaros Postclásicos con engobe en Ixlú eran más grandes que la cerámica comparable de otros sitios en el área de los lagos (e.g., Macanché, Zacpetén; pero, cf. Flores), lo que puede indicar el servicio de comida para grupos más grandes de personas.

Los tipos de vajilla simple incluyen los cántaros de boca ancha Pozo Sin Engobe con una pasta café claro (menos frecuentemente gris) y cuellos cortos, generalmente verticales; cántaros pequeños, casi negros Maskall Sin Engobe; y los ocasionales comales (planchas para tostar tortillas) de bordes gruesos triangulares Hubelna Sin Engobe. Se observaron solamente dos tiestos del tardío Ixkamik Sin Engobe; el tipo es más común al oeste en la cuenca del lago. Los incensarios incluían fragmentos de Extranjeras/La Justa Compuesto con filetes y/o espigas aplicados; fragmentos de incensarios con efigies eran raros (ver abajo). Los incensarios compuestos son comunes en los sitios Postclásicos (Rice 2009) en Petén, pero raros (menos de 1%) en Mayapán, dónde los incensarios con efigie eran mucho más abundantes (Peraza Lope y Masson 2014c:426–427).

Aparte de la cerámica encontrada dentro y alrededor de las estructuras en Ixlú, el material Postclásico también fue recuperado en una apertura como cueva en la orilla del pequeño cenote o posiblemente área de cantera al este del Templo 1. Excavado como la UP11 (Figura 4.4), esta depresión de 2.5 m de profundidad fue rellenada principalmente con desechos del Clásico Tardío, incluyendo fragmentos polícromos (Figura 3.3a-c). Los estratos estaban

generally vertical necks; small, nearly black Maskall Unslipped jars; and occasional thick, triangular rims of Hubelna Unslipped *comales* (griddles for toasting tortillas). Only two sherds of very late Ixkamik Unslipped were noted; the type is more common in the western lake basin. Incense burners included fragments of Extranjeras/La Justa Composite censers with applique fillets and/or spikes; effigy censer fragments were rare (see below). Composite censers are common at Petén Postclassic sites (Rice 2009), but rare (less than 1 percent) at Mayapán, where effigy incensarios were far more abundant (Peraza Lope and Masson 2014c:426–427).

Besides the pottery found in and around structures at Ixlú, Postclassic material was also recovered in a cave-like opening at the edge of the small sinkhole or possible quarry area east of Temple 1. Excavated as TU11 (Figure 4.4), this 2.5 m-deep depression was filled with primarily Late Classic refuse, including polychrome fragments (Figure 3.3a–c). The strata were disturbed in the west by the burial of a skull with at least nine semi-reconstructible vessels placed atop it: six Paxcamán Red and Ixpop Polychrome plates, a large Ixpop jar fragment, a sooted Pozo Unslipped jar, and two other dishes.

Three kinds of pottery considered diagnostic of the Late Postclassic at Zacpetén (Cecil 2009) and in the Macanché basin (Rice 1987b) were scarce or absent at Ixlú. One is the Topoxté ceramic group (Bullard 1970; Rice 1979), made of distinctive cream-colored Clemencia Cream Paste (CCP) ware using clay thought to be from the Lake Yaxhá basin (Cecil 1997). CCP ware is commonly found in the eastern lake basins occupied by the Itzas' rivals, the Kowojs, and was rare at Ixlú (n = 46 sherds + 1 whole dish). These few sherds of CCP ware at Ixlú were of interest. None represented decorated types. Some fragments were thin walled with a distinctive compact paste with volcanic ash inclusions (Cecil 2009:228), characteristics associated with Ídolos Modeled effigy censers. Perhaps the Kowojs brought these vessels with them in connection with rituals at their new temple assemblage.

Second, red and red-and-black painted decoration was virtually absent at Ixlú: these elaborations appear on Macanché Red-on-paste and Sacá Polychrome types in SIP ware and on Chompoxté Red-on-cream type in CCP. Instead, decoration at Ixlú was primarily incising (Figure 4.2g–i, 4.3a). Third, the modeled figures of effigy *incensarios* were largely missing. In the near absence of these three distinctive Late Postclassic indicators, we relied on other late ceramic diagnostics, such as dark purple-red Paxcamán slips, slipped dishes with stepped flanges, and Chilo and Hubelna Unslipped types. All are present at Ixlú but never common except in the Patio C temple assemblage, where Topoxté group pottery and effigy censer fragments were also found.

An analysis of 22 Postclassic figurine fragments from Ixlú revealed that they were manufactured of multiple pastes (Halperin 2010:Table 5): SIP (n = 6), sometimes

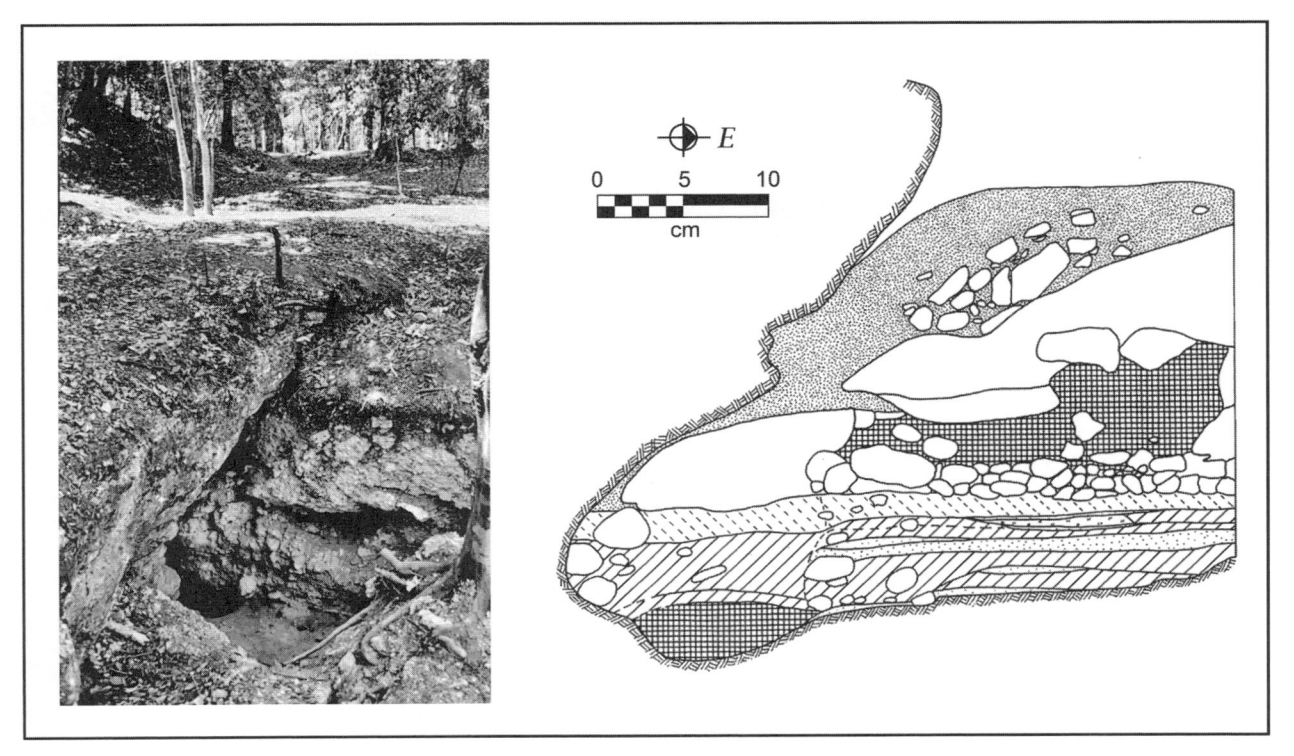

Figure 4.4. A quarry feature and test-pit TU11 at Ixlú; left – view to the northwest with Temple 1 in the background on the left; right – north profile of test-pit TU11.
Figura 4.4. El rasgo de sumidero/cantera y la UP11 en Ixlú; izquierda vista al noroeste del Templo 1 al fondo a la izquierda; derecha, perfil norte de UP11.

perturbados en el oeste por el entierro de un cráneo con por lo menos nueve vasijas semi-restaurables colocadas sobre este: seis platos Paxcamán Rojo e Ixpop Polícromo, un fragmento grande de cántaro Ixpop, un cántaro con hollín Pozo Sin Engobe y otros dos platos.

Tres tipos de cerámica considerada diagnóstica del Postclásico Tardío en Zacpetén (Cecil 2009) y en la cuenca de Macanché (Rice 1987b) eran escasos o estaban ausentes en Ixlú. Uno es el grupo cerámico Topoxté (Bullard 1970; Rice 1979), la vajilla hecha con la pasta de color crema (PCC) típica de Clemencia Crema utilizando arcilla que se cree proviene de la cuenca del lago Yaxhá (Cecil 1997). La vajilla PCC es comúnmente encontrada en las cuencas este de los lagos ocupadas por los rivales de los Itzaes, los Kowojs, y era rara en Ixlú (n=46 tiestos + 1 cuenco entero). Estos poco tiestos de la vajilla PCC en Ixlú eran de interés. Ninguno representaba tipos decorados. Algunos fragmentos eran de pared delgada con una distintiva pasta compacta con inclusiones de ceniza volcánica (Cecil 2009:228), características asociadas con los incensarios de efigie Ídolos Modelado. Tal vez los Kowojs trajeron estas vasijas con ellos en conexión con rituales en su nuevo conjunto de templo.

Segundo, la decoración pintada rojo y rojo-y-negro estaba virtualmente ausente en Ixlú: estas elaboraciones aparecen en los tipos Macanché Rojo en pasta y Sacá Polícromo en la vajilla PIC y en el tipo Chompoxté Rojo en crema de PCC. En su lugar, la decoración en Ixlú era principalmente incisa (Figura 4.2g–i, 4.3a). Tercero, faltaban las figuras modeladas de los incensarios de efigie. En la casi ausencia de estos tres claros indicadores del Postclásico Tardío, confiamos en otros diagnósticos cerámicos tardíos como los engobes púrpura-rojo Paxcamán, platos con engobe con bordes escalonados y los tipos sin engobe Chilo y Hubelna. Todos están presentes en Ixlú, pero nunca son comunes a excepción de en el conjunto de templo del Patio C, dónde también se encontró fragmentos de cerámica del grupo Topoxté y de un incensario con efigie.

El análisis de 22 fragmentos de figurillas del Postclásico de Ixlú reveló que fueron manufacturadas con múltiples pastas (Halperin 2010: Cuadro 5): PIC (n=6), algunas veces con engobe rojo (Chaman Modelado; Figura 4.5) o negro; PCC (9, estos pueden ser fragmentos de incensarios con efigie), además de las pastas sin engobe utilizadas para los tipos Cambio del Clásico (6) y Postclásico Pozo (1). La mayor parte de estas figurillas eran huecas, con el frente hecho en molde, la parte de atrás lisa y la base abierta. Presumimos que las dos perforaciones en los lados superiores permitían su suspensión, pero las figurillas son pesadas y gruesas y hubiera sido incómodo utilizarlas como pendientes. Varias figurillas representan mujeres con muecas mostrando los dientes, paradas o sentadas con las rodillas dobladas y las manos abrazando la parte inferior de las piernas, una posición que proponemos posiblemente represente el parto (Rice 2009:292–296; cf. Halperin 2010:Nota 2). Una figurilla tenía perforaciones a lo largo de la línea del cabello, también visto en un incensario de Mayapán—donde la mayor parte de las figurillas son femeninas, especialmente en el grupo Q-80—y en una deidad de la muerte del Templo Mayor de Tenochtitlan (Masson y Peraza Lope 2014a:34; Peraza Lope y Masson 2014c:475, 507–510).

Las figurillas dan alguna idea de las vestimentas y adornos de las mujeres del Postclásico: vestidos largos con frentes plisados, algunas veces con paneles bordados y un *quechquemitl*, una prenda femenina bordada tipo poncho con dobladillo en V del México central (también visto en la figurilla de pasta Naranja Fino). El *quechquemitl* también se asocia a las diosas de la fertilidad y puede tener sus orígenes en la costa del Golfo (Anawalt 1982); en las figurillas de Petén puede estar pintado rojo y/o negro. A menudo, las figurillas llevan grandes brazaletes que pueden tener cuentas. Una figurilla similar fue recuperada en la Isla Macanché (Rice 1978b:43), otras fueron encontradas en otras partes de las tierras bajas y Halperin (2010:17–15) las vincula al "estilo internacional" Postclásico.

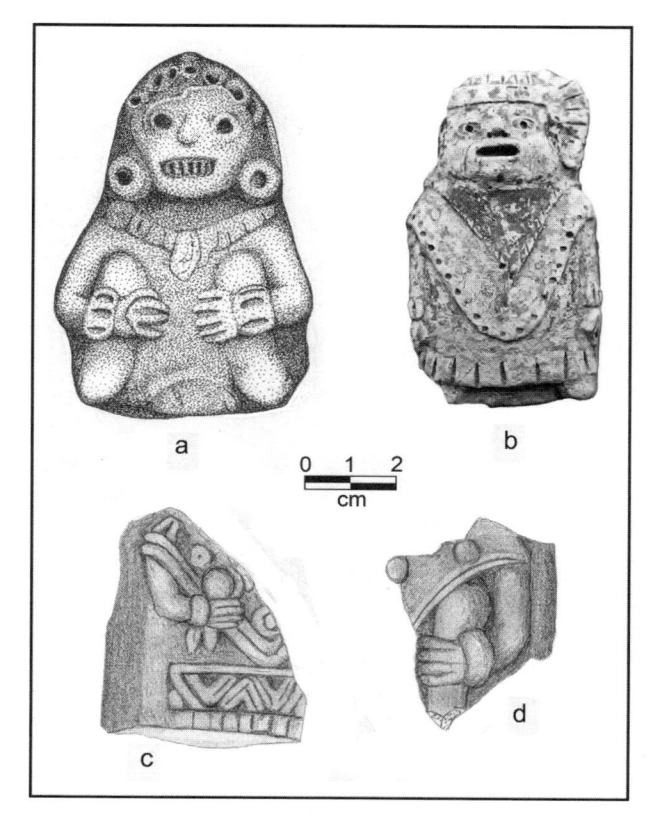

Figure 4.5. Chaman Modeled female figurines from Ixlú:
a, from the surface of sanctuary Structure 2023, perhaps having just given birth, as vaginal area shows breakage;
b-d, from Structure 2034, showing *quechquemitls*:
b, wearing a headdress of plumes and clothing painted red and black; c,d, back of red-slipped figurines.
Figura 4.5. Figurillas femeninas Chaman Modelado de Ixlú:
a, de la superficie del santuario Estructura 2023, tal vez acabando de dar a luz ya que el área vaginal muestra ruptura;
b-d, de la Estructura 2034, luciendo *quechquemitls*;
b, llevando un tocado de plumas y vestimentas pintadas en rojo y negro; c-d, espalda de figurillas con engobe rojo.

slipped red (Chaman Modeled; Figure 4.5) or black; CCP (9; these may be effigy censer fragments), plus unslipped pastes used for Classic Cambio (6) and Postclassic Pozo types (1). Most of these figurines were hollow, with the front mold-made and the back plain, and they were open at the base. Two perforations on the upper sides presumably allowed them to be suspended, but they are heavy and bulky and would have been awkward to wear as pendants. Several figurines depict females with a grimacing "toothy" expression, standing or seated with knees bent and hands cupping the lower legs, a position we proposed as possibly representing birthing (Rice 2009:292–296; cf. Halperin 2010:note 2). One figurine had perforations along the hairline, also seen on a censer at Mayapán—where most figurines were female, especially at the Q-80 group—and on a death deity at the Templo Mayor in Tenochtitlan (Masson and Peraza Lope 2014a:34; Peraza Lope and Masson 2014c:475, 507–510).

The Postclassic female figurines give some idea of garments and adornment: they wear long dresses with pleated hems, sometimes embroidered panels, and a *quechquemitl*, a central Mexican woman's embroidered poncho-like garment with a V-shaped hem (also seen on the figurine of Fine Orange paste). The *quechquemitl* is associated with fertility goddesses and may have origins on the Gulf coast (Anawalt 1982); on the Petén figurines it may be painted red and/or black. The figurines often wear large cuff-like bracelets that may be beaded. A similar figurine was recovered at Macanché Island (Rice 1987b:43), others are found elsewhere in the lowlands, and Halperin (2010:17–18) links them to the Postclassic "international style."

Effigy Censers and Diving Figures

Fragments of Late Postclassic effigy censers, pedestal vases with anthropomorphic figures attached, were rare at Ixlú, which we attribute to an intrusive Spanish presence. Used in rituals throughout the northern and southern lowlands, these censers are among the many kinds of "idols" of clay, wood, and stone that Spanish missionaries and soldiers zealously smashed when they descended upon Maya villages, much as they did at Nojpeten (see Jones 1998:301, 302). Few of these artifacts have been recovered on Flores Island and at Tayasal, and it is not difficult to envision that the Spaniards dumped the fragments into nearby lake waters. Effigy censers of various types were common at Zacpetén (Rice 2009), particularly large Patojo Modeled incensarios, crudely fashioned full-figure, (nearly) free-standing effigies attached to the front of pedestal vases. Their presence there, often in semi-reconstructible form, is likely a consequence of the Spaniards not visiting this community until their post-conquest raids through the region to round up apostate Mayas and steal food. By this time Zacpetén had been abandoned.

The only effigy censers identified at Ixlú were fragments of Pitufo Modeled type, made of the Itzas' SIP ware, which typically features a so-called diving god or descending figure. The presence in the Itza area of diving figures on incense-burners—also seen on Flores Stela 5—is of interest, and contrasts with Kowoj censers, which appear to represent a greater variety of supernatural entities including the rain god Chaak and the creator god Itzamna/God D (Rice 2009:281–283). Rather than being full-figure (nearly) free-standing effigies attached to the front of pedestal vases, the diving figures are "semi-effigies" with head and limbs appliquéd directly onto the vase exterior (Figure 4.3e; Rice 2009:283–284). Sherds of Pitufo Modeled were recovered in Ixlú Structure 2034, the temple in the Patio C temple assemblage, in the Structure 2016 shrine, and in the Structure 2022 open hall. This type has also been noted, although never in abundance, at Zacpetén Group A (Rice 2009:284, Figure 12.6), Macanché Island (Rice 1987b:184, Figure 61a, although not clearly a diving figure), Tayasal (25 sherds; T. Pugh, personal communication 2014), and Tipu (Belize).

The Maya "diving god," like many Maya supernaturals, has complex derivations and associations. The figure is known in the Schellhas terminology as God E, one of two figures shown upside down in a descending position on page 35 (the K'an yearbearer page) of the Madrid Codex (G. Vail, personal communication 2014). God E appears to represent a Postclassic version of the Maize God (Miller and Taube 1993:80, 146; Taube 1992:41–50). On the Pitufo censers the maize associations of the descending figure, usually indicated with leafy foliage atop the head, are not clearly apparent, although these elements could have broken off the pottery. With respect to the Petén Itzas, then, other interpretations of the diving god's domains may be more relevant than maize.

Descending figures are particularly associated with eastern Yucatán, territory occupied by the northern Itzas and their allies, and include stone sculptures at Tulum—Structure 5 is known as the "Temple of the Diving God"—and Chich'en Itza (Masson 2000:225). Three carved wooden scepters with descending figures were recovered from the Chich'en Itza cenote (Coggins and Shane 1984:113–115). At Mayapán, ceramic (n = 4) and stone sculptures (n = 12) of diving figures, including God E, occur primarily in elite contexts, both in the main ceremonial core (Q Quadrant) and outside of it (Milbrath 2007:6, Figure 2; Peraza Lope and Masson 2014c:469; Proskouriakoff 1962a:334, Figure 3g,i). One interpretation of the Mayapán diving figures suggests that they might relate to household veneration of ancestors (Peraza Lope and Masson 2014c:Table 7.12, see also Masson 2000:200, 202, Table 6.4). Several Maya origin myths recorded in Colonial sources refer to gods or their words descending from the sky (typically translated as "heaven"), perhaps a metaphor for birth, death, rebirth, and renewal. In eastern Yucatán, lineage gods may refer to "four lineages which came from heaven," an apt descriptor of the descending figures (Masson 2000:221, drawing from Tozzer [1941:9–10n44] and Scholes and Roys [1938:609]). Semi-effigy censers with appliquéd diving

Incensarios con Efigie y Figuras Descendientes

Fragmentos de incensarios con efigie, vasos con pedestales y figuras antropomorfas pegadas del Postclásico Tardío eran raros en Ixlú, lo cual nosotros atribuimos a una presencia española intrusiva. Utilizados en rituales a través de todas las tierras bajas del norte y sur, estos incensarios están dentro de los muchos tipos de "ídolos" de barro, madera y piedra que los misioneros y soldados españoles destruyeron fervientemente cuando descendieron sobre las poblaciones mayas, como lo hicieron en Nojpeten (ver Chuchiak 2009; Jones 1998:301, 302). Recuperamos algunos de estos artefactos en la Isla de Flores y en Tayasal y no es difícil imaginar que los españoles desecharon los fragmentos dentro de los lagos cercanos. Los incensarios con efigie de varios tipos eran comunes en Zacpetén (Rice 2009), particularmente los incensarios grandes Patojo Modelado, figuras completas burdamente manufacturadas, efigies (casi) paradas por sí mismas pegadas al frente de los vasos con pedestal. Su presencia aquí, usualmente en forma semi-restaurable, es posiblemente una consecuencia de que los españoles no visitaran esta comunidad sino hasta sus incursiones post-conquista a través de la región para juntar a los mayas renegados y robar comida. Para ese entonces, Zacpetén había sido abandonado.

Los únicos incensarios con efigie identificados en Ixlú son fragmentos del tipo Pitufo Modelado, hechos de la vajilla PIC de los Itzaes, los cuales típicamente representan la llamada deidad zambulliendo o figura descendiente. La presencia en el área Itza de las figuras descendientes en los incensarios—también vistas en la Estela 5 de Flores—es de interés, y contrasta con los incensarios Kowoj, los cuales parecen representar una gran variedad de entidades sobrenaturales incluyendo Chaak el dios de la lluvia e Itzamna/Dios D el dios creador (Rice 2009:281–283). En vez de ser efigies de una figura entera efigies (casi) paradas por sí mismas pegadas al frente de los vasos de pedestal, las deidades descendientes son "semi-efigies" con la cabeza y extremidades aplicadas directamente al exterior del vaso (Figura 4.3e; Rice 2009:283-284). Los tiestos de Pitufo Modelado fueron recuperados de la Estructura 2034 de Ixlú, el templo en el Patio C del conjunto de templo, en el santuario de la Estructura 2016 y en el salón abierto de la Estructura 2022. También observamos fragmentos Pitufo en el Grupo A de Zacpetén (Rice 2009:284, Figura 12.6), aunque nunca en abundancia, la Isla Macanché (Rice 1987b:184, Figura 61a, aunque la figura descendiente no es clara), Tayasal (25 tiestos; T. Pugh, comunicación personal 2014) y Tipu (Belice).

La "deidad descendiente" maya, así como los muchos sobrenaturales mayas, tiene derivaciones y asociaciones complejas. Conocido en la terminología alfabética de Schellhas como Dios E, es una de las dos figuras en posición descendiente cabeza abajo en la página 35 (página del cargador de año K'an) del códice Madrid (G. Vail, comunicación personal 2014). El Dios E parece representar una versión Postclásica del Dios del Maíz (Miller y Taube 1993:80, 146; Taube 1992:41-50). En los incensarios Pitufo las asociaciones de maíz de la figura descendiente, usualmente indicada con el follaje sobre la cabeza, no son claramente evidentes, aunque estos elementos pudieron quebrarse de la cerámica. Entonces, con respecto a los Itzaes de Petén, otras interpretaciones de los dominios del dios descendiente pueden ser más relevantes que el maíz.

Las figuras descendientes están particularmente asociadas al este de Yucatán, territorio ocupado por los Itzaes del norte y sus aliados, e incluyen esculturas en piedra en Tulum—la Estructura 5 es conocida como "El Templo del Dios Descendiente"—y en Chich'en Itza (Masson 2000:225). Se recuperaron tres cetros esculpidos con figuras descendientes del cenote de Chich'en Itza (Coggins y Shane 1984:113–115). En Mayapán, la cerámica (n=4) y esculturas de piedra (n=12) de figuras descendientes, incluyendo el Dios E, ocurren principalmente en contextos de élite, tanto en el núcleo ceremonial principal (Cuadrante Q) como fuera de éste (Milbrath 2007:6, Figura 2; Peraza Lope y Masson 2014c:469; Proskouriakoff 1962a:334, Figura 3g, i). Una de las interpretaciones de las figuras descendientes de Mayapán sugiere que estas pueden relacionarse a la veneración de los ancestros de la unidad doméstica (Peraza Lope y Masson 2014c: Cuadro 7.12, ver también Masson 2000:200, 202, Cuadro 6.4). Varios mitos de origen maya registrados en las fuentes coloniales se refieren a los dioses o sus palabras que descienden del cielo (típicamente traducido como paraíso), tal vez como una metáfora de nacimiento, muerte, renacimiento o renovación. En el este de Yucatán, las deidades de linaje pueden referirse a "cuatro linajes que vinieron del paraíso", una descripción apropiada de las figuras descendientes (Masson 2000:221, dibujos por Tozzer [1941:9–10n44] y Scholes y Roys [1938:609]). También se conocen incensarios con semi-efigies con figuras descendientes aplicadas en varios sitios en el norte de Belice (Aimers 2014:326–328).

Los dioses descendientes pueden representar una variante del Postclásico Tardío del anterior "culto" o movimiento de la serpiente emplumada, encontrado a través de Mesoamérica. El sobrenatural principal de este culto es conocido en México como Quetzalcoatl (Nahuatl: *quetzal* 'ave', *coatl* 'serpiente') y en el área maya como K'uk'ulcan (*k'uk'* 'quetzal, ave' y *can* 'serpiente'). Quetzalcoatl / K'uk'ulcan tiene asociaciones complejas con, o se manifiesta como, Venus (como estrella de la mañana y de la noche) y con Ehecatl, el dios del viento. Por ejemplo, la asociación "descendiente" puede relacionarse con Venus como estrella de la mañana descendiendo al inframundo (Masson 2000:230; Miller 1982:98). También, "se creía que Kukulcan descendía del cielo para recibir los servicios y ofrendas en el último día" de un festival de cinco días en Maní (Peraza Lope y Masson 2014b:55, citando a Landa 1941:158). Además, parecen haber asociaciones solares. El Templo del Dios Descendiente en Tulum tiene una banda celestial esculpida conteniendo glifos de Venus y se orienta hacia la puesta del sol en el cénit solar (Milbrath 1999:69,

figures are also known from several sites in northern Belize (Aimers 2014:326–328).

It seems more likely that the descending/diving gods represent a Late Postclassic variant of the earlier feathered serpent "cult" or movement found throughout Mesoamerica. The principal supernatural of this cult is known in Mexico as Quetzalcoatl (Nahuatl: *quetzal* 'bird', *coatl* 'snake') and in the Maya area as K'uk'ulcan (*k'uk'* 'quetzal, bird', *can* 'snake'). Quetzalcoatl/K'uk'ulcan has complex associations with, or manifestations as, Venus (as Morning or Evening Star) and a wind god Ehecatl. For example, the "diving" association may relate to Venus as Morning Star descending to the Underworld (Masson 2000:230; Miller 1982:98). Also, "Kukulcan was believed to descend from heaven to receive services and offerings on the last day" of a five-day festival at Maní (Peraza Lope and Masson 2014b:55, citing Landa 1941:158). In addition, there seem to be solar associations. Tulum Structure 5, the Temple of the Diving God, has a sculptured sky band featuring Venus glyphs and faces the setting sun on the solar zenith (Milbrath 1999:69, 148). At Mayapán, a mural in Temple Q-161 depicts eight sun disks, perhaps relating to the eight solar years in a Venus cycle, each with a descending figure that may be an avatar of the sun (Peraza Lope and Masson 2014b:80–82, see also 82–84).

But zoomorphic diving figures are present at sites as distant from the Maya lowlands as Tajin in Veracruz (Ringle et al. 1998; see also Aimers 2014:326–329). In addition, "descent from the sky" is a theme found in Postclassic pictorial codices from the Mixtec region (Dennis 1994). The protagonist, who descends from a skyband, is named Nine Wind Quetzalcoatl, and he may be variably shown with a dark face, darts or arrows and a shield, a conical headdress, a staff, and a bundle. A possibly related theme is found in an origin myth from Tezcoco pertaining to both the Acolhua and the Chichimec occupants of the city (López Austin 1991). In this myth, the first man emerged from a hole in the earth and was a "half-man": only head, shoulders, and arms. This individual was figuratively descended from the sky in that the hole in the earth was made by an arrow shot into the air, but he consisted of only the body parts most consistently modeled on the Pitufo effigy censers: the head and arms. The first woman emerged at the same time, but she was whole, and together they and their descendants populated the region.

More broadly, an "Earth-Diver" figure, found in much of indigenous America, finds expression in Aztec central Mexico (also the Mixtec codices) in associations between Ehecatl and Quetzalcoatl, and among those deities and migratory diving waterfowl and merchants (O'Mack 1991). In iconography this connection is often underscored by the nose: Ehecatl wears a bill-like buccal mask and the Maya merchant god often has a black face and a long, Pinocchio-like nose. Lacustrine diving birds, such as grebes and mergansers, occupy a mediating position between sky and the watery underworld, diving from one realm to the other to obtain food; similarly, traveling merchants mediate between the familiar political "home" realm and the distant and foreign (O'Mack 1991:18). In this context it bears mention that on Flores Stela 5 the diving figure's arms are ornamented with feathers and its legs are flanked by descending birds. It is also significant that this merchant/diving bird association is elaborated in two large lake areas, Mexican and Maya, associated with important trade and marketing activities.

Obsidian Procurement and Use

During the Classic period in the Maya lowlands, obsidian was often envisioned as a prestige good because of its common occurrence in elite contexts (e.g., McKillop 1996; cf. Rice 1987a:83–85), but by the Postclassic period it had become a "basic good" or "key commodity" (Smith 2003:123–124). Obsidian artifacts, both tiny arrow points (n = 11) and non-point debris (n = 91), from Postclassic proveniences at Ixlú were sourced by pXRF and visual analysis (Table 4.1). Ixlú, like other Postclassic sites in the Petén lakes district, obtained obsidian from the three major highland Guatemalan source flows (see Figure 1.1): San Martín Jilotepeque (SMJ) and El Chayal in the central highlands and Ixtepeque in the east (Cecil et al. 2007; Meissner 2014a, b; Rice and Cecil 2009:Table 14.8; Rice et al. 1985; see also Braswell 2000:Figures 171, 172).

Unlike other lowland areas, however, where the Ixtepeque source dominated via Postclassic coastal trade, at Ixlú (and at nearby Zacpetén) both instrumental and visual sourcing of obsidian points, blade fragments, and debitage indicated nearly equal proportions of the three Guatemalan sources (Meissner 2014b:85–86). Zacpetén had slightly higher amounts of Ixtepeque, however, whereas Ixlú had slightly more SMJ. At Topoxté Island to the east, visual sourcing of 47 Postclassic obsidians identified only 8 pieces (17 percent) from SMJ (Braswell 2000:Figure 172). Because Level 1 and 2 deposits at Ixlú typically included chronologically mixed ceramics, it is possible that earlier obsidian blades were scavenged for point manufacture, especially because SMJ was the predominant source in the Preclassic period.

The Petén lakes district sites also obtained small amounts (less than 5 percent) of obsidian from Mexican sources Pachuca (Hidalgo), Paredón (Mexico), Pico de Orizaba (northern Veracruz), Ucareo (Michoacan), Zacualtípan (Hidalgo), and Zaragoza (Puebla) (Cecil et al. 2007; Meissner 2014a, b; Rice and Cecil 2009:Table 14.8; Rice et al. 1985). Ucareo and Pachuca obsidians, which were controlled by Tula and common at Chich'en Itza and Isla Cerritos (Healan 2011), may have been procured through those Yucatecan nodes.

Two structures in Ixlú's Main Plaza, Structures 2023 and 2017, yielded most of the obsidian found at the site. A deposit of obsidian and chert at Structure 2023, particularly around its southwestern corner, included flakes, flaking debris, and core fragments, indicating one or more working areas for the production of obsidian blades, blade

148). En Mayapán, un mural en el Templo Q-161 representa ocho discos solares, tal vez relacionados a los ocho años solares del ciclo de Venus, cada uno con un figura descendiente que puede ser una manifestación del sol (Peraza Lope y Masson 2014b:80–82, ver también 82–84).

Las figuras descendientes zoomorfas también están presentes en sitios tan distantes de las tierras bajas mayas como Tajín en Veracruz (Ringle et al. 1998; ver también Aimers 2014:326329). Además, "descender del cielo" es un tema, que se encuentra en los códices pictóricos del Postclásico de la región Mixteca (Dennis 1994). El protagonista, quien desciende de una banda celestial, es llamado Nueve Viento Quetzalcoatl y él puede variablemente aparecer con una cara oscura, dardos o flechas y un escudo, un tocado cónico, una vara y un bulto. Un tema posiblemente relacionado se encuentra en un mito de origen de Tezcoco, perteneciente tanto a los ocupantes Acolhua como a los Chichimecas (López Austin 1991). En este mito, el primer hombre emerge de un agujero en la tierra y era un "medio-hombre": solamente cabeza, hombros y brazos. Este individuo descendió figurativamente del cielo dado que ese agujero en la tierra fue hecho por una flecha tirada al aire, pero él consistía solamente de las partes del cuerpo que consistentemente se modelan en los incensarios con efigie Pitufo: la cabeza y los brazos. La primera mujer emergió al mismo tiempo, pero ella estaba completa y juntos, ellos y sus descendientes poblaron la región.

Más ampliamente, la figura del "Descendiente Terrestre", encontrada en buena parte de la América indígena, encuentra expresión en las asociaciones Aztecas del Centro de México (también en los códices Mixtecas) entre Ehecatl y Quetzalcoatl y entre estas deidades y las aves acuáticas migratorias que se zambullen y los mercaderes (O'Mack 1991). En la iconografía esta conexión es frecuentemente enfatizada por la nariz: Ehecatl lleva una máscara bucal en forma de pico y la deidad mercante maya a menudo tiene una cara negra y una larga nariz como la de Pinocho. Aves lacustres que se zambullen, como las anhingas y cormoranes, ocupan una posición mediadora entre el cielo y el inframundo acuático, zambulléndose de un reino al otro para obtener comida; similarmente, los mercaderes que viajan median entre el reino del "hogar" político familiar, y el distante y extranjero (O'Mack 1991:18). En este contexto cabe mencionar que la Estela 5 de Flores los brazos de la figura descendiente están adornados con plumas y sus piernas están flanqueadas por aves descendientes. Es también significativo que esta asociación de mercader / ave descendiente sea elaborada en dos áreas lacustres, mexicana y maya, ambas asociadas con importantes actividades de intercambio y mercadeo.

Obtención y Uso de Obsidiana

En las tierras bajas mayas durante el período Clásico, la obsidiana era frecuentemente concebida como un bien de prestigio por su ocurrencia común en contextos de élite (e.g., McKillop 1996; cf. Rice 1987a:83–85); pero para el período Postclásico se había convertido en un "bien básico" o una "mercancía clave" (Smith 2003:123–124). Los artefactos de obsidiana, tanto puntas de flecha pequeñas (n=11) y desechos que no eran de puntas (n=91), de proveniencia Postclásica en Ixlú fueron analizados por medio de pXRF y análisis visual (Cuadro 4.1). Como es el caso de otros sitios Postclásicos del distrito de los lagos en Petén, Ixlú obtenía la obsidiana de tres fuentes mayores del altiplano de Guatemala (ver Figura 1.1): San Martín Jilotepeque (SMJ) y El Chayal, ambos en el altiplano central, e Ixtepeque en el este (Cecil et al. 2007; Meissner 2014a, b; Rice y Cecil 2009: Cuadro 14.8; Rice et al. 1985; ver también Braswell 2000: Figuras 171, 172).

Sin embargo, a diferencia de otras áreas de las tierras bajas, dónde la fuente de Ixtepeque dominó vía el intercambio costero del Postclásico, en Ixlú (y en el cercano Zacpetén) tanto el análisis instrumental como el visual de las puntas, fragmentos de navaja y lascas de obsidiana recuperadas reveló proporciones casi iguales de las tres fuentes de Guatemala (Meissner 2014b:85–86). No obstante, en Zacpetén había una cantidad un poco mayor de Ixtepeque, mientras que en Ixlú había un poco más de SMJ. En la Isla Topoxté, al este, el análisis visual de 47 obsidianas Postclásicas identificó solo ocho piezas (17%) de SMJ (Braswell 2000: Figura 172). Debido a que los depósitos de los Niveles 1 y 2 en Ixlú típicamente incluyen cerámica cronológicamente mezclada, es posible que las navajas de obsidiana tempranas fueran hurgadas para la manufactura de puntas, especialmente porque SMJ fue la fuente predominante en el período Preclásico.

Los sitios del distrito de los lagos de Petén también obtuvieron pequeñas cantidades de obsidiana (menos del 5%) de las fuentes mexicanas de Pachuca (Hidalgo), Paredón (México D.F.), Pico de Orizaba (norte de Veracruz), Ucareo (Michoacán), Zacualtípan (Hidalgo) y Zaragoza (Puebla) (Cecil et al. 2007; Meissner 2014a, b; Rice y Cecil 2009: Cuadro 14.8; Rice et al. 1985). Las obsidianas de Ucareo y Pachuca, provenientes de fuentes controladas por Tula y comunes en Chich'en Itza y la Isla Cerritos (Healan 2011), pudieron ser obtenidas a través de esos nódulos yucatecos.

Dos estructuras en la Plaza Principal de Ixlú, Estructuras 2023 y 2017, produjeron la mayor parte de la obsidiana del sitio. Un depósito de obsidiana y de pedernal en la Estructura 2023, particularmente alrededor de la esquina suroeste, incluía lascas, desechos de lascas, y fragmentos de núcleo indicando una o más áreas de trabajo para la producción de navajas, segmentos de navajas y otras herramientas de obsidiana (Cuadro 4.2; Romero 2004:27). La mayor parte (82.9%) del depósito consistió de segmentos proximales, reteniendo los bulbos de percusión y las plataformas molidas o raspadas típicas de la tecnología de preparación de núcleos de obsidiana del Postclásico. Los segmentos mediales y distales ya habían sido removidos de esta área, posiblemente para su uso, y el desecho pequeño de la talla habría sido barrido. Aproximadamente la mitad de los desechos restantes (n=16) consistían de pequeñas

TABLE 4.1. GEOLOGICAL FLOW SOURCES OF 102 POSTCLASSIC OBSIDIAN ARTIFACTS FROM IXLÚ
CUADRO 4.1. FUENTES GEOLÓGICAS DE 102 ARTEFACTOS DE OBSIDIANA DEL POSTCLÁSICO DE IXLÚ

	GUATEMALA			MEXICO			N
	Chayal	Ixtep.	S Martín J	Pachuca	P. Oriz.	Ucareo	
Arrow points/Puntas de flecha[a]	3	3	4		1		11
Debris/Deshechos[a]	1	4	2			1	8
Debris/Deshechos[b]	25	25	31	1	1		83
TOTAL	29	32	37	1	2	1	102

Sources/Fuentes: [a] by portable x-ray fluorescence/por fluorescencia de rayos-x portátil; Cecil et al. 2007; Rice and Cecil 2009: table 14.8; [b] Meissner 2014, non-point debris sourced visually/fuentes de los desechos estimadas visualmente.

segments, and other tools (Table 4.2; Romero 2004:27). Most (82.9 percent) of the deposit consisted of proximal segments, retaining the bulbs of percussion and ground platforms typical of Postclassic obsidian core preparation technology. The medial and distal segments had already been removed from this area, presumably for use, and the small debitage swept away. About half of the remaining debitage (n = 16) consisted of the tiny removed proximal ends of blades: the platform and bulb. Two sizeable flakes bore traces of Maya Blue pigment.

At Structure 2017 a large quantity of obsidian debris was recovered from a single 1-x-1 unit in what would have been the back room. Table 4.2 shows the composition of this deposit, combined with obsidian recovered elsewhere at the structure. It appears that blades were also produced and reduced into segments here, as nearly half of the material (47.1 percent) consisted of blade segments. Virtually all the proximal segments retained the ground platforms. Unlike Structure 2023, no cores were noted and considerable debitage remained. Except for one large, thick flake that retained the striking platform, debitage consisted mostly of tiny chunks and thinning flakes.

Obsidian did not occur in comparable quantities at other Ixlú structures. Structure 2005 yielded a large core fragment (source unknown) measuring 6.7 cm long by 2.38 cm in diameter. A small patch of cortex was visible on one side and the striking platform exhibited only minimal scratching. If the analysis of Zacpetén's lithics (Yacubic 2014) can be generalized more broadly, obsidian arrived in Petén as "late stage blade cores" or preformed polyhedral cores for further reduction, as is common elsewhere in Mesoamerica (see, e.g., Healan 2011; Hirth 2013:101).

The obsidian blade segments and debitage at Ixlú Structures 2017 and 2023 seem to reflect such provisioning, whether for own-use or exchange. Blades at Macanché Island in the Lake Macanché basin averaged around 2.5 to 2.8 cm in length, suggesting similar segmentation (Rice 1987b:220). It is unclear if the prismatic blades at Topoxté were segments (Braswell 2000). About 1700 blade fragments were recovered in Carnegie Institution excavations at Mayapán, primarily medial segments ("pieces broken at both ends") with evidence of "heavy use" on the edges (Proskouriakoff 1962a:368–369). This abundance of prismatic blade segments in Postclassic obsidian assemblages contrasts with Classic Maya obsidian assemblages, which tend to consist primarily of blades and flakes, and suggests very different modes of use. The prominence of obsidian segments at Tula, Mexico, led to the suggestion that hafted blades and segments were important not only as household or craft implements but were also used in weaponry: embedded into the edges of a wooden club the Aztecs called *macuahuitl* (Sp. *macana*), used in hand-to-hand combat (Healan 2011:345). These weapons were carried in the large Maya trading canoe that Columbus encountered on his fourth voyage to the Caribbean in 1502 (Healan 2011:354n7). The possibility of their use in *macuahuitl* weaponry at Mayapán was rejected, however (Proskouriakoff 1962a:368–369).

Blade production and reduction into segments might have been carried out by "itinerant producer-vendors" who also brought the cores, as has been proposed for highland Mexico (Hirth 2013:99–103). The frequent occurrence of segments at Ixlú might suggest that the community's roles in exchange included arms trade: provisioning these artifacts to nearby sites as blanks for use in fashioning other tools and weaponry, such as arrow points and *macana* blades. This possibility is further supported by a social network analysis of the sources of Postclassic obsidian debitage in the lakes region. The analysis revealed that Ixlú had the highest degree of centrality of four studied sites in the area's network (Ixlú, Zacpetén, Tayasal, and Quexil) (Meissner 2014a, 2014b:164, Figure 4.13; see also Golitko and Feinman 2014), but also suggested complex patterns of exchange.

Nathan Meissner's (2014b) analysis of Postclassic small projectile points ("arrowheads") at 14 lowland Maya sites included a small number of obsidian artifacts from Ixlú. These differed from the obsidian points at other sites in the Lake Petén Itzá basin with an emphasis on side-notching, and also a unique variant of unnotched obsidian points (n = 2; Meissner, personal communication 2014). Unnotched points were most common at Nixtun-Ch'ich', whereas at Tayasal no unnotched projectiles have been recovered to date (Meissner 2014b:280, 282). These unnotched points may be associated with the Kowojs in the eastern area of Lake Petén Itzá (see, e.g., Braswell 2000:Figure

TABLE 4.2. OBSIDIAN RECOVERED IN IXLÚ
STRUCTURES 2023 AND 2017
CUADRO 4.2. OBSIDIANA RECUPERADA DE LAS
ESTRUCTURAS 2023 Y 2017 DE IXLÚ

	Estructura 2023	Estructura 2017
Blades/Navajas		
Proximal	160	38
Medial	31	94
Distal	2	50
Complete/Completas	1	
Core Fragments/Fragmentos de Núcleos	10	
Debitage/Deshechos	30	197
with cortex/con corteza	19	
Points/Puntas		8
Other/Otros		1
TOTAL	253	388

puntas proximales de navajas removidas: la plataforma y bulbo. Dos lascas de buen tamaño tenían trazos de pigmento Azul Maya.

En la Estructura 2017 recuperamos una gran cantidad de desechos de obsidiana de una sola unidad de 1x1 m, en lo que pudo ser el cuarto trasero. El Cuadro 4.2 muestra la composición de este depósito combinado con la obsidiana recuperada en otras áreas de la estructura. Parece ser que las navajas también fueron producidas y reducidas a segmentos aquí, ya que casi la mitad del material (47.1%) consistía de segmentos de navaja. Virtualmente, todos los segmentos proximales retuvieron sus plataformas molidas. A diferencia de la Estructura 2023, no observamos núcleos pero sí una cantidad considerable de desechos. A excepción de una lasca grande y gruesa que retuvo la plataforma de percusión, en su mayoría los desechos consistían de pequeños trozos y lascas de adelgazamiento.

La obsidiana no estuvo presente en cantidades similares en otras estructuras de Ixlú. La Estructura 2005 produjo un fragmento grande de núcleo (cuya fuente desconocemos) que medía 6.7 cm de largo por 2.38 cm de diámetro. Un pequeño trozo de corteza era visible en un lado y la plataforma de percusión exhibía solo mínimos rasguños. Si el análisis de la lítica de Zacpetén (Yacubic 2014) puede ser generalizado de manera amplia, la obsidiana llegó a Petén como "núcleos de navajas en etapas tardías" o preformas de núcleos poliédricos para mayor reducción, como es común en otros lados de Mesoamérica (ver e.g., Healan 2011; Hirth 2013:101).

Los segmentos de navaja de obsidiana y desechos de talla de las Estructuras 2017 y 2023 de Ixlú parecen reflejar dicha provisión, ya sea para uso propio o para intercambio. Las navajas de la Isla Macanché en la cuenca del lago Macanché promediaban un largo entre 2.5 y 2.8 cm, sugiriendo segmentación similar (Rice 1987b:220). Sin embargo, no es claro si las navajas prismáticas de Topoxté eran segmentos (Braswell 2000). Las excavaciones de la Institución Carnegie en Mayapán recuperaron aproximadamente 1700 fragmentos de navajas, principalmente segmentos mediales ("piezas rotas de ambos lados") con evidencia de "mucho uso" en los bordes (Proskouriakoff 1962a:368–369). Esta abundancia de segmentos de navajas prismáticas en los grupos de obsidiana Postclásicos contrasta con los grupos de obsidiana del Clásico Tardío, los cuales tienden a consistir principalmente de navajas y lascas y sugieren diferentes modos de uso. La prominencia de segmentos de obsidiana en Tula, México nos lleva a sugerir que las navajas y los segmentos con empuñadura eran importantes no solo como implementos domésticos o de artesanía, sino que también eran utilizados como armas: incrustados en los lados de un bate de madera, que los Aztecas llaman *macuahuitl* (Español: macana), utilizada en combate mano a mano (Healan 2011:345). Estas armas eran llevadas en la gran canoa maya de intercambio que Colón encontró en su cuarto viaje al Caribe en 1502 (Healan 2011:354n7). No obstante, la posibilidad de su uso en las armas *macuahuitl* de Mayapán fue rechazada (Proskouriakoff 1962a:368–369).

La producción y reducción de navajas a segmentos podría haber sido llevada a cabo por "productores-vendedores itinerantes", quienes llevaban los núcleos, como se ha propuesto para el altiplano de México (Hirth 2013:99-103). La ocurrencia frecuente de segmentos en Ixlú sugeriría que los roles de la comunidad en el intercambio incluían el comercio de armas: proveyendo estos artefactos sin trabajar a sitios cercanos para manufacturar otras herramientas y armas, como puntas de flecha y navajas de macana. Esta posibilidad es sustentada por un análisis de redes sociales de las fuentes de los desechos de obsidiana del Postclásico en la región de los lagos. El análisis reveló que Ixlú tuvo el grado más alto de centralidad de los cuatro sitios estudiados en la red del área de (Ixlú, Zacpetén, Tayasal y Quexil) (Meissner 2014a, 2014b:164, Figura 4.13; ver también Golitko y Feinman 2014), pero también sugiere patrones de intercambio complejos.

El análisis de Nathan Meissner (2014b) de las pequeñas puntas de proyectil (puntas de flecha) del Postclásico en 14 sitios de las tierras bajas mayas incluía un pequeño número de artefactos de obsidiana de Ixlú. Estos diferían de las puntas de obsidiana de otros sitios en la cuenca del lago Petén Itzá con un énfasis en muescas laterales, así como también una inusual variante de puntas de obsidiana sin muescas (n=2; Meissner, comunicación personal 2014). Las puntas sin muescas fueron más comunes en Nixtun-Ch'ich'; mientras que en Tayasal, a la fecha, no se han recuperado puntas sin muescas (Meissner 2014b:280, 282). Estas puntas sin muescas pueden estar asociadas con los Kowojs del área este del lago Petén Itzá (ver e.g., Braswell 2000: Figura 163) y también fueron encontradas en Mayapán (Proskouriakoff 1962a:360–361, 369, Figuras 30a–e,

163) and they are also found at Mayapán (Proskouriakoff 1962a:360–361, 369, Figures 30a–e, 35b–c). At least three obsidian arrow points with atypical (for central Petén) hafting morphologies were recovered in clearing operations at Ixlú, one each from Structures 2017, 2018, and 2041 (Meissner, personal communication 2014).

35b–c). En operaciones de limpieza en Ixlú, en las Estructuras 2017, 2018 y 2041 (Meissner, comunicación personal 2014), se recuperó por lo menos tres puntas de flecha de obsidiana con morfologías de empuñadura atípicas (para el centro de Petén).

Chapter 5

Postclassic and Contact Periods: Structural Groups and Activities

At Ixlú Postclassic structures with characteristic benches are found at multiple locations in and around the site, but the distinctive architectural complexes—the basic ceremonial group or BCG and the temple assemblage—are found in the site core. The structures we excavated included those with presumed residential (hall) and ritual (shrine, *oratorio*) functions. One definition of Postclassic residence structures considers them to have an area of at least 20 m² and a bench (Brown 1999:128). Aside from Structure 2041, the hall in the Patio C temple assemblage, the halls ranged from 65.6 to 195.5 m² in area (Table 5.1), the latter (Str. 2022) falling into the range of Tier 1 elite residences at Mayapán and Structure 2017 into Tier 2 (Masson et al. 2014: 238). Oratory and shrine structures are considerably smaller.

Acropolis, Patio C: Temple Assemblage

Patio C consists of five main structures plus several smaller ones, which together constitute the Kowoj-style Petén variant of a temple assemblage, the westernmost thus far identified in the lakes district. Structure 2034 on the east side of the patio is a temple facing west, as such Postclassic ritual edifices typically do, with its back to Patio B to the east. Immediately to its south is an attached *oratorio*. On the west, across the plaza from the temple and oratory, is a large hall with an L-shaped bench. Another hall with a back bench lies on the north side of the courtyard; facing it on the south is Structure 2041. Structure 2037 is small shrine in the center of the plaza.

In 1994 TU4 was excavated between Structures 2037 and 2034 and proceeded to uneven bedrock at 54–116 cm b.s. Ceramic material indicated Preclassic bedrock leveling, with two levels above it containing a mixture of Preclassic and Late Classic fragments. Structures 2034 and 2041 were investigated in 1998. Twenty-nine primarily Classic figurine fragments were recovered in these excavations.

Temple Structure 2034

Structure 2034 (Figure 5.1) is a small two-tiered temple measuring 13.9 m north-south, 9.6 m east-west, and 2.7 m high. The C-shaped superstructure is accessed by a balustraded stairway with nine steps, and has an altar at the center of the back bench. There is no evidence of serpent columns or serpent balustrades. Clearing operations and test pit excavations suggested construction and use from the Classic period (including Classic censer fragments) through the Late Postclassic.

A 2-x-2 m test unit inside Structure 2034, at the base of the altar, was excavated to bedrock (Figure 5.2). The lowest fill level, rising ca. 80 cm over bedrock, incorporated a mixture of Middle Preclassic and Late/Terminal Classic sherds. A north-south wall in the western part of the pit was overlain by another layer of fill, the top of which is approximately the level of the current surface of the patio. Upon that fill an east–west wall consisting of two courses of well-dressed stone was constructed. Late and Terminal Classic refuse lay north of the wall; this refuse and the wall were topped by a 10 cm-thick plaster floor (Floor 1). South of the wall was construction fill containing a mix of Late/Terminal Classic and Postclassic sherds, and sealed by a thick layer of *tierra blanca* ('white earth'), likely representing the formal termination of the structure. This material rose approximately 2 m above bedrock.

Above this material a second construction tier comprised 70–75 cm of fill and thick plaster flooring (Floor 2). Two walls of dressed stone, one running north-south and the other east-west, were set upon Floor 2. The latter, constructed of two courses of dressed stone and rising 35–40 cm, lay directly above the east-west wall in the lower level—an alignment pattern also noted at Zacpetén (Pugh 2001)—and butted up to the base of the stone altar. The fill incorporated sherds of mixed Terminal Classic and Postclassic types, and was topped by a thin, fragile, plaster floor (Floor 3) at 70 cm b.s. This surfacing, typical of Postclassic construction, constituted the interior flooring of the temple superstructure.

Pottery and other artifacts recovered in clearing Levels 1 and 2 on and around the structure occurred in several concentrations. Ceramics were primarily of ritual rather than domestic use, and utilitarian pottery was scarce. Incense burners included fragments of Late Classic as well as Postclassic Extranjeras/La Justa Composite censers. In addition, the stuccoed pedestal base and lower receptacle,

Capítulo 5

Períodos Postclásico y de Contacto: Grupos de Estructuras y Actividades

Las estructuras postclásicas con las características bancas se encuentran en lugares múltiples en y alrededor de Ixlú, pero los complejos arquitectónicos distintivos—el básico grupo ceremonial o BGC y el conjunto de templo—solo se encuentran en el núcleo del sitio. Las estructuras que excavamos incluían aquellas que presumimos tenían funciones residenciales (salones) y rituales (santuario, oratorio). Una definición de residencias Postclásicas (distintas a otras estructuras) considera que tienen un área de por lo menos 20 m² y una banca (Brown 1999:128). Aparte de la Estructura 2041, es decir el salón en el conjunto de templo del Patio C, los salones variaban en área de 65.6 a 195.5 m² (Cuadro 5.1), donde la más grande (Estructura 2022) caía en el rango de Nivel 1 de residencias de élite en Mayapán y la Estructura 2017 dentro del Nivel 2 (Masson et al. 2014:238). Las estructuras de oratorio y santuario son considerablemente más pequeñas.

Acrópolis, Patio C: Conjunto de templo

El Patio C consiste de cinco estructuras principales, además de varias pequeñas, las cuales en conjunto constituyen la variante estilo Kowoj de Petén del conjunto de templo, el conjunto más al oeste identificado a la fecha en el distrito de los lagos. La Estructura 2034 en el lado este del patio es un templo de cara al oeste, como lo hacen típicamente los edificios rituales del Postclásico, con la parte de atrás orientada al Patio B, hacia el este. Inmediatamente al sur hay un oratorio adjunto. Al oeste, cruzando la plaza desde el templo y oratorio, hay un salón grande con una banca en forma de L. Otro salón con una banca trasera se encuentra en el lado norte del patio; la Estructura 2041 se ubica al lado sur. La Estructura 2037 es un santuario pequeño en el centro de la plaza.

En 1994 excavamos la UP4, ubicada entre las Estructuras 2037 y 2034, llegando hasta la roca madre de manera dispareja entre 54–116 cm bajo la superficie. El material cerámico indicó que la nivelación de la roca madre tuvo lugar en el Preclásico, con dos niveles superiores conteniendo una mezcla de fragmentos del Preclásico y Clásico Tardío. Las Estructuras 2034 y 2041 fueron investigadas en 1998. En estas excavaciones recuperamos 29 fragmentos de figurillas principalmente del Clásico.

Estructura de Templo 2034

La Estructura 2034 (Figura 5.1) es un pequeño templo de dos niveles que mide 13.9 m norte-sur y 9.6 m este-oeste, y con 2.7 m de altura. Se accede a la superestructura en forma de C por una escalinata con balaustrada de nueve escalones y tiene un altar al centro de la banca trasera. No hay evidencia de columnas o balaustrada de serpiente. Las operaciones de limpieza y las excavaciones de la unidad de prueba sugieren una construcción y uso desde el período Clásico (incluyendo fragmentos de incensario del Clásico) hasta el Postclásico Tardío.

Excavamos una unidad de prueba de 2 x 2 m dentro de la Estructura 2034, en la base del altar, hasta roca madre (Figura 5.2). El nivel más bajo de relleno se elevaba 80 cm sobre la roca madre, e incorporaba una mezcla de tiestos del Preclásico Medio y Clásico Tardío/Terminal. Una pared norte-sur en el lado oeste de la unidad estaba cubierta por otra capa de relleno, cuya parte superior está aproximadamente al nivel de la actual superficie del patio. Sobre este relleno se construyó una pared este-oeste consistente en dos hileras de piedra bien tallada. Al norte de la pared habían desechos del Clásico Tardío y Terminal; un piso de estuco de 10 cm de espesor (Piso 1) cubría esta basura y la pared. Al sur de la pared había relleno constructivo conteniendo una mezcla de tiestos del Clásico Tardío/Terminal y Postclásico y sellado por una capa gruesa de tierra blanca, posiblemente representando la terminación formal de la estructura. Este material se elevó aproximadamente 2 m sobre la roca madre.

Sobre este material un segundo nivel de construcción compuesto de 70-75 cm de relleno y un piso de estuco (Piso 2) grueso. Dos paredes de piedra tallada, una de norte-sur y la otra de este-oeste fueron colocadas sobre el Piso 2. La pared este-oeste construida de dos hileras de piedra tallada y elevándose 35-40 cm, estaba directamente sobre la pared este-oeste del nivel inferior—un patrón de alineación observado también en Zacpetén (Pugh 2001)—y se extendía hasta la base del altar de piedra. El relleno incorporaba tiestos de tipos mezclados del Clásico Terminal y Postclásico y estaba cubierto por un piso de estuco fino y

as well as an *adorno*, of a Pitufo Modeled (SIP ware) censer were recovered, probably representing the "diving figure" commonly seen in this type elsewhere in the lakes region (e.g., Zacpetén). The interior base lacked evidence of burning.

Fragmentary slipped SIP wares included about ten dishes or plates of Paxcamán Red, with rims measuring 22–30 cm in diameter. These had scroll, bulbous, and mostly cylindrical supports, some unusually large (Figure 4.2b). Also present were fragments of at least two miniature plates with scroll feet, three or four collared bowls, five jars (two of which were very large with bolstered rims), five large Picú Incised: Thub variety drums (see, e.g., Figure 4.3a, right), a grater bowl, and a thin-walled Ixpop Polychrome jar. Besides SIP ware, fragments of Augustine Red (more than at any other structure), Topoxté Red, and several rims of Hubelna Unslipped *comales* (see, e.g., Figure 4.3b) were also recovered.

Three mold made female figurine fragments were found at Structure 2034, all three wearing the *quechquemitl* (Figure 4.5b–d). One, possibly an ocarina, was nearly complete; it depicted a standing figure wearing a feathered headdress, the *quechquemitl*, and a long skirt, both garments painted red and black. Another fragment was seated clasping a bent knee, and the third was possibly seated. Unusual artifacts included a rectangular *Strombus* bead; an unslipped black concave pottery disk with two pairs of holes for attachment; a large (14.5 x 8.1 x 3.8–4.5 cm) piece of pumice, oval in outline with flat surfaces, that may have been used as a paper or plaster polisher (see Coe and Kerr 1997:152); a large, nicely worked sherd spindle whorl; and scarce lithics, bone, and shell.

Two small Late Postclassic cache vessels were recovered from the Structure 2034 stairway, one at the base (Figure 5.3a) and the other at the top. These are small globular bowls with lids, typical of vessels cached in altars or niches of west-facing temples in assemblages at Zacpetén (Pugh and Rice 2009:Figure 7.10; Rice 2009:Figure 12.12) and Topoxté (Hermes 2000a:Figure 150.5, 2000b:86). One was also found on the steps of Tayasal Structure T200, a south-facing L-shaped structure east of San Miguel (Chase 1983a:897, 899, 900, 901). Although these bowls are sometimes slipped and painted, both examples at Ixlú were unslipped and undecorated (Chilo Unslipped type), with unusual quadripartite handles on the lids and four strap handles on the body. Neither contained the beads, shell, and other material found in the Zacpetén examples. These two cache bowls led IDAEH archaeologist Boris Aguilar (2001) to call Structure 2034 *el Templo de las Vasijas Escondidas* ("temple of the hidden pots").

Hall Structure 2041

Structure 2041 is a large C-shaped hall on the southern edge of Patio C, facing north into the courtyard. Clearing

TABLE 5.1. DIMENSIONS (IN METERS) OF EXCAVATED IXLÚ STRUCTURES
CUADRO 5.1. DIMENSIONES (EN METROS) DE LAS ESTRUCTURAS EXCAVADAS DE IXLÚ

Struct./ Estruct.	Type/ Tipo	Length/ Largo	Width/ Ancho	Area (m²) / Área (m²)
2034	Temple/Templo	13.9	9.6	133.44
2041	Hall/Salón			
2006	Hall/Salón	10.5	6.25	65.625
2017	Hall/Salón	18.5	6.5 - 8.1	135.05
2016	Shrine/Santuario	5.5	3.5	19.25
2015	Oratory/Oratorio	7	4.5	31.5
2022	Hall/Salón	27.15	7.2	195.48
2018	Oratory/Oratorio			
2020	Shrine/Santuario			
2021	Oratory/Oratorio	16.85	6.5	109.525
2023	Shrine/Santuario	7.5	5.9	44.15

operations in 1998 only removed Level 1, and thus cannot date the actual construction. Paxcamán Red and Fulano Black pottery fragments represented possibly 6–8 unusually large jars with outflaring necks, bolstered rims, walls up to 1.5 cm thick, and mouth diameters of 42 to 50 cm (Figure 4.2k–q). Unlike material recovered at other structures at Ixlú, the ceramics recovered from Structure 2041 included numerous very Late Postclassic/Contact-period ceramic diagnostics such as Topoxté Red (CCP ware) sherds (n = 19), a handle and a scroll foot with dark purplish-red slip, and stepped flanges, although not in abundance or concentrations. Other ceramics included fragments of possibly three grater bowls, a collared bowl, and Augustine, Trapeche, and Hubelna sherds. Incensarios were recovered in the front (north side) of the structure, including nearly 50 sherds of Patojo Modeled effigy censers, most of which were in a single 6 m² area, and several dozen fragments of non-effigy incense burners. Also found were a ceramic model of a curved claw or fang, and a small object that may be a modeled bell worn on the skirt of an effigy censer figure. Significant trash deposits occupy the steep slope behind the substructure, where a fallen tree had a Topoxté ceramic group plate in its roots. Obsidian was scarce at the structure but included an arrow point.

Twin-Pyramid Complex: Structure 2006

Structure 2006 is one of three Postclassic platforms constructed in Ixlú's Classic twin-pyramid complex, between the northwest corner of the eastern radial structure and the southeastern corner of the stela enclosure. It measures 10.5 m east-west (aligned 5° north of east) and 6.25 m wide north-south, including a 50-cm-wide step that extends about 8 m along the southern face from the south-

Figure 5.1. Clearing of the west facade and stairway of temple Structure 2034 at Ixlú. View to the northeast.
Figura 5.1. Limpieza de la fachada oeste y escalinata del templo Estructura 2034 de Ixlú. Vista al noreste.

frágil (Piso 3) a 70 cm bajo la superficie. Esta superficie, típica de la construcción Postclásica, constituía el piso interior de la superestructura del templo.

La cerámica y otros materiales recuperados en la limpieza de los Niveles 1 y 2 de la estructura y sus alrededores se encontraron en diversas concentraciones. La cerámica era principalmente ritual, en lugar de ser de uso doméstico, y la cerámica utilitaria era escasa. Los incensarios incluían fragmentos del Clásico Tardío así como incensarios Postclásico Extranjeras / La Justa Compuesto. Además, recuperamos la base pedestal estucada y el receptáculo inferior, así como el adorno de un incensario Pitufo Modelado (vajilla PIC) posiblemente representando una "figura descendiente" comúnmente vista en este tipo en otras partes de la región de los lagos (e.g., Zacpetén). El interior de la base no tenía evidencia de quemado.

Las vajillas PIC con engobe y fragmentadas incluían como diez platos de Paxcamán Rojo, con bordes midiendo entre 22-30 cm de diámetro. Estos tenían soportes de voluta, bulbosos y mayormente cilíndricos, algunos inusualmente grandes (Figura 4.2b). También estaban presentes los fragmentos de por lo menos dos platos miniatura con soportes de voluta, tres o cuatro cuencos con cuello, cinco cántaros (dos de los cuales eran muy grandes con bordes engrosados), cinco tambores grandes Picú Inciso: variedad Thub (ver e.g., Figura 4.3a, derecha), una vasija para rallar y un cántaro de pared delgada Ixpop Polícromo. Aparte de la vajilla PIC, también recuperamos fragmentos de Augustine Rojo (más que en ninguna otra estructura), Topoxté Rojo y varios bordes de comales Hubelna Sin Engobe (ver e.g., Figura 4.3b).

En la Estructura 2034 encontramos tres fragmentos de figurillas femeninas hechas con molde, las tres luciendo el *quechquemitl* (Figura 4.5b-d). Una, posiblemente una ocarina, estaba muy completa; representaba una figura parada vistiendo un tocado de plumas, el *quechquemitl* y una falda larga, ambas prendas pintadas de rojo y negro. Otro fragmento representaba una figura sentada abrazando una rodilla doblada y el tercer fragmento posiblemente una figura sentada. Artefactos inusuales incluían una cuenta rectangular *Strombus*; un disco cóncavo de cerámica negra sin engobe con dos pares de agujeros para sujetarlo; un pedazo grande de pómez (14.5x8.1x3.8-4.5 cm), de forma ovalada con superficies planas que pudo utilizarse como pulidor de papel o estuco (ver Coe y Kerr 1997:152); un malacate grande de tiesto bien trabajado; y escasa lítica, hueso y concha.

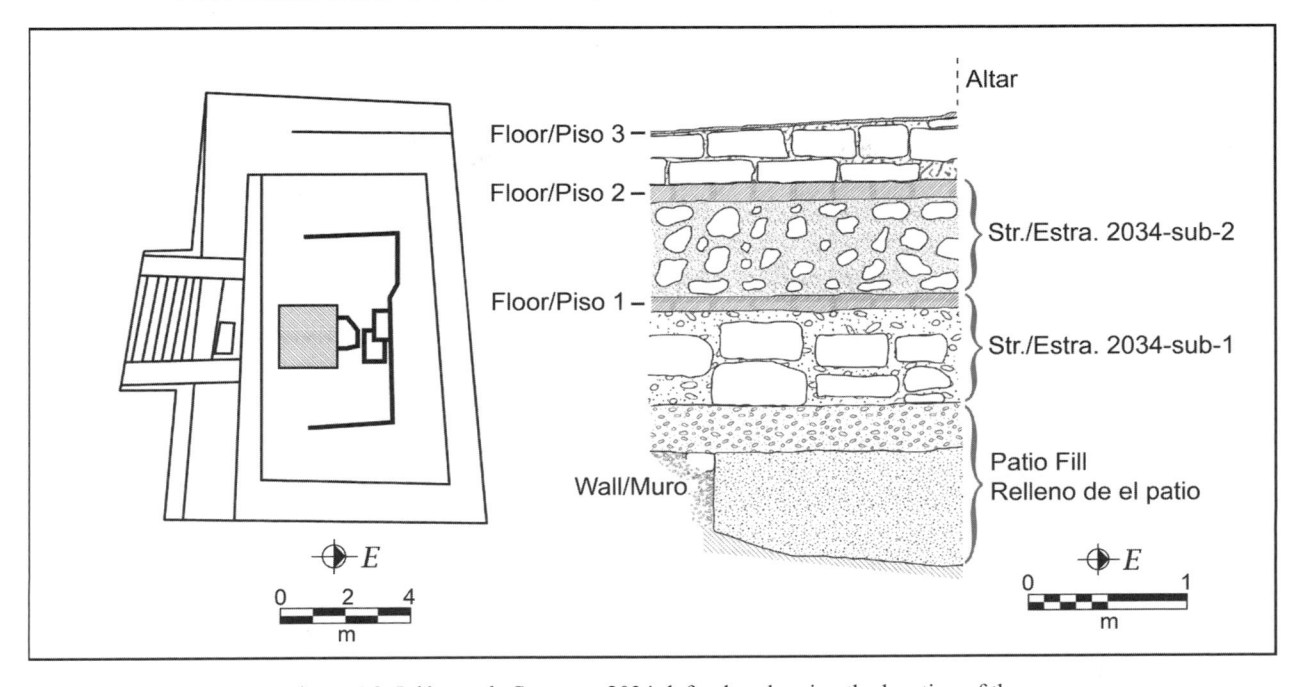

Figure 5.2. Ixlú temple Structure 2034: left, plan showing the location of the
test unit inside the structure; right, north profile of the test unit.
Figura 5.2. Estructura de templo 2034 de Ixlú: izquierda, planta mostrando ubicación de la
unidad de prueba dentro de la estructura; derecha, perfil norte de la unidad de prueba.

eastern corner. Structure 2006 appears to be residential or non-ritual in function, as no altars are evident, and no dressed stones were used in its construction. Two low walls or benches were constructed in the interior. One, 50–60 cm wide, extends from the western wall to the center of the structure on the medial axis, suggesting that Structure 2006 might have been a two-room (front and back) tandem structure. The other, lower and slightly narrower, extends from the south (front) to the center.

At the southwest corner of the platform a concentration of sherds over an area of 9 m² likely represented primary breakage. Vessels included three to four Pozo Unslipped jars with varying rim forms (one unusually thin-walled), at least five Paxcamán/Ixpop tripod dishes with unusually large and tall cylindrical supports (interiors eroded; see, e.g., Figure 4.2b), several large incurved rim bowls (Chaquiste Impressed, Cameron Incised), and a sherd of a Tinaja Red jar with a recurved rim-neck, a form characteristic of the Terminal Classic. This deposit did not appear to be a typical "kitchen midden," as there was no bone and only a few *Pomacea* shells and lithics; nor did it appear to be a "ritual midden," as few censer sherds (including Mumúl and Fíjate types) were present and drums and grater bowls were absent.

Fragments of two unslipped jars, one Pozo and the other a very large Chilo vessel (Figure 5.3b), were found just west of the southeast corner of Structure 2006. Otherwise, the pottery in and around the structure revealed no *de facto* refuse, and consisted of mixed sherds, many small and eroded, representing all time periods and virtually all the types common elsewhere at the site from the Late and Terminal Classic and Postclassic periods.

Large uncarved Stela 6 lies about 3.5 m south (in front) of Structure 2006 (see Figure 3.8). Excavation of Level 1 around the monument yielded sherds ranging in date from Middle Preclassic through Postclassic, including ash-paste Late and Terminal Classic wares (especially incurving-rim bowls), censers, and Paxcamán and Ixpop sherds. Four or five (based on varying rims) Pozo Unslipped jars appear to have been broken on the east-northeast side of the monument. A test pit at the stela butt (west end) yielded a concentration of large sherds of Middle Preclassic material, much of which was classifiable into known types (Juventud, Chunhinta, etc.) but appeared subtly different from other Middle Preclassic pottery at the site. A small drill of light green crystalline stone (quartz?), a flat square fragment of specular hematite, abundant small chert debitage, and a conical shell bead were also present.

Main Plaza: The Group 2017 Basic Ceremonial Group

Group 2017 is a small, probably elite, residential group in the northeastern Main Plaza that conforms in layout to the BCG arrangement (see Figure 1.8). Comprising Structures 2015, 2016, and 2017 the grouping is situated in the constricted space between the northwest corner of Temple 1 and the southeast corner of Patio A as if to monitor access to the Main Plaza and to the Acropolis from the northeast. No fragments of the Augustine or Topoxté ceramic groups were recovered in these structures.

En la escalinata de la Estructura 2034 recuperamos dos vasijas de ofrenda pequeñas del Postclásico Tardío, una en la base (Figura 5.3a) y la otra en la parte superior. Se trata de cuencos globulares pequeños con tapaderas, típicas vasijas de escondite en altares o nichos de los templos orientados al oeste en conjuntos de Zacpetén (Pugh y Rice 2009: Figura 7.10; Rice 2009: Figura 12.12) y en Topoxté (Hermes 2000a: Figura 150.5, 2000b:86). También encontramos una en las gradas de la Estructura T200 de Tayasal, en una estructura en forma de L de cara al sur, al este de San Miguel (Chase 1983a:897, 899, 900, 901). Aunque estos cuencos tienen a veces engobe y pintura, ambos ejemplos de Ixlú no tenían engobe ni decoración (tipo Chilo Sin Engobe), con asas cuadripartitas inusuales en las tapaderas y cuatro asas de banda en el cuerpo. Ninguno contenía cuentas, concha u otro material encontrado en los ejemplos de Zacpetén. Estos dos cuencos de ofrenda llevaron al arqueólogo de IDAEH, Boris Aguilar (2001), a llamar la Estructura 2034 como El Templo de las Vasijas Escondidas.

Estructura de Salón Abierto 2041

La Estructura 2041 es un gran salón en forma de C en el lado sur del Patio C, de cara al norte y el interior del patio. Las operaciones de limpieza en 1998 solo removieron el Nivel 1 y, por lo mismo, no se puede fechar la construcción misma. Fragmentos de cerámica Paxcamán Rojo y Fulano Negro representaron posiblemente de 6 a 8 cántaros inusualmente grandes con cuellos divergentes, bordes engrosados, paredes de hasta 1.5 cm de grosor y diámetros de bocas entre 42–50 cm (Figura 4.2k–q). A diferencia del material recuperado en otras estructuras de Ixlú, la cerámica recuperada de la Estructura 2041 incluyó numerosos diagnósticos de cerámica del período Posclásico Tardío/Contacto como por ejemplo tiestos (n=19) Topoxté Rojo (vajilla PCC), un asa y un soporte de voluta con engobe rojo-morado oscuro, y pestañas escalonadas, aunque no en abundancia o concentraciones. Otra cerámica incluía fragmentos de posiblemente tres molcajetes, un cuenco con cuello y tiestos Augustine, Trapeche y Hubelna. Recuperamos los incensarios en el frente (lado norte) de la estructura, incluyendo casi 50 tiestos de incensarios de efigie Patojo Modelado, la mayor parte de los cuales estaban en un área de 6 m² y varias docenas de fragmentos de incensarios sin efigie. También encontramos una copia cerámica de una garra curvada o colmillo y un pequeño objeto que pudo ser una campana modelada utilizada en la falda de una figura de un incensario de efigie. Los significativos depósitos de basura ocupan la pendiente inclinada detrás de la subestructura, dónde un árbol caído tenía en sus raíces un plato del grupo cerámico Topoxté. La obsidiana era escasa en la estructura, pero se halló una punta de flecha.

Complejo de Pirámides Gemelas: Estructura 2006

La Estructura 2006 es una de las tres plataformas del Postclásico construidas en el complejo Clásico de pirámides gemelas de Ixlú, entre la esquina noroeste de la estructura radial este y la esquina sureste del recinto de la estela. Mide 10.5 m de este a oeste (alineación de 5° norte de este) y 6.25 m de ancho norte a sur, incluyendo un escalón de 50 cm de ancho que se extiende a lo largo de 8 m

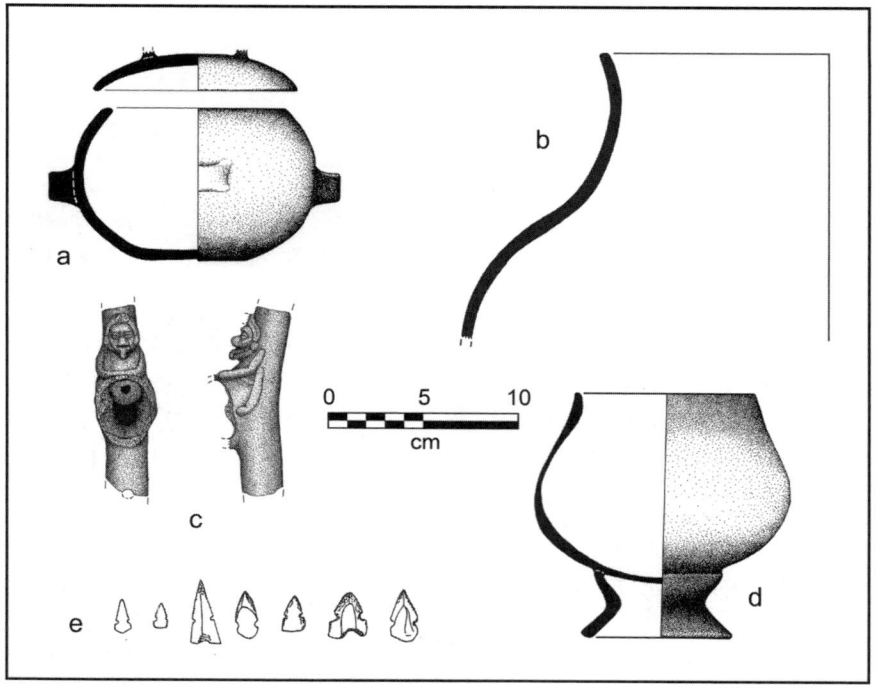

Figure 5.3. Postclassic artifacts from Ixlú (except c): a, cache vessel from the stairway of Structure 2034; b, an unusually large (mouth diameter 25 cm) Chilo Unslipped jar from Structure 2006; c, an effigy "goiter flute" made of Classic volcanic ash paste, from open hall Structure 2017; d, an unusual "brandy snifter" or chalice vessel form, possibly Paxcamán Red, from sanctuary Structure 2016; e, small arrow points from Structure 2017 (the fourth from left and the rightmost are of chert; the others are obsidian).

Figura 5.3. Artefactos del Postclásico (excepto c) de Ixlú: a, vasija de escondite recuperada de la escalinata de la Estructura 2034 de Ixlú; b, un inusualmente grande (diámetro de boca 25 cm) cántaro Chilo Sin Engobe del salón Estructura 2006; c, una "flauta de efigie con bocio" con cámara bulbosa hecha de pasta con desgrasante de ceniza del Clásico, del salón abierto Estructura 2017 de Ixlú; d, una inusual forma de vasija como copa o cáliz, posiblemente Paxcamán Rojo, del santuario Estructura 2016; e, pequeñas puntas de proyectil ("puntas de flecha") de la Estructura 2017 (la cuarta de la izquierda y la que está más a la derecha son de pedernal, las demás son de obsidiana).

Open Hall Structure 2017

Structure 2017 is a southeast-facing tandem-room open hall second in size only to Structure 2022. It measures approximately 18.5 m long (northeast-southwest) and from 6.5 to 8.1 m wide or deep, being wider on its southwest end. The L-shaped bench measures 1.10–1.15 m along the northeast portion of the rear wall and widens to 2.15 m along the northwest portion, with a narrower arm against the southwest wall. Between the two rear bench segments is a 1.8 m-wide opening (and perhaps a set of small steps?) to a back room enclosed by perishable walls. The presence of an eastern bench (creating a C shape) is debatable and stones in the area may simply represent collapse. The structure had a dirt floor, rather than one of plaster.

Clearing of Levels 1 and 2 over this large structure yielded the usual mix of Late and Terminal Classic and Postclassic pottery types and forms recovered elsewhere at Ixlú, including a drum (Figure 4.3a). Nine small concentrations of sherds, particularly on the northwest and northeast sides of the structure, both inside and out, represent ollas, primarily unslipped. Unusual artifacts included: a shark's tooth; 11 tiny arrow points (eight of obsidian; Figure 5.3e); 10 Late Classic ash-paste figurines, anthropomorphs plus a bird and a deer head; a fragment of a colander or thurible(?); a piece of carved bone; several tiny green tesserae from a mosaic (a mask?); and two brown-glazed Colonial-period (or later) pottery fragments. A ceramic "effigy goiter flute" (see Halperin 2014b:165–166) with a bulbous chamber (Figure 5.3c) was recovered near the northwest corner of the structure. Osseous material included an animal mandible, and a long bone (likely a human femur) outside the east wall. The obsidian from Structure 2017 was discussed earlier (see Table 4.2).

Shrine Structure 2016

Structure 2016 is a small shrine on the west side of the plazuela formed by Structures 2015 and 2017. It was badly damaged by two large trees growing on it, but its front (northeast) steps were still intact in 1998. At its base, Structure 2016 measures 5.5 m north-south and 3.5 m east-west, and 35 cm high. Its slightly outset eastern stairway comprises three steps 40 cm long flanked by small balustrades. Cut and dressed stones appear to have been removed from Classic-period edifices and incorporated into the foundations of the shrine at the northeast corner and in the first two treads of the stairway. An unusual ceramic "brandy snifter" or chalice form (Figure 5.3d) with a burned interior was found, made of SIP but with an eroded exterior (possibly Paxcamán Red or Macanché Red-on-Paste). This vessel resembles a slightly larger, thin-walled snifter of nonlocal paste associated with a burial at Tayasal Structure T53. Other artifacts at Structure 2016 included fragments of Extranjeras/La Justa Composite (spike) censers, an incensario fragment with a red slip in SIP ware (probably Pitufo Modeled), a miniature vessel, two arrow points, and turtle bone.

Hall Structure 2015

Structure 2015, a small oratory(?) measuring 7.0 m east-west, 4.5 m north-south, and 30 cm high, has generally the same orientation as Structure 2017 but opens to the north. Its interior C-shaped bench measures 80 cm in width. Low benches, ca. 50 cm wide, were placed against the exterior walls; at Mayapán such outside benches were used for cooking (Smith 1962:20–21). Structure 2015 was constructed on a thin layer of rubble over the plaza floor, topped with *piedrín* (gravel). Artifacts were primarily found toward the rear interior and also outside of the structure. Pottery included Postclassic Paxcamán and Pozo fragments (undecorated except for one sherd of a Picú Incised: Thub variety drum) and "imitation" Fine Orange. Other artifacts included fragments of grinding stones, obsidian, net sinkers (two of worked sherds and nine pellets), and a large chert nodule, plus animal bones and *jute* (*Pachychilus* spp.) shells in the southeast and east. These materials support the possibility that this small structure may have been involved in food preparation, perhaps in connection with a ritual (oratory) function.

Main Plaza: The Structure 2022 Basic Ceremonial Group

The Structure 2022 "group" consists of five structures so loosely distributed and unaligned in the spacious Main Plaza (see Figure 1.6) that it was initially difficult to consider them as being related in any functional or architectural manner. However, we now consider them local variants of the BCG seen in the northern lowlands and in Group 2017. More specifically, they form dual groups, east and west, both focused on Structure 2022, a large open hall on the north. The eastern group consists of Structures 2018, an oratory in the south, and 2020, a shrine; the western group consists of Structure 2021, a southern *oratorio* structure, and shrine Structure 2023, distinguished by its dedicatory deposits of human remains. Artifactually, the western group—Structures 2021 and 2023, plus Structure 2022—is unusual in yielding two-thirds (99 of 150) of the fishing net sinkers or weights recovered at Ixlú (Rice et al. n.d.) and slightly more than half (58 of 104; 55.7 percent) of the analyzed Classic and Postclassic figurine fragments from the site (Halperin 2014a).

Open Hall Structure 2022

Structure 2022, the largest C-shaped hall at Ixlú, lies on the northern edge of the Main Plaza, south of the southeast corner of Acropolis Patio B and its inset access stairway. Facing south toward the four structures representing the dual ceremonial groups, Structure 2022 was built on a basal platform oriented slightly south of an east-west line and measuring 27.25 m long, 7.2 m wide, and 80 cm high. The platform extends 80–100 cm around the sides and front of the superstructure; behind the structure the platform is narrower in the west and is not visible in the east. Elevated

del lado sur desde la esquina sureste. La Estructura 2006 parece ser de función residencial o no-ritual, ya que no hay altares evidentes y no hay piedra tallada en su construcción. Dos paredes bajas fueron construidas en el interior. Una de 50–60 cm de ancho se extiende desde la pared oeste hacia el centro de la estructura en el eje central, sugiriendo que la Estructura 2006 pudo haber sido una estructura de dos cuartos (adelante y atrás). La otra, más baja y algo más angosta, se extiende del sur (frente) al centro, partiendo la habitación de adelante.

En la esquina suroeste de la plataforma una concentración de tiestos sobre un área de 9 m², posiblemente representó quiebre primario. Las vasijas incluidas aquí fueron de tres a cuatro cántaros Pozo Sin Engobe con diferentes formas de borde (uno con inusual pared delgada), por lo menos cinco platos trípodes Paxcamán/Ixpop con soportes cilíndricos inusualmente grandes y altos (interiores erosionados; ver e.g., Figura 4.2b), varios cuencos grandes de borde convergente (Chaquiste Impreso, Cameron Inciso) y un tiesto de un cántaro Tinaja Rojo con un cuello recurvado, una forma característica del Clásico Terminal. Este depósito no parecía ser un típico "basurero de cocina", ya que no había huesos y solamente unas pocas conchas *Pomacea* y lítica; tampoco parecía ser un "basurero ritual", ya que pocos tiestos de incensarios (incluyendo los tipos Mumúl y Fíjate) estaban presentes y los tambores y molcajetes estaban ausentes.

Al oeste de la esquina sureste de la Estructura 2006 encontramos fragmentos de dos cántaros sin engobe, uno Pozo y el otro de una vasija muy grande Chilo (Figura 5.3b). Por lo demás, la cerámica dentro y alrededor de la estructura no reveló basura sino que consistió en tiestos mezclados, muchos pequeños y erosionados, representando todos los períodos y virtualmente todos los tipos comunes en otras partes del sitio desde los períodos Clásico Tardío y Terminal hasta Postclásico.

La gran Estela 6 sin esculpir se encuentra aproximadamente a 3.5 m al sur (en frente) de la Estructura 2006 (ver Figura 3.8). La excavación del Nivel 1 alrededor del monumento produjo tiestos desde el Preclásico Medio hasta el Posclásico, incluyendo las vajillas del Clásico Tardío y Terminal con pasta de ceniza (especialmente los cuencos de borde convergente), incensarios y tiestos Paxcamán e Ixpop. Cuatro a cinco (en base a la variación de bordes) cántaros de Pozo Sin Engobe parece que fueron quebrados en el lado este-noreste del monumento. Un pozo de prueba en la base de la estela (lado oeste) produjo una concentración de tiestos grandes de material del Preclásico Medio, mucho del cual era clasificable a tipos conocidos (Juventud, Chunhinta, etc.), pero parecía sutilmente diferente de la otra cerámica del Preclásico Medio encontrada en el sitio. También estaban presentes un pequeño taladro de piedra cristalina verde claro (¿cuarzo?), un fragmento plano cuadrado de hematita especular, abundante desecho pequeño de talla de pedernal y una cuenta cónica de concha.

Plaza Principal: El Grupo Ceremonial Básico del Grupo 2017

El Grupo 2017 es un grupo residencial pequeño, probablemente de élite en el noreste de la Plaza Principal que conforma el diseño del GCB (ver Figura 1.8). El grupo que comprende las Estructuras 2015, 2016 y 2017, está situado en un espacio restringido entre la esquina noroeste del Templo 1, la esquina sureste del Patio A y la Plaza Norte, como para monitorear el acceso a la Plaza Principal y a la Acrópolis desde el noreste. En estas estructuras no recuperamos fragmentos de los grupos cerámicos Augustine o Topoxté.

Estructura del Salón Abierto 2017

La Estructura 2017 es un salón abierto de dos habitaciones orientado al sureste, segundo en tamaño después de la Estructura 2022. Mide aproximadamente 18.5 m de largo (noreste-suroeste) y de 6.5 a 8.1 m de ancho o profundidad, siendo más ancho en su lado suroeste. La banca en forma de L mide 1.10–1.15 m a lo largo de la porción noreste de la pared trasera y se ensancha a 2.15 m a lo largo de la porción noroeste, con un brazo más angosto contra la pared suroeste. Entre los dos segmentos de la banca trasera hay una apertura de 1.8 m de ancho (¿y tal vez un conjunto de pequeñas gradas?) que da acceso a una habitación trasera cerrada por paredes perecederas. La presencia de una banca este (creando una banca en forma de C) es debatible y las piedras en el área simplemente pueden representar colapso. La estructura tenía un piso de tierra, en vez de uno de estuco.

La limpieza de los Niveles 1 y 2 sobre esta gran estructura produjo una mezcla inusual de tipos y formas cerámicas del Clásico Tardío, Clásico Terminal y Postclásico, comparado con lo recolectado en otros lados del sitio, incluyendo un fragmento de tambor (Figura 4.3a). Nueve concentraciones de tiestos, particularmente en los lados noroeste y noreste de la estructura, tanto dentro como fuera, principalmente representan ollas sin engobe. Los artefactos inusuales incluyen: un diente de tiburón; 11 puntas de flecha pequeñas (ocho de obsidiana; Figura 5.3e); 10 figurillas de pasta de ceniza del Clásico Tardío, antropomorfas además de un ave y cabeza de venado; un fragmento de un colador (¿o tal vez un turíbulo?); un pedazo de hueso tallado; varias teselas diminutas de color verde de un mosaico (¿máscara?); dos fragmentos de cerámica vidriada color café del período Colonial (o más tardío). Cerca de la esquina noroeste de esta estructura recuperamos una "flauta efigie con bocio" con una cámara bulbosa (Figura 5.3c). El material óseo incluía la mandíbula de un animal y un hueso largo (posiblemente un fémur humano) afuera de la pared este. La obsidiana de la Estructura 2017 fue discutida anteriormente (ver Cuadro 4.2).

well above the plaza floor, the hall structure had a possible stairway on the western half of the south face, nearly 6 m wide and with three risers. A fragment of a carved monument, measuring 42 x 37 cm, was incorporated into a step. If similar stairs existed in the east—representing separate access patterns associated with the east and west portions of the ceremonial group?—they have largely disappeared. The structure was heavily damaged by the roots of five large trees growing on it and this, plus the generally poor construction of Ixlú's buildings, meant that Structure 2022 has not held its form well.

Pottery included some unusually large, thick, dark-cored Paxcamán jar sherds with red-slipped bodies and tall, narrow, out-flaring dichrome necks: black on the exterior and red on the interior (e.g., Figure 4.2q). A few sherds with late purple-red slips were noted along with some Augustine Red and three Topoxté Red fragments. Sherds of at least two Late Classic censers or, more likely, cylindrical censer stands, were recovered: one was represented by large fragments of volcanic-ash paste, some with stucco and one with applique dots and black paint on the reverse; the second censer had ashy red-brown paste. In addition, the foot of a possible Pitufo Modeled diving-god effigy *incensario* figure was found. Other artifacts include 30 figurine fragments, two of which were SIP ware (Halperin 2010) and the others mostly of Classic ash paste (including a deer head), and 32 net weights, primarily flat, round formed pellets (Rice et al. n.d.). Obsidian fragments represented the El Chayal, Ixtepeque, and probably Zaragoza sources.

Eastern Oratory and Shrine

Structure 2018, a north-facing hall or oratory, has a C-shaped bench, 1.75 m wide and 25 cm high, constructed on an elevated platform, the total rising 1.3 m. No stucco surfacing covered either the *piedrin* floor or the bench and no columns could be identified along the front. The hall was accessed by three steps forming a stairway 1.75 m long and 1.0 m deep. Artifacts—including lithics and a greenstone bead—plus a chunk of quartzite and a small fragment of a stalactite were encountered primarily behind the structure. Incensarios were largely absent.

Structure 2020, a small, square shrine north of Structure 2018, has an L-shaped bench open to the east and south, with walls about 40 cm high. The exterior of the west wall was constructed using four fragments of one or more plain stelae. As with Structure 2018, there is no evidence of plaster flooring. Artifacts included a pair of nearly identical, semi-reconstructible Extranjeras/La Justa Composite censers with exceptionally high pedestal bases (Figure 4.3c), a ladle censer fragment (with no signs of burning), and a fragment of the rim of a wide-mouthed alabaster vessel.

Western Oratorio Structure 2021

Structure 2021, a C-shaped oratory west of Structure 2018, is an unusually well constructed Postclassic building at Ixlú. Facing slightly west of north, Structure 2021 measures 16.85 m east-west and 6.5 m north-south, and has a 20 cm-high, 1.2 m-wide interior bench. It is the only excavated hall at Ixlú with evidence of a colonnade: two pairs of square stone column bases, ca. 50 cm high and 35 cm on a side, may have supported wooden posts. The exterior walls behind the bench in the back and on the sides were solidly constructed with large, rectangular, mortared stones at the base and smaller stones above. These walls were probably originally 50 cm high or more, but had experienced significant collapse of their upper portions. The arms of the bench exhibit some decorative molding on the exterior, and at their bases are two small, low exterior platforms built directly on the plaza floor, similar to those of Structure 2015. Despite the elaboration of Structure 2021 evidenced by the molding and column bases, it has no evidence of stucco surfacing and floors are compacted soil.

Concentrations of pottery, including a semi-reconstructible Paxcamán Red vessel, were found in front of the structure near the pillars on the west side, and a large broken Pozo Unslipped olla lay in situ near the center of the back bench. Other than four Picú Incised: Thub variety sherds (one a drum), no decorated Postclassic pottery was found in Structure 2021; one sherd of Topoxté Red and a handful of Fine Orange (and "imitations") and Fine Gray were also noted. The southeastern area behind the structure provided evidence of lithic working, with quantities of obsidian blades (including one of green obsidian), waste, and core fragments, and a large chunk of chert. Other materials included an unusual small piece of white quartzite with six apparent polishing facets, some possible pigment materials, cut *jute* shells, and small amounts of faunal bone. Among ten figurine fragments, mostly of Classic ash paste, was a Terminal Classic figurine of Fine Orange ware—a female torso wearing a *quechquemitl* (Halperin 2010:5).

The lack of censers and the presence of two low platforms exterior to the arms of the bench suggest functional similarities to Structure 2015.

Western Shrine Structure 2023

Structure 2023, a shrine in the western Structure 2022 BCG, faces 15° north of east. It was investigated by extensive clearing and a 2 x 2 m test unit in the center (see Romero 2004). The structure was built on a low basal platform 10.35 m long east-west, 8.5 m wide north-south, and 25–30 cm high, oriented 7° off cardinal (and off the orientation of the shrine structure itself). This platform, in turn, was built on a plaster surfacing (referred to here as Floor 2) but it was not clear from excavations if this paving extended farther eastward into the plaza or only underlay the structure platform. An old plaza floor (here called Floor 1) lay below.

The main body or substructure of Structure 2023, also unusually well-built and preserved compared with others at Ixlú, measures approximately 7.5 m north-south, 5.9 m east-west, and 1.4 m in height (Figure 5.4). On the east (front) is a 2.1 m-wide outset stairway of five steps projecting 1.1 m from the wall, with 60 cm-wide balustrades.

Estructura de Santuario 2016

La Estructura 2016 es un santuario pequeño en el lado oeste de la plazuela formada por las Estructuras 2015 y 2017. Estaba muy dañada por dos árboles grandes que crecieron encima, pero los escalones del frente (noreste) estaban aún intactos en 1998. En su base, la Estructura 2016 mide 5.5 m norte-sur, 3.5 m este-oeste y 35 cm de alto. El ligero inicio de la escalinata este comprende tres gradas de 40 cm de largo flanqueadas por pequeñas balaustradas. Las piedras cortadas y talladas parecen haber sido removidas de edificios del período Clásico, e incorporadas en los cimientos del santuario en la esquina noreste y en las dos primeras gradas de la escalinata. Se encontró una inusual "copa de brandy" cerámica o en forma de cáliz (Figura 5.3d) con el interior quemado, hecha de PIC pero con un exterior erosionado (posiblemente Paxcamán Rojo o Macanché Rojo sobre Pasta). Esta vasija se asemeja a la ligeramente más grande, copa de pared delgada de pasta no local asociada con un entierro en la Estructura T53 de Tayasal. Otros artefactos en la Estructura 2016 incluían fragmentos de incensarios Extranjeras/La Justa Compuesto (con espigas), un fragmento de incensario con un engobe rojo en vajilla PIC (posiblemente Pitufo Modelado), una vasija miniatura, dos puntas de flecha y un hueso de tortuga.

Estructura de Salón 2015

La Estructura 2015, un pequeño oratorio (¿?) que mide 7.0 m este-oeste, 4.5 m norte-sur y 30 cm de alto, de cara al norte o sea hacia la Estructura 2017, generalmente con la misma orientación. La banca en forma de C en su interior mide 80 cm de ancho. Otras bancas bajas, ca. 50 cm de ancho, fueron colocadas contra las paredes exteriores; en Mayapán tales bancas exteriores se usaron para cocinar (Smith 1962:20-21). La Estructura 2015 se construyó sobre una capa fina de escombros sobre el piso de plaza, cubierta con piedrín. Los artefactos se encontraron principalmente en el interior hacia la parte posterior y también fuera de la estructura. La cerámica incluía fragmentos del Paxcamán y Pozo Postclásico (sin decoración excepto por un tiesto de tambor Picú Inciso: variedad Thub) y uno de "imitación" de Naranja Fino. Otros artefactos incluían fragmentos de piedras de moler, obsidiana, pesas para redes (dos de tiestos trabajados y nueve bolitas) y un nódulo grande de pedernal; así como de huesos de animal y conchas de jute (*Pachychilus* spp.) en el sureste y este. Estos materiales apoyan la posibilidad de que esta pequeña estructura haya estado involucrada en la preparación de comida, tal vez en conexión con una función ritual.

Plaza Principal: El Grupo Ceremonial Básico de la Estructura 2022

El "grupo" de la Estructura 2022 consiste de cinco estructuras tan libremente distribuidas y sin alineación en la espaciosa Plaza Principal (ver Figura 1.8), que fue inicialmente difícil de considerarlas relacionadas de alguna manera, funcional o arquitectónicamente. Sin embargo, ahora las vemos como una variante local del GCB visto en las tierras bajas del norte y en el Grupo 2017. Más específicamente, éstas forman una pareja, este y oeste, cada una enfocada en la Estructura 2022, un salón abierto grande al norte. El grupo este consiste de la Estructura 2018, un oratorio al sur y la Estructura 2020, un santuario; el grupo oeste consiste de la Estructura 2021, estructura de oratorio al sur y un santuario en la Estructura 2023 que se distingue por sus depósitos dedicatorios de restos humanos. Con respecto a los artefactos, el grupo oeste—Estructuras 2021 y 2023, más la Estructura 2022—es inusual al producir dos tercios (99 de 150) de las pesas para redes de pescar recuperados en Ixlú (Rice et al. n.d.) y un poco más de la mitad (58 de 104; 55.7%) de los fragmentos de figurillas del Clásico y Postclásico analizadas del sitio (Halperin 2014a).

Estructura de Salón Abierto 2022

La Estructura 2022, el salón en forma de C más grande de Ixlú, está situado en el lado norte de la Plaza Principal, al sur de la esquina sureste del Patio B de la Acrópolis y su escalinata de acceso insertada. Orientada al sur hacia las cuatro estructuras que representan los grupos ceremoniales duales, la Estructura 2022 se construyó sobre una plataforma basal orientada ligeramente al sur de una línea este-oeste y mide 27.25 m de largo, 7.2 m de ancho y 80 cm de alto. La plataforma se extiende de 80–100 cm alrededor de los lados y el frente de la superestructura; atrás de la estructura la plataforma es más angosta en el oeste y no es visible en el este. Bien elevada por encima del piso de plaza, la estructura del salón tenía una posible escalinata en la mitad oeste de la fachada sur, cerca de 6 m de ancho y con tres contrahuellas. Un fragmento de monumento esculpido, midiendo 42 x 37 cm, fue incorporado a una grada. Si escalinatas similares existieron en el este—¿representando patrones de acceso separados asociados con las porciones este y oeste del grupo ceremonial?—éstas han desaparecido por completo. La estructura estaba severamente dañada por las raíces de cinco árboles grandes que crece sobre esta. Esto, más la construcción generalmente pobre de los edificios de Ixlú, ha significado que la Estructura 2022 no haya mantenido su forma bien.

La cerámica incluía algunos tiestos de cántaros Paxcamán, inusualmente grandes, gruesos y de núcleo oscuro con engobe rojo en los cuerpos y cuellos altos, delgados, divergentes y bícromos: negro en el exterior y rojo en el interior (e.g., Figura 4.2q). Notamos pocos tiestos tardíos con engobe morado-rojo junto con algunos fragmentos Augustine Rojo y tres Topoxté Rojo. Recuperamos los tiestos de por lo menos dos incensarios del Clásico Tardío o, probablemente, bases cilíndricas de incensarios: uno estaba representado por fragmentos grandes de pasta con ceniza volcánica, algunos con estuco y otro con puntos aplicados y pintura negra en el reverso; el segundo incensario tenía pasta rojo-café con ceniza. Además, también se encontró el pie de una posible figura descendiente parte de la efigie de un incensario Pitufo Modelado. Otros artefactos incluían

Two large fragments of plain stelae were incorporated as retaining walls, one (measuring 120 x 95 cm) at the southeast corner, south of the stairway, and the other (80 x 70 cm) on the west side at the southwest corner. A 20 cm-high C-shaped bench sat atop this elevated platform, opening to the east. *Koloj-che'* 'house poles' used in *bajareque* construction (Hofling and Tesucún 1997:358) were found on the bench.

The sides of the structure retained areas of 5–8 cm-thick stucco with red paint. Examination of large fallen stucco fragments suggested that this painted decoration consisted of a ca. 40-cm-wide band framed by narrow horizontal stripes about 1 m above the base of the structure (Figure 5.5; Romero 2004:23, 31, Figure 11). Between the framing lines were panels formed by pendant vertical stripes spaced about 40–50 cm apart; some panels exhibited diagonals that may represent X (*k'in*, 'day'?) designs or chevrons. The entirety suggests a highly simplified celestial band.

Human Remains at Structure 2023

Structure 2023 was remarkable for the interment of disarticulated human remains—21 skulls and four postcranial skeletons—carefully arranged in and below the basal platform. As analyzed and interpreted by William Duncan (2005a:198–208, 2005b, 2011:555–557), these represent three deposits made in two episodes at the initiation of construction of the platform and the superstructure (Figure 5.6).

In the first episode, two pairs of skulls were placed on plaza Floor 1 on what became the structure's east-west centerline but just outside the footprint of the basal platform. One pair (here numbered Skulls 5 and 6) was placed on the east and the other (Skulls 3 and 4) to the west. Four postcrania lay immediately east of the western centerline pair, at or under the platform's edge. These postcranial remains, dismembered but not defleshed, were placed in a supine position; the long bones, scapulae, and clavicles were removed and bundled atop the articulated axial skeletons. The hands and feet also had been removed but these bones were not recovered in excavations. Although it might be anticipated that these remains were associated with the individuals represented by Skulls 3–6, this was not the case (Duncan 2011:559). The entire area was then covered with fill, which was subsequently sealed with the plaster surfacing of what is presumed to be a new plaza Floor 2.

The second skull burial episode consisted of two deposits, related stratigraphically. The first was the interment of paired Skulls 1 and 2—the first pair encountered in the 1998 excavations—with large limestone rocks placed above them and another between. These skulls lay on the east side of the basal platform, just west of Skulls 5 and 6, in association with a small box Altar A. Altar A lay 5 m east of, and centered on, the shrine's eastern stairway and was attached to the basal platform. Built of large, rough-cut stones, the altar measured 1 m east-west, 1.65 m north-south, and 40 cm high and was covered with thick, red-

Figure 5.4. Clearing of the sanctuary Structure 2023 at Ixlú, the western sanctuary of the Structure 2022 basic ceremonial group, view to the southwest. Altar A is at the extreme left of the photograph.
Figura 5.4. Limpieza del santuario Estructura 2023 de Ixlú, el santuario oeste del grupo ceremonial básico de la Estructura 2022, vista al suroeste. El Altar A está en el extremo izquierdo de la fotografía.

30 fragmentos de figurillas, dos de las cuales eran de vajilla PIC (Halperin 2010) y, la mayor parte de las otras de pasta con ceniza del Clásico (incluyendo la cabeza de un venado) y 32 pesas de red, principalmente inusuales bolitas planas redondeadas (Rice et al. n.d.). Los fragmentos de obsidiana representados son de las fuentes de El Chayal, Ixtepeque y probablemente Zaragoza.

Oratorio y Santuario Este

La Estructura 2018, un oratorio o salón orientado al norte, tiene una banca en forma de C, de 1.75 cm de ancho y 25 cm de alto, construida sobre una plataforma elevada con una altura total de 1.3 m. No hay superficie de estuco que recubra ya sea el piso de piedrín o la banca y no hay columnas que pudieran identificarse a lo largo del frente. A este salón se accedía por tres gradas que formaban una escalinata de 1.75 de largo y 1.0 m de profundidad. Los artefactos—incluyendo lítica y una cuenta de piedra verde—además de un pedazo de cuarcita y un fragmento pequeño de una estalactita se encontraron principalmente detrás de la estructura. Los incensarios estaban casi ausentes.

La Estructura 2020, un santuario pequeño y cuadrado al norte de la Estructura 2018, tiene una banca en forma de L abierta al este y sur, con paredes de aproximadamente 40 cm de alto. El exterior de la pared oeste fue construido usando cuatro fragmentos de una o más estelas lisas. Al igual que en la Estructura 2018, no hay evidencia de piso estucado. Los artefactos incluían un par de incensarios Extranjeras/La Justa Compuesto casi idénticos, semi-restaurables con bases de pedestal excepcionalmente altas (Figura 4.3c), un fragmento de incensario de cucharón (sin señales de quemado) y el fragmento de un borde de una vasija de alabastro de boca ancha.

Estructura de Oratorio Oeste 2021

La Estructura 2021, un oratorio en forma de C al oeste de la Estructura 2018 y orientado ligeramente hacia el oeste de norte, mide 16.85 m de este-oeste, 6.5 m norte-sur y tiene una banca interior de 20 cm de alto y 1.2 m de ancho. Esta es una estructura inusualmente bien construida en comparación con otros edificios del Postclásico en Ixlú. Primero, la Estructura 2021 es el único salón excavado con evidencia de una columnata: dos pares de bases cuadradas de columnas de piedra, ca. 50 cm de alto y 35 cm por lado, pudieron haber sostenido postes de madera. Además, las paredes exteriores detrás de la banca en la parte posterior y en los lados fueron construidas sólidamente con una base de piedras grandes, rectangulares y con mortero, y piedras más pequeñas arriba. Probablemente, estas paredes fueron originalmente de 50 cm de alto o más, pero experimentaron un colapso significativo de sus partes superiores. También, los brazos de la banca exhiben alguna moldura decorativa en el exterior y en las bases hay dos plataformas exteriores pequeñas y bajas construidas directamente sobre el piso de plaza, similar a las de la Estructura 2015. A pesar de la elaboración de la Estructura 2021 evidenciada por la moldura y bases de columnas, no tiene evidencia de superficie de estuco y los pisos son de tierra compacta.

Frente a la Estructura 2021, cerca de los pilares en el lado oeste, encontramos concentraciones de cerámica incluyendo una vasija Paxcamán Rojo semi-restaurable, y una olla grande quebrada de Pozo Sin Engobe estaba in situ cerca del centro de la banca posterior. Además de cuatro tiestos (uno de tambor) de Picú Inciso: variedad Thub, no se encontró cerámica o incensarios con decoración del Postclásico; pero sí notamos un tiesto de Topoxté Rojo y unos pocos de Naranja Fino (e "imitaciones") y de Gris Fino. El área sureste detrás de la estructura proveyó evidencia de trabajo de lítica, con cantidades de navajas de obsidiana (incluyendo una de obsidiana verde), desechos y fragmentos de núcleo y un gran pedazo de pedernal. Otros materiales incluían una inusual pieza pequeña de cuarcita blanca con seis aparentes facetas de pulido, algunos posibles materiales de pigmento, conchas de jute cortadas y pequeñas cantidades de hueso de fauna. Entre los diez fragmentos de figurillas, la mayor parte de pasta con ceniza del Clásico, había una figurilla de vajilla Naranja Fino—un torso femenino luciendo un *quechquemitl* (Halperin 2010:5).

La falta de incensarios y la presencia de dos plataformas exteriores bajas en los brazos de la banca sugieren similitudes funcionales con la Estructura 2015.

Estructura de Santuario Oeste 2023

La Estructura 2023, un santuario en la Estructura 2022 del GCB del oeste, se orienta 15° al norte de este. Se la investigó con una limpieza extensa y la excavación de una unidad de prueba de 2 x 2 m en el centro (ver Romero 2004). La estructura se construyó sobre una plataforma basal baja de 10.35 m de largo este-oeste, 8.5 m de ancho norte-sur y de 25 a 30 cm de alto, orientada 7° del punto cardinal (y fuera de la orientación misma de la estructura del santuario). En cambio, la plataforma estaba construida sobre una superficie de estuco (referida aquí como Piso 2), pero no fue claro en las excavaciones si este pavimento se extendía más al este dentro de la plaza o solamente estaba debajo de la plataforma de la estructura. Un piso de plaza antiguo (aquí llamado Piso 1) yace debajo.

El cuerpo principal o subestructura de la Estructura 2023, también inusualmente bien construida y preservada en comparación con otras subestructuras de Ixlú, mide aproximadamente 7.5 m norte-sur, 5.9 m este-oeste y 1.4 m de alto (Figura 5.4). Al este (al frente) está el inicio de una escalinata de cinco gradas que se proyecta 1.1 m de la pared, con balaustradas de 60 cm de ancho. Dos fragmentos de estelas lisas fueron incorporados como paredes de contención, uno (midiendo 120 x 95 cm) ubicado en la esquina sureste al sur de la escalinata, y la otra (80 x 70 cm) en el lado oeste en la esquina suroeste. Una banca en forma de C y de 20 cm de altura estaba sobre esta plataforma elevada, abierta hacia el lado este. En la banca se encontró *koloj-che'* 'postes de casa' usados en la construcción de bajareque (Hofling y Tesucún 1997:358).

Figure 5.5. Fragments of red-painted stucco that fell from sanctuary Structure 2023 at Ixlú.
Figura 5.5. Fragmentos del estuco pintado de rojo que cayó del santuario Estructura 2023 de Ixlú

striped stucco. It appeared to have been constructed around an opening excavated into Floor 2 specifically for the purpose of burying Skulls 1 and 2.

The basal platform upon which the Structure 2023 shrine was erected enclosed the third deposit of human remains: an inferred total of 15 skulls (two likely missing because of a looter's trench) placed in two north-south rows upon Floor 1. These skulls all faced east and rested in front (east) of and stratigraphically below another box altar, Altar B, constructed on the west centerline of the platform (Figure 5.7). Measuring 1.5 x 1.25 m, Altar B was of the same construction type as Altar A.

All the individuals represented by these remains, for which age and sex could be estimated, were late adolescent to young adult males, 15 to 35 years of age (Duncan 2005a:204–206, 2011:559). Sixteen skulls had cervical vertebrae attached, and all 25 individuals are thought to have died from non-natural causes. Skulls 2 and perhaps 5 exhibited fronto-occipital flattening and one of the crania in the rows had filed central and lateral maxillary incisors. Skulls 1 and 7 exhibited bilateral mandibular supernumerary premolars, and Skull 16 had a supernumerary premolar on the right side only (Duncan 2011:562). This occurrence is unlikely to be due to chance, and probably indicates that the individuals were closely related (Duncan 2005a:230–232, 2009:40–43). These deposits of human remains were clearly non-funerary: they were dedicatory deposits—Marshall Becker's (1992:186) "earth offerings"—probably resulting from sacrifices. The placement of the skull pairs and rows established the centerline and foundation of Structure 2023 on an apparently open plaza floor.

A somewhat similar deposit of twelve skulls in two rows was encountered in Mound 70 in Transect 1 on the eastern slope of the basin of Lake Macanché. These skulls were heavily damaged by natural processes and during excavation, but examination of the teeth and mandibles suggested most were probably young adult males (M. Aldenderfer, field notes, August 24, 1979). Only one was relatively small and gracile.

Ceramics and Other Material Culture

The construction history of Structure 2023, its basal platform (and skull rows), and underlying floors were investigated by a 2 x 2 m sounding placed in the center of the structure. In its deepest level below Floor 1, the surfacing of the Main Plaza, the small number of recovered sherds was a mix of Preclassic and Late Classic types, suggesting a Late or Terminal Classic date for this flooring.

The basal platform enclosing the skull rows was excavated in two levels. The skulls had been placed upon a thin layer of limestone exhibiting evidence of burning. Below this was a mixture of Classic and Postclassic pottery that

Los lados de la estructura conservaron áreas de estuco de 5-8 cm de grosor con pintura roja. El examen de fragmentos grandes de estuco caído sugirió que esta decoración pintada consistía de una banda de ca. 40 cm de ancho enmarcada por líneas horizontales angostas como a 1 m sobre la base de la estructura (Figura 5.5; Romero 2004:23, 31, Figura 11). Entre las líneas de enmarcado había paneles formados por líneas verticales suspendidas y espaciadas cada 40-50 cm; algunos de los paneles exhibían diagonales que podrían representar diseños de X (*k'in*, 'día') o chevrones, tal vez una banda celestial simplificada.

Restos Humanos en la Estructura 2023

La Estructura 2023 fue importante para el enterramiento de restos humanos desarticulados—21 cráneos y cuatro esqueletos post-craneales—cuidadosamente arreglados dentro y debajo de la plataforma basal. Analizados e interpretados por William Duncan (2005a:198–208, 2005b, 2011:555–557), estos representan tres depósitos hechos en dos episodios durante el inicio de la construcción de la plataforma y de la superestructura (Figura 5.6).

En el primer episodio, dos pares de cráneos fueron colocados en el Piso 1 de la plaza en lo que sería la línea central este-oeste de la estructura, pero justo afuera del área de la plataforma basal. Un par (Cráneos 5 y 6, numerados en orden de exposición en las excavaciones de 1998) fue colocado en el lado este de la estructura y el otro par (Cráneos 3 y 4) en el oeste. Cuatro restos post-craneales yacían inmediatamente al este del par de la línea central oeste, en o debajo del borde de la plataforma. Estos restos post-craneales, desmembrados pero no descarnados, fueron colocados en posición supina; los huesos largos, escápula y

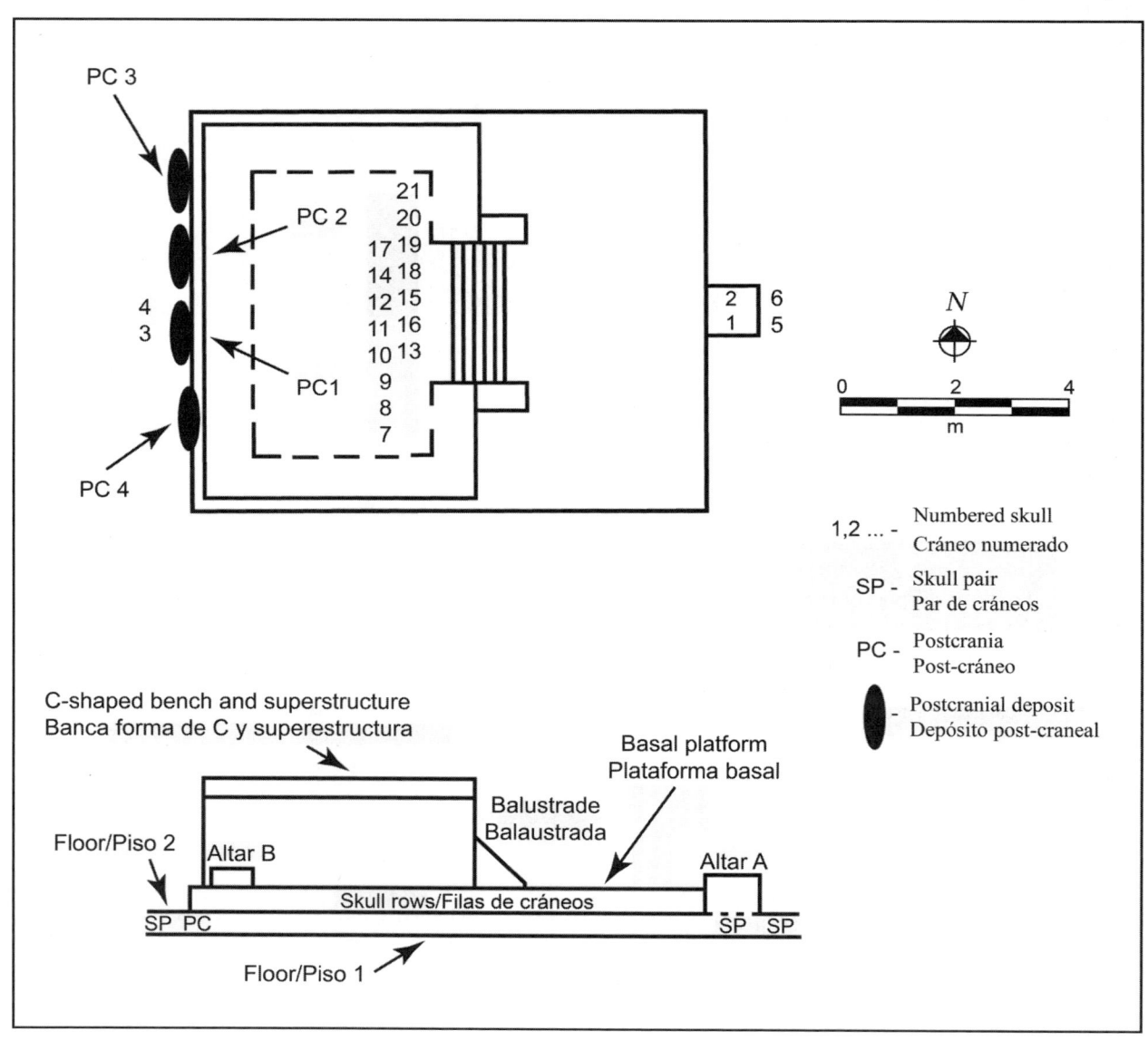

Figure 5.6. Idealized plan (above) and elevation (below) of Ixlú sanctuary Structure 2023, showing architectural features and the locations of human remains (after Duncan 2011: Figures 3 and 4).
Figura 5.6. Planta idealizada (arriba) y elevación (abajo) del santuario Estructura 2023, mostrando rasgos constructivos y ubicación de restos humanos (después de Duncan 2011: Figuras 3 y 4).

included fragments of a coarse-paste variant of Paxcamán, Picú Incised, and Trapeche Pink (SIP ware), and a Hubelna Unslipped *comal* rim sherd. Fragments of two (possibly three) Extranjeras Composite censer vessels were noted, along with a large, partially reconstructible Paxcamán Red narrow-necked jar (Figure 4.3f). Other materials included chipped obsidian and chert, bone, abundant shell, a bark beater, and possible pigment rocks. Above the burned limestone, the fill surrounding the skulls exhibited much the same mixture of pottery types plus three mano fragments and two chert pounders.

The only material that could be considered grave goods associated with the skulls (i.e., at the same stratigraphic level) was a Paxcamán Red jar and a small cache of deer antlers bearing bits of green coloring (Duncan 2005a:202). Deer (*Odocoileus virginianus yucatanensis*), particularly stags, were important ritual animals for the Mayas at least from Classic times through the present (Pohl 1981), although the presence of antlers in burials is uncommon. In the Carnegie Institution excavations at Mayapán, deer antlers or antler artifacts (awl, earplug) were recovered from four of twelve interments in oratories (Smith 1962); antlers were not commonly found in residential burials but deer bones, especially vertebrae, were (see Masson et al. 2014:254–256). At Caye Coco, a burial was accompanied by three complete deer skulls (Rosenswig 2001:153).

This rarity in mortuary contexts makes it difficult to know the significance of the Structure 2023 cache although there is no shortage of interpretive possibilities. Antlers are often used in knapping stone tools, for example. On Classic period polychrome pottery deer antlers appear in the headdresses of Classic-period *wayob'*, the animal companion spirit or nagual of a human, often a ritual specialist such as a shaman (Grube and Nahm 1994). Deer ears typically appear in the headdresses of scribes; perhaps scribal activity is indicated by the presence of a bark beater and pigment rocks. At least one Late Classic polychrome painted vessel from Yucatán depicts the removal of deer antlers (Pohl 1981:Figure 2), although the deer-trapping almanacs in the Postclassic Madrid Codex appear to be specifically associated with the season in which the antlers have been naturally lost (Bricker and Vail 1997; Vail 1997). Other Classic vessels suggest rituals involving the sacrifice of human deer impersonators with analogs surviving to modern bullfights and fiestas (Pohl 1981). Some sort of ritual sacrifice involving deer seems a more likely explanation

Figure 5.7. The interior of Ixlú sanctuary Structure 2023, showing Altar B and rows of skulls to its east. View to the west.
Figura 5.7. El interior del santuario Estructura 2023 de Ixlú, mostrando el Altar B y las filas de cráneos viendo el este. Vista al oeste.

clavículas fueron removidos y abultados sobre los esqueletos axiles articulados. Las manos y pies también fueron removidos, pero estos huesos no se recuperaron en las excavaciones. Aunque puede anticiparse que estos restos estaban asociados con los individuos representados por los Cráneos 3-6, este no es el caso (Duncan 2011:559). Toda el área fue cubierta por relleno, el cual subsecuentemente fue sellado con una superficie de estuco de lo que se presume es un nuevo Piso 2 de la plaza.

El segundo episodio de entierro de cráneos consistió de dos depósitos, relacionados estratigráficamente. El primero fue el entierro de la pareja de los Cráneos 1 y 2 con dos grandes rocas calizas colocadas sobre ellos y otra entre ellos. Estos cráneos estaban en el lado este de la plataforma basal, justo al oeste de los Cráneos 5 y 6, en asociación con el Altar de caja pequeña A. El Altar A estaba a 5 m al este de, y centrado en, la escalinata este del santuario y estaba pegado a la plataforma basal. Construido con piedras grandes de corte burdo el altar medía 1 m este-oeste, 1.65 m norte-sur y 40 cm de alto y estaba cubierto por estuco grueso rojo listado. Tenía la apariencia de haber sido construido alrededor de una apertura excavada dentro del Piso 2, específicamente con el propósito de enterrar los Cráneos 1 y 2.

La plataforma basal sobre la cual se erige el santuario de la Estructura 2023 guardaba el tercer depósito de restos humanos: un total inferido de 15 cráneos (dos posiblemente faltantes por una trinchera de saqueo) fueron colocados en dos filas norte-sur sobre el Piso 1. Estos cráneos todos veían al este y descansaban frente (este) y estratigráficamente debajo otro altar de caja, Altar B construido al oeste de la línea central de la plataforma (Figura 5.7). El Altar B midiendo 1.5 x 1.25 m era del mismo tipo de construcción del Altar A.

Todos los individuos representados en estos restos, para quienes se pudo estimar edad y sexo, eran hombres adolescentes y adultos jóvenes de 15 a 35 años de edad (Duncan 2005a:204–206; 2011:559). Dieciséis cráneos tenían las vértebras cervicales adjuntas y no creemos que los 25 murieran de causas naturales. El Cráneo 2 y tal vez el 5 exhibían aplanamiento fronto-occipital y los cráneos en las filas tenían los incisivos centrales y laterales maxilares afilados. Los Cráneos 1 y 7 exhibían premolares supernumerarios mandibulares bilaterales y el Cráneo 16 tenía un premolar supernumerario solamente en su lado derecho (Duncan 2011:562). Es poco probable que esta ocurrencia se deba al azar, y probablemente indica que estos individuos tenían una relación cercana (Duncan 2005a:230–232, 2009:40–43). Estos depósitos de restos humanos eran claramente no funerarios: eran depósitos dedicatorios—las ofrendas terrestres de Marshall Becker (1992:186)—probablemente resultado de sacrificios. La colocación de las parejas de cráneos y las filas establecieron la línea central y cimiento de la Estructura 2023 en una aparente plaza abierta.

Se encontró un depósito algo similar de 12 cráneos en dos filas en el Montículo 70 del Transecto 1 en la pendiente este de la cuenca del lago Macanché. Estos cráneos estaban muy dañados por los procesos naturales y durante la excavación, pero el análisis de los dientes y las mandíbulas sugirió que la mayoría eran hombres adultos jóvenes (M. Aldenderfer, notas de campo, agosto 24, 1979). Solamente uno era relativamente pequeño y grácil.

Cerámica y Otra Cultura Material

Investigamos la historia constructiva de la Estructura 2023, su plataforma basal (y la fila de cráneos) y los pisos subyacentes, por un sondeo de 2 x 2 ubicado al centro de la estructura. En su nivel más profundo, debajo del Piso 1, la superficie de la Plaza Principal, el pequeño número de tiestos recuperados era una mezcla de tipos del Preclásico y Clásico Tardío, sugiriendo una fecha del Clásico Tardío o Terminal para este piso.

Excavamos la plataforma basal, que encerraba las filas de cráneos, en dos niveles. Los cráneos fueron colocados sobre una capa fina de caliza exhibiendo evidencia de quema. Debajo encontramos una mezcla de cerámica del Clásico y Postclásico que incluía fragmentos de la variante de pasta burda de Paxcamán, Picú Inciso y Trapeche Rosado (vajilla PIC) y un borde de comal Hubelna Sin Engobe. Notamos fragmentos de dos (posiblemente tres) vasijas de incensario Extranjeras Compuesto, junto a un cántaro grande, parcialmente restaurable y de cuello angosto Paxcamán Rojo (Figura 4.3f). Otros materiales incluían astillas de obsidiana y pedernal, hueso, abundante concha, un machacador de corteza y posiblemente piedras de pigmento. Sobre la caliza quemada, el relleno rodeando los cráneos exhibía mucha de la misma mezcla de tipos cerámicos, además de tres fragmentos de mano y dos mazos de pedernal.

El único material que puede considerarse como bien mortuorio asociado con los cráneos (i.e., en el mismo nivel estratigráfico) era un cántaro Paxcamán Rojo y una pequeña ofrenda de cuernos de venado con restos de color verde (Duncan 2005a:202). Los venados (*Odocoileus virginianus yucatanensis*), especialmente los ciervos, eran animales rituales importantes para los mayas, desde los tiempos Clásicos hasta el presente (Pohl 1981), aunque la presencia de cuernos en entierros es poco común. Las excavaciones de la Institución Carnegie de Mayapán recuperaron cuernos de venado y artefactos de cuerno (punzón, orejera) en cuatro de los doce entierros en oratorios (Smith 1962); los cuernos no eran comúnmente encontrados en entierros residenciales, pero los huesos de venado sí, especialmente las vértebras (ver Masson et al. 2014:254-256). En el Cayo Coco, un entierro fue acompañado por tres cráneos de venado completos (Rosenswig 2001:153).

La rareza de estos contextos mortuorios hace difícil conocer el significado de la ofrenda de la Estructura 2023, aunque las posibilidades interpretativas no son pocas. Por ejemplo, los cuernos son usados frecuentemente en el tallado de herramientas de piedra. En la cerámica polícroma del período Clásico los cuernos de venado aparecen en los tocados de los *wayob'*, el espíritu animal acompañante o nagual de un humano, a menudo un especialista ritual como un chamán (Grube y Nahm 1994). Típicamente, las orejas de venado aparecen en los tocados de escribanos; tal

for the antlers accompanying the 15 human skulls in Ixlú Structure 2023 than that these young males, some related, were all stone knappers, ritual specialists, or scribes.

The fills of Floor 2, the basal platform, and the Structure 2023 shrine itself incorporated a mix of fragments of Preclassic, Late/Terminal Classic, and Postclassic pottery. Conjoinable fragments representing two—possibly three—Pozo Unslipped vessels were present, along with two fragments of Maskall Unslipped, six of Chilo, and rare censer sherds. SIP ware types included Paxcamán Red and Ixpop Polychrome and one sherd of Fulano Black. In Levels 1 and 2 over the entire area of Structure 2023 and its platform, the pottery included various types of SIP ware, Pozo, small amounts of Topoxté, Augustine, and Maskall, and rare composite censer fragments. Also present were significant quantities of an unnamed and undated ceramic with a coarse red-brown paste.

The area behind (west of) this east-facing shrine was covered with midden material on the 30 cm-wide ledge of the basal platform. This ritual midden, presumably representing activities including meals in or around the building, was concentrated at the northwest corner and included one limestone and two granite metate fragments, two limestone mano fragments, shell, bone, and lithics. The obsidian from Structure 2023 was discussed above (see Table 4.2). Among the shells were large *Pomacea*, *jutes* with broken tips indicating consumption of the snail, and marine shell (Romero 2004:27). Faunal remains included turtle, fish, bird (*pavo, faisan*), deer bone and antler, *tepiscuintle*, armadillo, and a tapir femur (Romero 2004:27).

Fifty-nine small net sinkers (*pesas*) of pottery were recovered around Structure 2023 (Rice et al. n.d.), 35 of which were from the southwest corner area and may indicate that a fishing net once lay or was worked there. Student's t-tests showed that the weights of these *pesas* were significantly different from those recovered at other Ixlú structures. Other artifacts included an egg-shaped clear quartz stone, perhaps a paper polisher (see Coe and Kerr 1997:152); its concave upper surface exhibited pecking. In addition, three stone spindle whorls and ten beads of various materials, including two of greenstone and two of shell (one thick disk of conch columella), were recovered. Two round beads were of an unusually heavy dark red-brown mineral (hematite?); they were not biconically drilled and may have been Spanish in origin. In Yucatán, beads were among the ritual offerings fishermen made before setting out into coastal waters (Tozzer 1941:156n788) and beads of red or green stone and red or white shell were used as currency (Masson and Peraza 2014b:285).

Pottery outside the shrine included fragments of at least six Picú Incised: Thub variety grater bowls, which are common in Postclassic ritual assemblages. Recovery of plant remains in four sherds revealed processing of *Agave* (in two), *Cucurbita* (in one), *Xanthium* (in one; toxic, but possible medicinal use?), and *Datura*, a hallucinogen, in two (Cecil et al. 2010). Other ceramics included a dish support with a dark purplish slip, a miniature vase (*copa*), and two whistles. At least sixteen figurine fragments were recovered, including the head of a tapir and an owl, and, on the surface, a figurine with a grimacing expression, squatting and clasping knees (Figure 4.5a; Halperin 2010). Ash and large pieces of carbon in the deposit suggested burning activity. At the northeastern corner of the structure, twenty sherds of Chilo Unslipped might represent a single vessel, and a small deposit of Maya Blue pigment was noted, including two fragments of obsidian bearing the material. Two ladle censer handles were also identified, one at the front stairs.

vez la actividad de escriba está indicada por la presencia de un machacador de corteza y piedras de pigmento. Por lo menos una vasija polícroma del Clásico Tardío de Yucatán muestra la remoción de los cuernos de venado (Pohl 1981: Figura 2), aunque los almanaques Postclásicos de caza de venado del Códice Madrid parece que están específicamente asociados con la temporada en la cual los cuernos mudan naturalmente (Bricker y Vail 1997; Vail 1997). Otras vasijas Clásicas sugieren rituales involucrando el sacrificio de imitadores humanos de venado, con análogos sobreviviendo a la moderna corrida de toros y fiestas (Pohl 1981). Algún tipo de sacrificio ritual que involucró al venado parece ser una explicación más certera para los cuernos que acompañan a los 15 cráneos humanos en la Estructura 2023 de Ixlú, que el hecho de que los hombres jóvenes, posiblemente relacionados, fueran talladores de piedra, especialistas rituales o escribas.

Los rellenos del Piso 2, la plataforma basal y el mismo santuario de la Estructura 2023 incorporaban una mezcla de fragmentos de cerámica del Preclásico, Clásico Tardío/Terminal y Postclásico. Se encontró fragmentos de vasijas que pueden unirse, que representaron dos o posiblemente tres cántaros Pozo Sin Engobe, junto con dos fragmentos de Maskall Sin Engobe, seis de Chilo y tiestos de incensario raros. Los tipos de la vajilla PIC incluían Paxcamán Rojo e Ixpop Polícromo y un tiesto de Fulano Negro. En los Niveles 1 y 2 sobre toda el área de la Estructura 2023 y su plataforma, la cerámica incluía varios tipos de vajilla PIC, Pozo y pequeñas cantidades de Topoxté, Augustine y Maskall y raros fragmentos de incensario compuesto. También presentes eran las cantidades significativas de una cerámica sin nombre ni fecha con una pasta burda rojo-café.

El área detrás de este santuario (al oeste de) de cara al este estaba cubierta de material de basurero en la saliente de la plataforma basal de 30 cm de ancho. Este basurero, posiblemente representando actividades que incluían las comidas dentro y alrededor del edificio, estaba concentrado en la esquina noroeste e incluía fragmentos de piedra de moler, uno de piedra caliza y dos de granito, dos fragmentos de mano de caliza, concha, hueso y lítica. La obsidiana de la Estructura 2023 fue discutida anteriormente (ver Cuadro 4.2). Entre las conchas hay grandes *Pomacea*, *jutes* con las puntas rotas indicando el consumo del caracol y concha marina (Romero 2004:27). Los restos de fauna incluyen tortuga, pescado, ave (pavo, faisan), hueso y cuerno de venado, tepezcuintle, armadillo y un fémur de tapir (Romero 2004:27).

Alrededor de la Estructura 2023 recuperamos 59 pequeñas pesas de red de cerámica (Rice et al. n.d.), de los cuales 35 provienen del área de la esquina suroeste y pueden indicar que la red de pesca estuvo o era trabajada allí. Pruebas T de Student mostraron que el peso de estas pesas era significativamente diferente de los recuperados en otras estructuras de Ixlú. Otros artefactos incluían una piedra de cuarzo claro en forma de huevo, tal vez un pulidor de papel (ver Coe y Kerr 1997:152); su superficie superior cóncava exhibía picoteo. También recuperamos tres malacates de piedra y diez cuentas de varios materiales, incluyendo dos de piedra verde y dos de concha (un disco grueso de concha columella). Dos cuentas redondas eran de un mineral rojo-café oscuro inusualmente pesado (¿hematita?); éstas no estaban perforadas bi-cónicamente y pudieron ser de origen español. En Yucatán, las cuentas estaban entre las ofrendas rituales que los pescadores hacían antes de internarse en las aguas costeras (Tozzer 1941:156n788) y las cuentas de piedra roja o verde y la concha roja o blanca eran utilizadas como moneda (Masson y Peraza 2014b:285).

La cerámica fuera de la Estructura 2023 incluía fragmentos de por lo menos seis molcajetes Picú Inciso: variedad Thub, las cuales eran comunes en los conjuntos rituales del Postclásico. La recuperación de restos de plantas en cuatro tiestos reveló el procesamiento de *Agave* (en dos), *Cucurbita* (en uno), *Xanthium* (en uno; tóxico, pero ¿de posible uso medicinal?) y *Datura*, un alucinógeno, en dos (Cecil et al. 2010). Otra cerámica incluía el soporte de un plato con engobe morado oscuro, una vasija miniatura (copa) y dos silbatos. Recuperamos por lo menos 16 fragmentos de figurillas, incluyendo la cabeza de un tapir y un búho, y en la superficie una figurilla con una mueca, en cuclillas y abrazándose las rodillas (Figura 4.5a; Halperin 2010). Ceniza y pedazos grandes de carbón en el depósito sugieren actividad de quema. En la esquina noreste de la estructura, observamos 20 tiestos de Chilo Sin Engobe pueden representar una sola vasija y un pequeño depósito de pigmento Maya Azul, incluyendo dos fragmentos de obsidiana con restos del material. Identificamos dos mangos de incensarios de cucharón, uno al frente de las gradas.

Chapter 6

Discussion: Ixlú's History and Central Petén Political Geography

At the beginning of this monograph, we introduced our analysis of Ixlú's history and material culture with respect to two themes extracted from ethnohistorical studies. One was the proposition that this community served as a late entrepôt in regional trade; the other was that this port area came to be contested by two rival Maya ethnopolitical groups, the Itzas and the Kowojs. Our elaboration of these themes focused on archaeological data that, although gathered through a research design not explicitly directed toward these issues, nonetheless illuminate these aspects of Ixlú's late history. Similarly, although Proyecto Maya Colonial's reconnaissance was not designed to expose early occupation and architecture, pottery recovered in clearing and test pitting indicates that the area that became Ixlú was occupied from the Middle Preclassic through Colonial periods. Ixlú's historical trajectory was shaped by its location in the middle of the Petén lakes region, its isthmian siting a liminal space between eastern and western geopolitical divisions that can be recognized in material culture from earliest times.

Several issues are still unresolved—or inadequately illuminated—by our analysis, and we cannot sweep them under the table. Instead, we mention them here and hope that some might be more directly tackled in any future research undertaken at this attractive and easily accessible site. These interrelated issues concern: dating in general, dating the beginnings of entrepôt activity, lack of identity expression in material culture, oversight and governance, and the identity of the builders of Structure 2023.

Dating: General Issues

Occupation of the area that became the site and port of Ixlú extends from the Middle Preclassic through the Late Postclassic and Contact periods and into the twenty-first century. Ixlú's siting on a slight natural rise in otherwise low-lying terrain took advantage of, and simultaneously created, patterns of access that promoted overland and water-borne travel. The disruptive conflicts of the seventeenth century, prompted in part by responses to Spanish intrusions, might have a long history given the location's strategic economic function as a crossroads in movements of people and goods through central Petén.

During the 2,500+ years of Ixlú's history, this small isthmian community doubtless found itself entangled in varied social, political, and economic relations with other, larger sites in the region. Such affiliations are only hinted at by architecture and by texts on Late/Terminal Classic monuments, which suggest ties with Tikal to the north. Conflicts among secondary political centers and smaller polities in Late and Terminal Classic Petén may have resulted from their being sucked into the vortex of prolonged competition between the powerful polities of Tikal and Calakmul (Valdés and Fahsen 2004:147). The collapse of the Petexbatun polities—Dos Pilas was destroyed in 761 and Aguateca around 800—and the new Terminal Classic-period prosperity of Seibal beginning around 830 were accompanied by considerable population movement, including hints of "foreign" (*qua* "Mexican") in-migration to Seibal (Graham 1990; cf. Tourtellot and González 2004) and out-migration to the Lake Petén basin. The influx of new settlers in the Lake Petén area is marked by the introduction of a new architectural form: low structures with interior C- or L-shaped benches.

Ixlú's constructions post-dating the Late Classic period appeared in our initial analyses to represent mostly a single episode dating to the Early Postclassic, given the scarcity of Late Postclassic and later diagnostics, and an extension of the flow of new Terminal Classic settlers into the lakes district. It is clear, however, from documentary sources and re-analysis of some of the artifactual material in light of subsequent excavations elsewhere in the lakes area, that the community was occupied and functioning through the seventeenth century. Thus dating the construction of Ixlú's C-shaped halls, shrines, oratories, and other structures was more challenging than that at other Petén lakes sites. The ceramics in the fills and collapse levels were a mix of Preclassic and Late and Terminal Classic sherds plus Postclassic types. Particularly striking was the apparent continuation well into Postclassic times of the incurving-rim utility bowls characteristic of the Terminal Classic. The transitions between Terminal Classic, Early Postclassic, and Late Postclassic appear to be subtle and clear separation of Terminal Classic from Early Postclassic ceramic complexes has been a long-standing problem for several archaeological projects in the lakes area because of a lack

Capítulo 6

Discusión: La Historia de Ixlú y la Geografía Política de Petén Central

Al inicio de esta monografía introdujimos nuestro análisis de la historia y cultura material de Ixlú con respecto a dos temas extraídos de recientes estudios etnohistóricos. Un tema era la propuesta de que esta comunidad servía como un entrepôt en el intercambio regional tardío; el otro era que esta área de puerto vino a ser disputada por dos grupos rivales etno-políticos mayas, los Itzaes y los Kowojs. Nuestra elaboración de estos temas se enfocó en los datos arqueológicos que, aunque fueron recuperados a través del diseño de una investigación anterior no precisamente orientada hacia estas cuestiones, no obstante iluminan estos aspectos de la historia tardía de Ixlú. Igualmente, aunque el reconocimiento del Proyecto Maya Colonial no fue diseñado para exponer la ocupación y arquitectura temprana, la cerámica recuperada en la limpieza y los pozos de prueba indica que el área que eventualmente se convirtió en Ixlú fue ocupada desde el período Preclásico Medio hasta el Colonial. La trayectoria histórica de Ixlú fue formada por su ubicación en medio de la región de los lagos Petén, su asentamiento ístmico un espacio liminal entre las divisiones geopolíticas del este y oeste que se pueden reconocer en la cultura material desde los tiempos más tempranos.

Varias cuestiones todavía están sin resolver—o inadecuadamente iluminadas—por nuestro análisis y no podemos esconderlas bajo de la mesa. En cambio, las mencionamos aquí y esperamos que algo pueda ser directamente abordado por cualquier futura investigación llevada a cabo en este atractivo y fácilmente accesible sitio. Estas cuestiones interrelacionadas conciernen a las fechas en general, la confirmación de las actividades de un entrepôt y las fechas de su inicio, la falta de expresión de identidad en la cultura material, supervisión y gobierno, y la identidad de los constructores de la Estructura 2023.

Fechamiento: Aspectos Generales

La ocupación del área que se convirtió en el sitio y posiblemente en el puerto de Ixlú se extiende desde los períodos Preclásico Medio, pasando por los periodos Postclásico Tardío y de Contacto, hasta el siglo XXI. El asentamiento de Ixlú en una leve elevación natural, en lo que de otra manera es terreno bajo, tomó ventaja de esto y simultáneamente creó patrones de acceso que habrían promovido el viaje terrestre y por agua. Los conflictos disruptivos del siglo XVII, en parte incitados por respuestas a las intrusiones españolas, puede tener antecedentes antiguos dada la función económica estratégica de la ubicación, como una intersección de movimientos de gente y bienes a través del Petén central.

Durante los 2500 años o más de historia de Ixlú, esta pequeña comunidad ístmica sin duda se encontró a sí misma enredada en una variedad de relaciones sociales, políticas y económicas con otros sitios más grandes de la región. Dichas afiliaciones solo son insinuadas por la arquitectura y los textos en los monumentos del Clásico Tardío/Terminal, los que sugieren lazos con Tikal al norte. Los conflictos entre centros políticos secundarios y entidades políticas más pequeñas del Petén del Clásico Tardío y Terminal pudieron ser el resultado de haber sido atraído al vórtice de la competencia prolongada entre las poderosas entidades de Tikal y Calakmul (Valdés y Fahsen 2004:147). El colapso de las entidades del Petexbatun—Dos Pilas fue destruida en el 761 y Aguateca alrededor del 800—y la nueva prosperidad del período Clásico Terminal en Seibal alrededor del año 830 fueron acompañadas de un considerable movimiento de población, incluyendo indicios de inmigración "extranjera" (*qua* "Mexicanos") hacia Seibal (Graham 1990; cf. Tourtellot y González 2004) y emigración a la cuenca del lago Petén. El influjo de nuevos pobladores en el área del lago Petén está marcada por la introducción de una nueva forma arquitectónica: estructuras bajas con bancas interiores en forma de C o L.

En nuestros análisis iniciales las construcciones de Ixlú de fecha posterior al período Clásico Tardío parecen representar principalmente un solo episodio que data del Postclásico Temprano, dada la escasez de diagnósticos del Postclásico Tardío y periodos posteriores, y dada una extensión del flujo de nuevos pobladores del Clásico Terminal hacia el distrito de los lagos. Sin embargo, es claro por nuestras fuentes documentales y el re-análisis de algunos artefactos, en vista a las subsecuentes excavaciones en otras áreas de los lagos, que la comunidad estuvo ocupada y funcionando hasta el siglo XVII. Por consiguiente, el fechar la construcción de Ixlú, salones en forma de C, santuarios, oratorios y otras estructuras fue un reto más grande que en otros sitios de los lagos de Petén. La cerámica de los

of stratigraphy (Chase 1983a; Moriarty 2012:225; Rice 1987b). Bimodal radiocarbon-calibration curves further complicate dating within the Postclassic period in general.

The builders of Ixlú's Postclassic structures seem to have been hurried and/or relatively unskilled. Their incorporation of Late/Terminal Classic and Early Postclassic materials into new construction suggests that they gathered up existing refuse (sherds generally do not appear to be heavily weathered or comminuted) to incorporate into fills. The builders also appear to have "chopped" (*ch'akab*) the Ixlú monuments: that is, they smashed plain stelae and incorporated the fragments as expedient facing stones. Although the sculptured stela in the twin-pyramid complex was demolished, the inhabitants left other carved monuments standing intact, rather than prominently incorporating them into facades as at Zacpetén. In addition, they engaged in only minor dismantling of existing edifices for construction materials.

The seeming lack of multiple construction episodes—nearby Zacpetén had two—and the degree of deterioration of the structures raises the possibility that Ixlú might have been abandoned during part of the Postclassic period, before being reoccupied by small groups (of Kowojs?) responsible for the scanty very late ceramic types discarded about the site. Those small groups, and the small number of residential structures sampled by our excavations, may indicate that Ixlú's site core was a relatively sparsely occupied center for administering the nearby port facilities. Additional residents likely lived in the structures of Patios A and B of the Acropolis, which we did not test. Some structures may have been temporary quarters for housing traveling merchants; another residential component may have comprised lower-class laborers—slaves, porters; itinerant middlemen—involved in loading and unloading canoes. These workers might have lived in perishable huts on or around the large platforms, presumably with storage functions, west and north of the site core or around whatever docking facilities existed closer to the river mouths and channels themselves.

The Ixlú Entrepôt and Trade

Ixlú is strategically located on a crossroads of land routes leading north (to Tikal) and east (to Yaxhá, the upper Belize valley, and the Caribbean coast), and water routes to the adjacent peninsular Zacpetén community and west to Motul de San José/Ik'a', Nojpeten or Tayza, Nixtun-Ch'ich', and the Río Usumacinta tributary system beyond. The importance of this isthmian location for prehistoric intra- and inter-regional movements of goods and people is revealed in the location's long settlement history. Ixlú's significant regional economic role is underscored by the presence of at least two port facilities immediately southeast of the site on the eastern shore of Lake Petén Itzá. Unfortunately, however, we do not know when Ixlú took on the role of entrepôt, when these port facilities were constructed, or if the two were coeval. We suspect that these events coincided around the Terminal Classic period, but this is largely circumstantial. The labor involved in creating the transportation infrastructure—the jetty systems at the mouths of two nearby streams—represents a significant investment toward enhancing and stabilizing the site's role in regional exchange among what were sometimes hostile parties.

Political Neutrality and Identity Expression

An important characteristic of trading ports situated in or between politically charged areas is political neutrality. Conceptually, entrepôts, emporia, and ports of trade can all be considered liminal areas or nodes in a larger network, where the dangerous powers of the external world and its exotic goods (per Helms 1988) are separated from the prosaic activities of domestic life. Ixlú's location satisfies this criterion: its siting between western and eastern Petén lake districts can be thought of as a political "ecotone" (see Galloway 2005), a zone or boundary between two competing politico-economic systems, in the Postclassic case, the Itzas and the Kowojs. This boundary, however nebulous it might have been in the early history of Maya occupation of the lakes district, had become hardened by the end of the Classic period and was highly contested by the time of the Spanish conquest.

We speculate that Ixlú's entrepôt function and the ideal of political neutrality (as in ports of trade) might help explain the relative lack of decorated Postclassic pottery at the site. On the one hand, this rarity appears to be generally characteristic of the Early Postclassic. In addition, it might be a specific Petén Itza norm: as our investigations have taken us westward into the Lake Petén basin, we have found that Late Postclassic decorated pottery tends to be scarce at mainland sites (e.g., Tayasal and Nixtun-Ch'ich', in addition to Ixlú) compared with both eastern sites (Zacpetén and Macanché Island) and with Flores Island, the Itza capital of Nojpeten. Flores has produced large amounts of beautifully decorated slipped wares (PMR, personal observation). Interestingly, surface collections at the Kowoj port of Ketz included the same Late Classic, Terminal Classic, and Early Postclassic (except Augustine) pottery found at Ixlú, plus Late Postclassic Macanché Red-on-Paste (SIP ware) and Chompoxté Red-on-Cream (CCP) decorated types (Velásquez 1992).

To the extent that pottery decoration may communicate or represent identity expression, then, perhaps the overt assertion of political identities in the contested and liminal area of the Ixlú isthmus and its port(s) was discouraged. Or, perhaps this small site and adjacent areas were occupied by comparably small numbers of relatively low-level functionaries who lacked access to decorated finewares. In many areas, such as Acalan near the Gulf coast, the merchants themselves held high statuses. Colonial dictionaries of various Maya languages and Classic texts reveal the existence of different kinds or statuses of merchants or traders (e.g., long-distance), as well as different kinds of business activities and transactions, including tribute

niveles de relleno y colapso eran una mezcla de tiestos del Preclásico y Clásico Tardío y Terminal, además de tipos Postclásicos. Particularmente sorprendente fue la aparente continuación hacia los tiempos Postclásicos de los cuencos utilitarios de bordes convergentes característicos del Clásico Terminal. Las transiciones entre el Clásico Terminal, Postclásico Temprano y Postclásico Tardío parecen ser sutiles y un antiguo problema para varios proyectos arqueológicos en el área de los lagos, la clara separación de los complejos cerámicos del Clásico Terminal y Postclásico Temprano ha sido debido a la falta de estratigrafía (Chase 1983a; Moriarty 2012:225; Rice 1987b). En general, las curvas de calibración de radiocarbono bi-modal complican aún más el fechamiento dentro del período Postclásico.

Parece que los constructores de las estructuras Postclásicas de Ixlú fueron apresurados y/o relativamente inexpertos, o tal vez las ocupaciones fueron efímeras. Su incorporación de los materiales del Clásico Tardío/Terminal y Postclásico Temprano en nueva construcción sugiere que ellos recolectaron el desecho reciente (los tiestos no parecen estar muy erosionados o desmenuzados) para añadirlo a los rellenos. También parece que los constructores cortaron (*ch'akab*) los monumentos de Ixlú: es decir, rompieron las estelas lisas e incorporaron los fragmentos como oportunas piedras de fachada. Aunque la estela esculpida en el complejo de pirámides gemelas fue demolida, los habitantes dejaron intactos otros monumentos tallados, en lugar de añadirlos prominentemente en las fachadas como sucedió en Zacpetén. Además, se ocuparon solamente en un mínimo desmantelamiento de los edificios existentes para obtener materiales de construcción.

La aparente falta de múltiples episodios constructivos—el cercano Zacpetén tenía dos—el grado de deterioro de las estructuras eleva la posibilidad de que Ixlú haya sido abandonado durante parte del período Postclásico, antes de ser re-ocupado por grupos pequeños (de Kowojs?) responsables por los escasos tipos cerámicos muy tardíos dispersos por el sitio. Esos grupos pequeños y las pocas estructuras residenciales muestreadas por nuestras excavaciones, pueden indicar que el núcleo del sitio Ixlú era un centro de ocupación relativamente dispersa para la administración de las cercanas instalaciones portuarias. Los demás residentes posiblemente vivieron en las estructuras de los Patios A y B de la Acrópolis, los cuales no excavamos. Algunas de las estructuras pudieron ser cuartos temporales para albergar mercaderes viajeros; otro componente residencial pudo estar compuesto por intermediarios itinerantes o trabajadores de clase baja—esclavos, porteros, cargadores—involucrados en cargar y descargar las canoas. Estos trabajadores pudieron haber vivido en ranchos perecederos en y alrededor de grandes plataformas, presumiblemente con funciones de almacenaje, al oeste y norte del núcleo del sitio o alrededor de cualquiera de las instalaciones de atraque existentes cerca de las desembocaduras mismas de los ríos y de los mismos canales.

El Entrepôt de Ixlú y el Intercambio

Ixlú está estratégicamente ubicado en la intersección de rutas terrestres que van al norte (a Tikal) y al este (a Yaxhá, el valle superior de Belice y la costa del Caribe) y rutas acuáticas a la comunidad peninsular de Zacpetén adyacente, y al oeste a Motul de San José/Ik'a', Nojpetén o Tayza, Nixtun-Ch'ich' y más allá, el sistema tributario del río Usumacinta. La importancia de su ubicación ístmica para los movimientos prehistóricos de bienes y personas intra- e inter-regional es revelada por la larga historia de asentamiento en el sitio. El significativo rol económico regional de Ixlú está subrayado por la presencia de por lo menos dos instalaciones portuarias, inmediatamente al sureste del sitio en la orilla este del lago Petén Itzá y, por la documentación española del lado de la orilla este del lago como un lugar de tránsito.

Sin embargo, desafortunadamente, no sabemos cuándo Ixlú tomó el papel de entrepôt, cuándo se construyeron estas instalaciones portuarias, o si ambos eventos fueron contemporáneos. Nosotros sospechamos que estos eventos coincidieron alrededor del período Clásico Terminal, pero esto es muy circunstancial. La labor involucrada en la creación de la infraestructura de transporte—los sistemas de malecones que canalizaban artificialmente las desembocaduras de los dos arroyos cercanos—representa una inversión significativa hacia la mejora y estabilización del papel del sitio en el intercambio regional entre quienes, a veces eran partidos hostiles.

Neutralidad Política y Expresión de Identidad

Una característica importante de los puertos de comercio situados en o entre áreas con carga política es la neutralidad. Conceptualmente, los entrepôts, emporios y puertos de comercio pueden ser todos considerados como áreas liminales o nódulos en una red más grande, dónde los poderes peligrosos del mundo externo y sus bienes exóticos (per Helms 1988) se separan de las actividades prosaicas de la vida doméstica. La ubicación de Ixlú satisface este criterio: podemos considerar el asentamiento entre los distritos oeste y este del lago Petén como un "ecotono" político (ver Galloway 2005), una zona o límite entre dos sistemas geopolítico-económicos rivales, en el caso del Postclásico, los Itzaes y Kowojs. Este límite, no obstante nebuloso, pudo estar presente en la historia temprana de la ocupación maya del distrito de los lagos, fortalecido hacia el final del período Clásico y bastante disputado en la época de la conquista española.

Especulamos que la función de Ixlú como entrepôt y la ideal neutralidad política (como en los puertos de comercio) pueden ayudar a explicar la relativa escasez de cerámica decorada del Postclásico en el sitio. Por un lado, esta rareza parece ser una característica general del Postclásico Temprano. También, puede ser una norma específica del Petén Itzá: ya que nuestras investigaciones nos han llevado al oeste hacia la cuenca del lago Petén, hemos encontrado que la cerámica decorada del Postclásico Tardío tiende a ser

payments, that were distinguished lexically (Speal 2014; Tokovinine and Beliaev 2013). Interestingly, the supernaturals who presided over Maya trade and merchants in the Postclassic period, Gods L and M, are depicted in the codices in connection with overland trade and not waterborne travel (Tokovinine and Beliaev 2013:194).

Common Late Postclassic pottery diagnostics (e.g., CCP ware, red- and red-and-black painted decoration, effigy censers) are interpreted as "late" because they are typically recovered in the upper levels of excavations at sites around the Petén lakes. As discussed elsewhere (Cecil 2001, 2009; Rice 2009), some of these wares, forms, and decorative styles distinguish the region's two major ethnopolitical groups. The Itzas in the west made and used pottery of the tan-to-gray SIP ware, whereas the Kowojs in the east made and used the creamy CCP ware from clays in the Yaxhá-Topoxté region. Sites located between these poles (Ixlú, Zacpetén, and Macanché) as well as external to the lakes (e.g., Tipu, in western Belize) had access to both these wares, revealing that for some time there was an open, porous boundary between the two groups. Some appearances of CCP ware are genuinely late, reflecting the Kowojs' westward expansion against the Itzas. Unfortunately, we do not know when that expansion began, although it is thought that the abandonment of the Topoxté Islands to the east, the probable source of the migrating group(s), occurred around 1450–1475 (Wurster and Hermes 2000:249).

Oversight and Governance

The layout of Ixlú's civic-ceremonial center appears to have been intended to facilitate movement and interchanges of people and goods, but also to observe and control such movement. The Main Plaza is of particular interest: spacious and largely open to the south, toward the main currents of east-west movement on the overland trail and the port area, it would have been an excellent location for market fairs and religious pilgrimages. Structure 2022, the largest open hall at the site, might have been analogous to Mayapán's Structure K-42, a "massive" platform with a C-shaped structure on the northern edge of an open plaza area proposed to be a marketplace (Hare et al. 2014:165–167). Researchers propose that this structure served as a "house of commerce" for market inspectors and overseers. Yet the Ixlú plaza appears to have been accessible through only two narrow entryways from the south, plus the eastern causeway. The latter may have been a more formal entry point for travelers on the overland trail heading west from the Belize valley and the eastern lakes. The causeway would have channeled and controlled traffic past the twin-pyramid complex and Structure 2006, and through a narrow passage between Structure 2001 and the southeast corner of the Acropolis. The Acropolis itself also has restricted access, with possibly only two entrances from the Main Plaza.

The existence of paired basic ceremonial groups in the Main Plaza, both focused on large Structure 2022 in the north, and also two Classic-period ballcourts, speaks to the likelihood of some sort of "dual rule" (or moiety-like organization) seen elsewhere in Late Postclassic central Petén. Similarly, the pattern of erecting alternating period-ending monuments in the Lake Petén basin suggests the operation of some sort of complementary oppositions in government. This possibility is also suggested architecturally by the two mirror-image temple assemblages at the Kowoj site of Zacpetén (Pugh 2001, 2003; Pugh and Rice 2009:170–172) and paired colonnaded halls in the southwestern corner of Nixtun-Ch'ich' in Chak'an territory (Pugh et al. 2016). Dual rule has been explored in detail—with rulers' names and titles—for the Petén Itzas at Nojpeten on the basis of colonial documents (Jones 1998:82–107). Such dual organization also may have been present in the northern lowlands at Chich'en Itza (Lincoln 1990; see Kowalski 2011:218–225) and at Mayapán as part of governance led by the Itza and Xiw alliances. Earlier, there are suggestions of dual rulership at Tikal (Becker 2014:314) or two Late Classic royal courts using the Ik' Emblem Glyph of the Ik'a polity on the northwest shore of Lake Petén Itzá (Tokovinine 2008:224–225; Velásquez García 2011).

It is interesting, in the context of Spanish documents indicating conflict over control of the port area, that there is no evidence for defensive siting or protective earthwork structures at Ixlú. This contrasts with other Postclassic sites in the lakes region, which are situated on easily defended islands or peninsulas, and some of the latter, such as the port of Nich (at Nixtun-Ch'ich') and Zacpetén, also boast moat-and-ditch complexes. Nor were there any unusual distributions or stockpiles of weaponry at Ixlú, such as the Late Postclassic arrow points common in the region. The only hints of such "weaponization" come from the large quantities of obsidian fragments at three structures in the western basic ceremonial group of the Main Plaza. In particular, the quantities of blade segments suggest that blades were merely an intermediate step in the creation of smaller fragments to be further chipped into points or inset into *macuahuitl-* or *macana-*like clubs.

In the Late Postclassic and Contact periods, Ixlú was at least nominally under the control of the powerful Itzas, but at some point their eastern enemies, the Kowojs, began moving westward from the Topoxté Islands. The Kowojs established a substantial settlement at the peninsular site of Zacpetén in Lake Salpetén, east of the isthmus (Pugh 2001, 2003; Rice and Rice 2009), and also established twelve settlements on the steep northeastern shore of Lake Petén. One of them—Ketz, situated above the port— was the home of "Captain Kowoj," who was allied (as junior co-ruler) with the Chak'an Itza faction west of Lake Petén Itzá. Ketz had an estimated population of 1,000 at the time of Spanish conquest (Jones 1998:442n4, 443n14, 496n8). By the late seventeenth century the Kowojs were contesting Itza control of the Saclemacal/Ixlú ports (Jones 1998:66). The presence of a characteristic Kowoj temple assemblage in Patio C of the Acropolis is a clear indication of Kowoj encroachment into this strategic trade locale. This, plus the

escasa en los sitios tierra adentro (e.g., Tayasal y Nixtun-Ch'ich', aparte de Ixlú) en comparación con ambos sitios al este (Zacpetén e Isla Macanché) y con la Isla de Flores. Flores, la capital Itza de Nojpeten, ha producido grandes cantidades de vajillas con engobe bellamente decoradas (PMR, observación personal). Interesantemente, las colecciones de superficie en el puerto Kowoj de Ketz incluyen la misma cerámica Clásico Tardío, Clásico Terminal y Postclásico Temprano (excepto Augustine) que la encontrada en Ixlú, además los tipos decorados del Postclásico Tardío Macanché Rojo en Pasta (vajilla PIC) y Chompoxté Rojo en Crema (PCC) (Velásquez 1992).

En la medida que la decoración cerámica puede comunicar o representar la expresión de identidad, entonces, tal vez la afirmación abierta de identidades políticas en el área disputada y liminal del istmo de Ixlú y su puerto(s) fue desalentada. O quizás, este pequeño sitio y sus áreas adyacentes fueron ocupados por una cantidad comparablemente pequeña de funcionarios de bajo nivel, quienes no tenían acceso a las vajillas finas decoradas. Los mercaderes mismos tenían estatus alto en muchas áreas, como Acalán cerca de la costa del Golfo. Los diccionarios coloniales de varios idiomas mayas y los textos clásicos revelan la existencia de tipos o estatus diferentes de mercaderes o comerciantes (e.g., larga distancia), así como diferentes tipos de actividades de negocios y transacciones, incluyendo el pago de tributos que eran distinguidos en forma léxica (Speal 2014; Tokovinine y Beliaev 2013). Es interesante que los sobrenaturales, quienes presidían sobre el intercambio y mercaderes mayas en el período Postclásico, los Dioses L y M, son representados en los códices en conexión con el intercambio terrestre y no con los viajes por agua (Tokovinine y Beliaev 2013:194).

Los diagnósticos cerámicos comunes del Postclásico Tardío (e.g., vajilla PCC, decoración pintada roja y rojo-y-negro, incensarios de efigie) son interpretados como "tardíos" porque son recuperados típicamente en los niveles superiores de las excavaciones en sitios alrededor de los lagos Petén. Como se discute en otra parte (Cecil 2001, 2009; Rice 2009), algunas vajillas, formas y estilos decorativos representan a los dos grupos etno-políticos de la región. Los Itzaes en el oeste manufacturaron y usaron cerámica de la vajilla PIC café claro a gris; mientras que los Kowoj al este manufacturaron y usaron la vajilla PCC color crema de arcillas de la región Yaxhá-Topoxté. Los sitios ubicados entre estos polos (Ixlú, Zacpetén y Macanché), así como externos a los lagos (e.g., Tipu en el oeste de Belice) tenían acceso a ambas vajillas, revelando que por algún tiempo había un límite abierto y poroso entre los dos grupos. Algunas apariciones de la vajilla PCC son genuinamente tardías, lo cual refleja la expansión al oeste de los Kowojs contra los Itzaes. Desafortunadamente, no sabemos cuándo se inició dicha expansión, aunque se cree que el abandono de las Islas de Topoxté al este, la probable fuente de emigrantes, ocurrió alrededor del 1450–1475 (Wurster y Hermes 2000:249).

Supervisión y Gobierno

La organización del centro cívico-ceremonial de Ixlú parece haber tenido la intención de facilitar (o por lo menos no inhibir) el movimiento e intercambio de personas y bienes, pero también de observar y controlar dicho movimiento. La Plaza Principal es de interés particular: espaciosa y abierta en el sur, particularmente en el período Clásico antes de la construcción de las estructuras Postclásicas. Esta orientación hacia el sur es hacia las corrientes principales del movimiento este-oeste del trayecto terrestre al área de puerto. La plaza pudo haber sido un lugar excelente para las ferias de mercado y los peregrinajes religiosos. La Estructura 2022, el salón abierto más grande del sitio, pudo haber sido análogo a la Estructura K-42 de Mayapán, una plataforma "masiva" con una estructura en forma de C en el lado norte de una plaza abierta, un área que se cree fue de mercado (Hare et al. 2014:165–167). Los investigadores proponen que esta estructura sirvió como una "casa de comercio" para los inspectores del mercado y los supervisores. Sin embargo, la plaza de Ixlú parece haber sido accesible solo a través de dos entradas angostas desde el sur, además de una calzada este. La última, aunque posiblemente una construcción Clásica, pudo haber sido un punto de entrada más formal para los viajeros en el trayecto terrestre que lleva al oeste desde el valle de Belice y los lagos este. Habría canalizado y controlado el tráfico más allá del complejo de pirámides gemelas y la Estructura 2006 y, a través de un pasaje angosto entre la Estructura 2001 y la esquina sureste de la Acrópolis. La Acrópolis misma también tiene un acceso restringido, con posiblemente solo dos entradas desde la Plaza Principal.

La existencia de los pares de grupos ceremoniales básicos en la Plaza Principal, ambos enfocados en el gran salón Estructura 2022 al norte, habla de la probabilidad de algún tipo de "gobierno dual" (como una organización de mitades) visto en otros lados del Petén central en el Postclásico Tardío. Por ejemplo, esta posibilidad es sugerida arquitectónicamente por los dos conjuntos de templo de imagen de espejo en el sitio Kowoj de Zacpetén (Pugh 2001, 2003; Pugh y Rice 2009:170–172) y por el par de salones con columnatas en la esquina suroeste de Nixtun-Ch'ich' en el territorio Chak'an (Pugh et al. 2016). El papel dual ha sido explorado en detalle—con nombres y títulos de los gobernantes—para los Itzaes de Petén en Nojpeten en base a documentos coloniales (Jones 1998:82–107). Dicha organización dual también pudo haber estado presente en las tierras bajas del norte en Chich'en Itza (Lincoln 1990; ver Kowalski 2011:218–225) y en Mayapán como parte del gobierno dirigido por las alianzas entre Itzaes y Xiw. Para tiempos tempranos, hay indicios de gobierno dual en Tikal (Becker 2014:314) o de dos cortes reales del Clásico Tardío que usaron el Glifo Emblema Ik' de la entidad política Ik' en la orilla noroeste del Lago Petén Itzá (Tokovinine 2008:224–225; Velásquez García 2011). Los dos juegos de pelota del período Clásico en Ixlú y los patrones alternantes este-oeste de las terminaciones del período Clásico

possibility of brief abandonment, might help explain the fact that, in our early report on the excavations, we noted that the Paxcamán sherds from Level 1 at Structure 2034 were different from those of Level 2, and struck us as more similar to the material from Zacpetén.

Depending on how early they were constructed, the Ixlú ports may have initially suffered diminished functioning in overland exchange as regional trading patterns in the Classic period experienced massive shifts to circum-peninsular routes. Once the new routes and trading nodes were established, however, the ports quickly would have become salient participants in the new Postclassic mercantilism. Still later, with the massive demographic, political, and economic dislocations resulting from Spanish interference beginning in the early sixteenth century, the Ixlú ports functioned in north-south networks, providing varied goods that were vital in the Yucatecan colonial economy as tribute and as items—such as cacao—that were increasingly attractive to European consumers. Sometime during the Contact period, if not before, control over Ixlú's key facilities had become a point of contention between the two major ethnopolities of the region, as the westward-encroaching Kowojs built a signature ritual complex on the (formerly) Itza-managed entrepôt.

Ixlú was a pawn in the civil war between these groups, a war that must have seriously jeopardized the safety of the goods and people traveling through the ports and severely disrupted, even before the 1697 conquest, indigenous overland trade through the southern peninsula. Nonetheless, even after the decimation of the Itza polity centered at Nojpeten and the depopulation of the southern lowlands in general, the old trail between El Cayo and Flores, passing in front of Ixlú's plaza to the mouth of the Río Ixpop, continued to function for mule- and horse-back travel until it was replaced by a muddy all-weather road for motorized transport in the 1960s.

Who Built Shrine Structure 2023?

In this context of conflict and contestation, Ixlú's basic ceremonial group in the western Main Plaza, and especially the Structure 2023 shrine—with dedicatory deposits of human remains and deer antlers, and activities involving unusual quantities of obsidians and net weights—are of particular interest. The questions we are unable to answer definitively concern who—the Kowojs or the Itzas—carried out this dedicatory ritual, who were the victims, and what was the particular significance of the shrine that dictated such an event.

Drawing on Maurice Bloch's (1982) discussion of mortuary violence, William Duncan (2005a:267, 285, 2005b:225–226) concluded that the deposits of human remains in Structure 2023 represented an act of violation. More specifically, they represent "positive predation . . . taking over [enemies'] corpses and allocating to yourself the vitality which they hold" (Bloch 1982:229). Burial of the remains of these young males, especially the skulls at the termini of the east-west foundational axis of the shrine, would have allowed this vitality to be symbolically absorbed into, consecrate, and animate the structure (see Mock 1998), while also bounding its power. We know of no parallels to the Structure 2023 pattern elsewhere in the Maya lowlands. Human remains under the floor of Mayapán Shrine Structure Q-88c included a possibly dedicatory deposit of mostly crania of nine individuals (Peraza Lope and Masson 2014a:109). Elsewhere in the ceremonial core and at the eastern Itzmal Ch'en complex, skulls and disarticulated, sometimes cremated human remains were deposited in mass graves and in shafts in several temples and shrines, but these do not exhibit the symbolic arrangements seen at Ixlú (Peraza Lope and Masson 2014b: 67, 91–93, 100). Some parallels might be seen with the mortuary program of the Feathered Serpent Pyramid at Teotihuacan (Sugiyama 2005).

The material evidence pertaining to identity expression at Structure 2023 is not straightforward, but our best guess at this point is that this shrine was probably an Itza construction. It was part of a dual basic ceremonial group in the Main Plaza, structural groupings that are not known at Kowoj sites in eastern Petén (except for Canté Island). Skull burials, singly and in pairs, are known at Flores/Nojpeten/Tayza (Cowgill 1963:20–22), although lines of skulls are not, and this may be a typical Itza pattern (see also Reina 1962 for modern skull veneration at San José, on Lake Petén's northwestern shore). A Paxcamán Red (SIP ware) jar appears to have been buried with the skull rows, and this pottery type and SIP ware are characteristic of the Itzas. The red painted decoration on the shrine's exterior recalls, on the one hand, the decoration painted on the exterior of temple Structure 764 in Group C at Zacpetén—linear bands of segments filled with red and black mat-like designs—which may have been a *patolli* board (Pugh 2001:366; Pugh and Cecil 2012:317–318). Red painting was also noted on plaster on and in front of the bench in Zacpetén Structure 719, but these were curvilinear designs similar to that on Chompoxé variety of Chompoxté Red-on-cream type in CCP ware (Topoxté group; Kowoj) pottery (Pugh 2001:530).

The red decoration on Structure 2023 generally resembles the long-standing banded-and-paneled decoration of Petén Postclassic pottery, and, more specifically, several sparsely occurring late decorated types that adopted red-painted decoration (a Kowoj CCP characteristic) onto certain SIP slipped wares. The late adoption of this red-painted decoration may be a signature of the alliance of the western Chak'an Itza faction with the eastern Kowojs, perhaps reflecting patterns of potters' marriages and post-marital residence. If this speculation is correct, it suggests that this unusual shrine might have been built (actually rebuilt and rededicated) very late in Ixlú's history to celebrate this alliance and/or to commemorate the Kowoj takeover of this important site. The likely victims would have been Itzas allied with the Nojpeten faction that had long controlled this community and its port facilities. Judg-

Terminal en la cuenca del lago Petén, también pueden registrar alguna forma de dualidades regionales dominantes u oposiciones complementarias de gobierno.

Es interesante, en el contexto de los documentos españoles que indican conflicto sobre el control del área portuaria, que no hay evidencia de emplazamiento defensivo o de estructuras de barro de protección en Ixlú. Esto contrasta con otros sitios del Postclásico en la región de los lagos, los cuales están situados en islas o penínsulas fácilmente defendibles y algunos de los últimos, como el puerto de Nich (en Nixtun-Ch'ich') y Zacpetén, también presumen complejos de foso-y-zanja. En Ixlú tampoco había inusuales distribuciones de apilamientos de armas, como las puntas de flecha del Postclásico Tardío comunes en la región. Los únicos indicios de tal "armamento" provienen de la cantidad de fragmentos de obsidiana en tres estructuras en el grupo ceremonial básico oeste de la Plaza Principal. En particular, los segmentos de navaja sugieren que la producción de navajas era solamente una etapa intermedia en la creación de fragmentos más pequeños para manufacturar puntas o insertarlos en los *macuahuitl* o macanas.

En los períodos Postclásico Tardío y de Contacto, Ixlú estaba por lo menos nominalmente bajo el control de los poderosos Itzaes, pero en algún momento sus enemigos del este, los Kowojs, empezaron a moverse hacia el oeste desde las islas de Topoxté. Los Kowojs establecieron un asentamiento substancial en el sitio peninsular de Zacpetén en el lago Salpetén, al este del istmo (Pugh 2001, 2003; Rice y Rice 2009) y también establecieron doce asentamientos en la empinada orilla noreste del lago Petén. Uno de ellos—Ketz, situado arriba del puerto—era la casa del "Capitán Kowoj", quién se alió (como gobernante menor) con Chak'an Itza, la facción oeste del lago Petén Itzá. Ketz tenía una población estimada de 1000 al momento de la conquista española (Jones 1998:442n4, 443n14, 496n8). Para el siglo XVII los Kowojs estaban en disputa con los Itzaes por el control de los puertos Saclemacal/Ixlú (Jones 1998:86). La presencia de un conjunto de templo Kowoj característico en el Patio C de la Acrópolis es una clara indicación de la transgresión Kowoj en este punto de intercambio estratégico. Esto, además de la posibilidad de un breve abandono, puede ayudar a explicar el hecho que en nuestro anterior reporte de las excavaciones hayamos notado que los tiestos Paxcamán en el Nivel 1 en la Estructura 2023 eran diferentes de los del Nivel 2 y, nos parecieron como más similares al material de Zacpetén.

Dependiendo en cuan temprano fueron construidos, los puertos de Ixlú pueden haber sufrido inicialmente de un menor funcionamiento en el intercambio terrestre, ya que los patrones de comercio regionales del período Clásico experimentaron cambios dramáticos en favor de las rutas circun-peninsulares. Sin embargo, una vez las rutas nuevas y nódulos de comercio fueron establecidos, los puertos se habrían convertido rápidamente en participantes prominentes del mercantilismo Postclásico. Aún después, con las masivas dislocaciones demográficas, políticas y económicas resultado de la interferencia española al inicio del siglo XVI, los puertos de Ixlú funcionaron en redes norte-sur, proveyendo una variedad de bienes que eran vitales en la economía colonial yucateca, como tributo y artículos—como el cacao—que eran incrementaban su atractivo para los consumidores europeos. En algún momento durante el período de Contacto, si no antes, el control sobre las instalaciones clave de Ixlú se convirtió en un punto de contención entre los dos grupos etno-políticos mayores de la región, al mismo tiempo que los Kowojs que avanzaban al oeste construyeron un complejo ritual distintivo en el entrepôt administrado (anteriormente) por los Itzaes.

Ixlú era un peón en la guerra civil entre estos grupos, una guerra que habría arriesgado seriamente la seguridad de los bienes y a las personas movilizándose a través de los puertos, así como severamente interrumpido el comerció indígena terrestre a través del sur de la península, aún antes de la conquista de 1697. No obstante, aún después de haber diezmado la entidad política Itza centrada en Nojpetén y la despoblación de las tierras bajas del sur en general, el viejo sendero entre El Cayo y Flores, que pasa a través de la plaza de Ixlú hacia la desembocadura del río Ixpop, continuó funcionando para viajes en mula o a caballo hasta el siglo XX, después de lo cual, en los años 1960 el sendero fue reemplazado por una carretera lodosa utilizable durante todo el año para el transporte motorizado.

¿Quién Construyó el Santuario de la Estructura 2023?

En este contexto de conflicto y disputas, el grupo ceremonial básico de Ixlú en el lado oeste de la Plaza Principal y especialmente el santuario de la Estructura 2023—con depósitos ofrenda de restos humanos y cuernos de venado, y actividades involucrando cantidades inusuales de obsidiana y pesas de redes—es de interés particular. Las preguntas que no podemos responder definitivamente tienen que ver con quiénes—los Kowojs o los Itzaes—llevaron a cabo este ritual dedicatorio, quiénes eran las víctimas y cuál era el significado particular de este santuario que dictó tal evento.

Tomando la discusión de violencia mortuoria de Maurice Bloch (1982), William Duncan (2005a:267 285, 2005b:225–226) concluyó que los depósitos de restos humanos en la Estructura 2023 representaba un acto de violación. Más específicamente, estos representaban "depredación positiva…la toma de cuerpos [enemigos] y asignando para uno mismo la vitalidad que tienen" (Bloch 1982:229). El enterramiento de los restos humanos de estos hombres jóvenes, especialmente los cráneos en ambos puntos terminales del eje fundacional este-oeste del santuario, habría permitido el que esta vitalidad fuera absorbida simbólicamente por, así como la consagración y animación de la estructura (ver Mock 1998); mientras que también ataba su poder. No sabemos de patrones paralelos con la Estructura 2023 en otros lados de las tierras bajas mayas. En Mayapán, los restos humanos debajo del piso del santuario de

ing from the artifactual materials, the group(s) that used the western basic ceremonial structures were particularly involved in the fishing (*ixlu'* 'catfish') and obsidian knapping and trading activities centered at the site.

In the end, the Kowojs and the Chak'an Itzas were engaged in civil war with the Petén Itzas of Nojpeten/Tayza, squeezing them between east and west. The conflict increasingly centered on differences about how to respond to incessant Spanish demands for submission to the Spanish king and conversion to Catholicism. After the assault on Nojpeten, the Spaniards took control of the Saclemacal/Ixlú isthmian transport hub and by 1699 they had renamed it Puerto Nuevo de San Antonio del Itza (Jones 1998:371). The Chak'an Itzas attempted to set up a new polity to the west and maintain Itza traditions . . . but that is another chapter in the history of the lakes region, one that has not yet been investigated archaeologically.

la Estructura Q-88c incluyeron un posible depósito dedicatorio compuesto mayormente de cráneos de nueve individuos (Peraza Lope y Masson 2014a:109). En otros lados del núcleo ceremonial y en el complejo Itzamal Ch'en al este, los cráneos y restos humanos desarticulados y a veces incinerados fueron depositados en tumbas masivas y en pozos en varios templos y santuarios, pero estos no exhiben los arreglos simbólicos vistos en Ixlú (Peraza Lope y Masson 2014b:67, 91–93, 100). Podemos ver algunos paralelos con el programa mortuorio de la Pirámide de la Serpiente Emplumada en Teotihuacán (Sugiyama 2005).

La evidencia material perteneciente a la expresión de identidad en la Estructura 2023 no es muy clara, pero nuestra suposición en este momento es que este santuario fue probablemente una construcción Itza. Era parte del GCB o grupo ceremonial básico de la Plaza Principal, grupos estructurales no conocidos actualmente en sitios Kowoj (con la excepción de la Isla de Canté) en el Petén este. Los entierros de cráneos, solos y en parejas, se encuentran en Flores/Nojpeten/Tayza (Cowgill 1963:20–22), aunque no se encontraron las filas de cráneos, y este podría ser un patrón típico Itza (ver también Reina 1962 para veneración moderna de cráneos en San José, en la orilla noroeste del lago Petén). Un cántaro Paxcamán Rojo (vajilla PIC) parece que fue enterrado con las filas de cráneos y este tipo de cerámica y la vajilla PIC son característicos de los Itzaes. La decoración en bandas pintadas de rojo al exterior del santuario nos recuerda, por un lado, la decoración pintada del exterior del templo de la Estructura 764 en el Grupo C en Zacpetén—bandas de segmentos llenos de diseños como de petate en rojo y negro—los cuales pudieron ser una tabla de *patolli* (Pugh 2001:366; Pugh y Cecil 2012:317–318). También se registró la pintura roja en el estuco y el frente de la banca de la Estructura 719 de Zacpetén, pero estos eran diseños curvilíneos similares a los de la cerámica variedad Chompoxé del tipo Chompoxte Rojo en crema de la vajilla PCC (grupo Topoxté; Kowoj) (Pugh 2001:530).

La decoración roja en la Estructura 2023 generalmente se asemeja a la antigua decoración de bandas y paneles de la cerámica Postclásica de Petén y, más específicamente, a varios de los tipos decorados tardíos de ocurrencia dispersa que adoptaron la decoración de pintura roja (característica Kowoj de la PCC) sobre ciertas vajillas PIC con engobe. La adopción tardía de esta decoración de pintura roja puede ser un distintivo de la alianza entre la facción Chak'an Itza del oeste con los Kowojs del este, tal vez reflejando patrones de matrimonios de alfareros y residencia post-marital. Si esta especulación es correcta, esto sugiere que este inusual santuario pudo haber sido construido (o re-construido y re-dedicado) muy tarde en la historia de Ixlú para celebrar esta alianza y/o conmemorar la toma de este importante sitio por los Kowojs. Las posibles víctimas habrían sido los Itzaes aliados con la facción de Nojpeten que habían tenido el control de esta comunidad y sus instalaciones portuarias. Juzgando por los artefactos, el grupo o grupos que utilizaban estas estructuras ceremoniales básicas del oeste estaban particularmente involucrados en la pesca (*ixlu* "bagre"), y tallado de obsidiana, mientras que las actividades de intercambio se centraron en el sitio.

Al final, los Kowojs y los Chak'an Itzaes se comprometieron en una guerra civil con los Petén Itzaes de Nojpeten/Tayza, restringiéndolos entre el este y oeste. El conflicto cada vez más centrado en las diferencias acerca de cómo responder a las incesantes demandas españolas de sumisión al rey español y de conversión al catolicismo. Después del asalto a Nojpetén, los españoles tomaron el control del centro de transporte ístmico de Saclemacal/Ixlú y para el 1699 lo habían renombrado Puerto Nuevo de San Antonio del Itza (Jones 1998:371). Los Chak'an Itzaes intentaron fundar una nueva entidad política en el oeste y así mantener las tradiciones Itzaes…pero, ese es otro capítulo en la historia de la región de los lagos de Petén, una que aún no ha sido investigada arqueológicamente.

Bibliography–Bibliografía

Adams, Richard E. W.
1971 *The Ceramics of Altar de Sacrificios*. Papers, Vol. 63, No. 1. Peabody Museum of Archaeology and Ethnology, Harvard University, Cambridge, Massachusetts.
1978 Routes of Communication in Mesoamerica: The Northern Guatemala Highlands and the Peten. In *Mesoamerican Communication Routes and Cultural Contacts*, edited by Thomas A. Lee, Jr., and Carlos Navarrete, pp. 27–35. Papers, No. 40. New World Archaeological Foundation, Provo, Utah.

Aguilar, Boris A.
2001 Las excavaciones en el Templo de las Vasijas Escondidas en Ixlu, Flores, Petén. In *XIV Simposio de Investigaciones Arqueológicas en Guatemala, 2000*, edited by Juan Pedro Laporte, A. C. Suasnávar, and Bárbara Arroyo, pp. 259–274. Museo Nacional de Arqueología e Etnología, Guatemala City.

Aimers, James J.
2007 What Maya Collapse? Terminal Classic Variations in the Maya Lowlands. *Journal of Archaeological Research* 15(4): 329–377.
2014 Follow the Leader: Fine Orange Pottery Systems in the Maya Lowlands. In *The Maya and Their Central American Neighbors: Settlement Patterns, Architecture, Hieroglyphic Texts, and Ceramics*, edited by Geoffrey E. Braswell, pp. 308–332. Routledge, New York.

Anawalt, Patricia
1982 Analysis of the Aztec Quechquemitl: An Exercise in Inference. In *The Art and Iconography of Late Post-Classic Central Mexico*, edited by Elizabeth Hill Boone, pp. 37–72. Dumbarton Oaks, Washington, DC.

Andrews, Anthony P.
2008 Facilidades portuarias mayas. In *El territorio maya: Memoria de la Quinta Mesa Redonda de Palenque*, coordinated by Rodrigo Liendo Stuardo, pp. 15–40. Instituto Nacional de Antropología e Historia, Mexico.
2010 Travelers in the Night. A Discussion of the Archaeological Visibility of Trade Enclaves, Ethnicity, and Ideology. In *Astronomers, Scribes, and Priests: Intellectual Interchange between the Northern Maya Lowlands and Highland Mexico in the Late Postclassic Period*, edited by Gabrielle Vail and Christine Hernández, pp. 369–381. Dumbarton Oaks, Washington, DC.

Andrews, Anthony P., Tomás Gallareta N., Fernando Robles C., Rafael Cobos P., and Pura Cervera R.
1988 Isla Cerritos: An Itzá Trading Port on the North Coast of Yucatán, Mexico. *National Geographic Research* 4:196–207.

Avendaño y Loyola, Fray Andrés de
1987 *Relation of Two Trips to Peten Made for the Conversion of the Heathen Ytzaex and Cehaches*. Translated by Charles P. Bowditch and Guillermo Rivero; edited and annotated by Frank E. Comparato. Labyrinthos, Culver City, California.

Barrios, Edy
2009a Los monumentos de la cuenca sur del Lago Petén Itza. In *XXII Simposio de Investigaciones Arqueológicos en Guatemala, 2008*, edited by Juan Pedro Laporte, Bárbara Arroyo, and Héctor Mejía, pp. 1209–1232. Museo Nacional de Arqueología y Etnología, Guatemala.
2009b Monumentos prehispánicos de la Isla de Flores. *Revista Petén Itzá* 72(50):79–81.
2010 Los monumentos prehispánicos de Tayasal. *Revista Petén Itzá* 73(51):24–27.

Becker, Marshall J.
1992 Burials as Caches; Caches as Burials: A New Interpretation of the Meaning of Ritual Deposits among the Classic Period Lowland Maya. In *New Theories on the Ancient Maya*, edited by Elin C. Danien and Robert J. Sharer, pp. 185–196. Monograph 77. University Museum, University of Pennsylvania, Philadelphia.
2014 Plaza Plans and Settlement Patterns: Regional and Temporal Distributions as Indicators of Cultural Interactions in the Maya Lowlands. *Revista Española de Antropología Americana* 44(2):305–336.

Berdan, Frances F.
1978 Ports of Trade in Mesoamerica: A Reappraisal. In *Mesoamerican Communication Routes and Cultural Contacts*, edited by Thomas A. Lee Jr., and Carlos Navarrete, pp. 187–198. Papers, No. 40. New World Archaeological Foundation, Provo, Utah.

Berlin, Heinrich
1958 El glifo "emblema" de las inscripciones mayas. *Journal de la Société des Américanistes* 47(1):111–119.

Bey III, George J., Tara M. Bond, William M. Ringle, Craig A. Hanson, Charles W. Houck, and Carlos Peraza L.
1998 The Ceramic Chronology of Ek Balam, Yucatan, Mexico. *Ancient Mesoamerica* 9(1):101–120.

Bey III, George J., and Rosanna May Ciau
2014 The Role and Realities of *Popol Nahs* in Northern Maya Archaeology. In *The Maya and Their Central American Neighbors: Settlement Patterns, Architecture, Hieroglyphic Texts, and Ceramics*, edited by Geoffrey E. Braswell, pp. 335–355. Routledge, New York.

Bloch, Maurice
1982 Death, Women, and Power. In *Death and the Regeneration of Life*, edited by Maurice Bloch and Jonathan P. Parry, pp. 211–230. Cambridge University Press, New York.

Braswell, Geoffrey E.
2000 Industria lítica clase tallada: obsidiana. In *El sitio maya de Topoxté: Investigaciones en una isla del lago Yaxhá, Petén, Guatemala*, edited by Wolfgang W. Wurster, pp. 208–221. Verlag Philipp von Zabern, Mainz am Rhein.

Bricker, Victoria R., and Gabrielle Vail (Editors)
1997 *Papers on the Madrid Codex*. Publication 64. Middle American Research Institute, Tulane University, New Orleans.

Brown, Clifford T.
1999 Mayapan Society and Ancient Maya Social Organization. Ph.D. dissertation, Tulane University.

Bullard Jr., William R.
1970 Topoxte, a Postclassic Maya Site in Peten, Guatemala. In *Monographs and Papers in Maya Archaeology*, edited by William R. Bullard Jr., pp. 245–307. Papers, Vol. 61. Peabody Museum of Archaeology and Ethnology, Harvard University, Cambridge.
1973 Postclassic Culture in Central Peten and Adjacent British Honduras. In *The Classic Maya Collapse*, edited by T. Patrick Culbert, pp. 221–241. University of New Mexico Press, Albuquerque.

Callaghan, Michael G.
2013 Politics through Pottery: A View of the Preclassic–Classic Transition from Building B, Group II, Holmul, Guatemala. *Ancient Mesoamerica* 24(2):307–341.

Canter, Ronald L., and Dave Pentecost
2007 Rocks, Ropes, and Maya Boats; Stone Bollards at Ancient Waterfronts along the Rio Usumacinta: Yaxchilan, Mexico to El Porvenir, Guatemala. *The PARI Journal* 8(3):5–14.

Carmack, Robert M.
1981 *The Quiché Mayas of Utatlan: The Evolution of a Highland Guatemala Kingdom*. University of Oklahoma Press, Norman.

Caso Barrera, Laura, and Mario Aliphat
2006a Cacao, Vanilla and Annatto: Three Production and Exchange Systems in the Southern Maya Lowlands, XVI–XVII Centuries. *Journal of Latin American Geography* 5(2):29–52.
2006b The Itza Maya Control over Cacao: Politics, Commerce, and War in the Sixteenth and Seventeenth Centuries. In *Chocolate in Mesoamerica: A Cultural History of Cacao*, edited by Cameron L. McNeil, pp. 289–306. University Press of Florida, Gainesville.

Cecil, Leslie G.
1997 Pilot Study for the Identification of a Topoxté Red Production Center in the Postclassic Period. Ms in possession of the author.
2001 Technological Styles of Late Postclassic Slipped Pottery from the Central Petén Lakes Region, El Petén, Guatemala. Ph.D. dissertation, Southern Illinois University Carbondale.
2004 Inductively Coupled Plasma Emission Spectroscopy and Postclassic Peten Slipped Pottery: An Examination of Pottery Wares, Social Identity, and Trade. *Archaeometry* 46(3):385–404.
2009 Technological Styles of Slipped Pottery and Kowoj Identity. In *The Kowoj: Identity, Migration, and Geopolitics in Late Postclassic Petén, Guatemala*, edited by Prudence M. Rice and Don S. Rice, pp. 221–237. University Press of Colorado, Boulder.

Cecil, Leslie G., Matthew D. Moriarty, Robert J. Speakman, and Michael D. Glascock
2007 Feasibility of Field-Portable XRF to Identify Obsidian Sources in Central Petén, Guatemala. In *Analytical Techniques and Interpretation*, edited by Michael D. Glascock, Robert J. Speakman, and Rachel Popelka-Filcoff, pp. 506–521. American Chemical Society, Washington, D.C.

Cecil, Leslie G., Linda Scott Cummings, Melissa K. Logan, and R. A. Varney
2010 Maya Hallucinogen and Food Processing as Evident Through Grater Bowls. Poster Session, *Archaeological Sciences*, annual meeting of the Society for American Archaeology, St. Louis, MO.

Chapman, Anne C.
1957 Port of Trade Enclaves in the Aztec and Maya Civilization. In *Trade and Market in the Early Empires*, edited by Karl Polanyi, Conrad M. Arensberg, and Harry W. Pearson, pp. 114–153. Free Press, Chicago.

Chase, Arlen F.
1983a A Contextual Consideration of the Tayasal-Paxcaman Zone, El Peten, Guatemala. Ph.D. dissertation, University of Pennsylvania, Philadelphia.
1983b Troubled Times: The Archaeology and Iconography of the Terminal Classic Southern Lowland Maya. In *Fifth Palenque Roundtable 1983, vol. VII*, edited by Merle Green Robertson and Virginia M. Fields, pp. 103–114. Pre-Columbian Research Institute, San Francisco.

Chase, Arlen F., and Diane Z. Chase
1983 La cerámica de la zona Tayasal-Paxcamán, Lago Petén Itzá, Guatemala. Unpublished manuscript.

Chase, Arlen F., Nikolai Grube, and Diane Z. Chase
1991 Three Terminal Classic Monuments from Caracol, Belize. *Research Reports on Ancient Maya Writing* No. 36. Center for Maya Research, Washington, D.C.

Chase, Diane Z., and Arlen F. Chase
1988 *A Postclassic Perspective: Excavations at the Maya Site of Santa Rita Corozal, Belize*. Monograph 4. Pre-Columbian Art Research Institute, San Francisco.
2014 Ancient Maya Markets and the Economic Integration of Caracol, Belize. *Ancient Mesoamerica* 25(2):239–250.

Chuchiak IV, John F.
2009 *De Descriptio Idolorum*: An Ethnohistorical Examination of the Production, Imagery, and Functions of Colonial Yucatec Maya Idols and Effigy Censers, 1540–1700. In *Maya Worldviews at Conquest*, ed. Leslie G. Cecil and Timothy W. Pugh, pp. 139–158. University Press of Colorado, Boulder.

Coe, Michael D., and Justin Kerr
1997 *The Art of the Maya Scribe*. Harry N. Abrams, New York.

Coggins, Clemency Chase, and Orrin C. Shane III
1984 *Cenote of Sacrifice: Maya Treasures from the Sacred Well at Chichén Itzá*. University of Texas Press, Austin.

Cohodas, Marvin
1975 The Symbolism and Ritual Function of the Middle Classic Ballgame in Mesoamerica. *American Indian Quarterly* 2(2):99–130.

Comparato, Frank E. (Editor and Annotator)
1983 *History of the Conquest of the Province of the Itza*, by Juan de Villagutierre Soto-Mayor. Labyrinthos, Culver City, California.

Cortés, Hernán
1986 *Hernán Cortés: Letters from Mexico*. Translated and edited by Anthony Pagden. Yale University Press, New Haven, Connecticut.

Cowgill, George L.
1963 Postclassic Period Culture in the Vicinity of Flores, Peten, Guatemala. Ph.D. dissertation, Harvard University, Cambridge, Massachusetts.

Culbert, T. Patrick
1973 (Editor) *The Classic Maya Collapse*. University of New Mexico Press, Albuquerque.
1993 *The Ceramics of Tikal: Vessels from the Burials, Caches, and Problematical Deposits*. Tikal Report No. 25, Part A. Monograph 81. University Museum, University of Pennsylvania, Philadelphia.

Demarest, Arthur A.
2004 After the Maelstrom: Collapse of the Classic Maya Kingdoms and the Terminal Classic in Western Petén. In *The Terminal Classic in the Maya Lowlands: Collapse, Transition, and Transformation*, edited by Arthur A. Demarest, Prudence M. Rice, and Don S. Rice, pp. 102–124. University Press of Colorado, Boulder.
2014 The Royal Port of Cancuen and the Role of Long-Distance Exchange in the Apogee of Maya Civilization. In *The Maya and Their Central American Neighbors: Settlement Patterns, Architecture, Hieroglyphic Texts, and Ceramics*, edited by Geoffrey E. Braswell, pp. 201–222. Routledge, New York.

Demarest, Arthur A., Chloé Andrieu, Paola Torres, Mélanie Forné, Tomás Barrientos, and Marc Wolf
2014 Economy, Exchange, and Power: New Evidence from the Late Classic Port City of Cancuen. *Ancient Mesoamerica* 25(1):187–219.

Demarest, Arthur A., Prudence M. Rice, and Don S. Rice (Editors)
2004 *The Terminal Classic in the Maya Lowlands: Collapse, Transition, and Transformation*. University Press of Colorado, Boulder.

de Montmollin, Olivier
1997 A Regional Study of Classic Maya Ballcourts from the Upper Grijalva Basin, Chiapas, Mexico. *Ancient Mesoamerica* 8(1):23–41.

Dennis, Bryan J.
1994 Narrative Sequences in the Codex Borgia and the Codex Zouche-Nuttall. In *Mixteca-Puebla: Discoveries and Research in Mesoamerican Art and Archaeology*, edited by H. B. Nicholson and Eloise Quiñones Keber, pp. 153–173. Labyrinthos, Culver City, CA.

Duncan, William N.
2005a The Bioarchaeology of Ritual Violence in Postclassic El Petén, Guatemala (A.D. 950–1524). Ph.D. dissertation, Southern Illinois University Carbondale.
2005b Understanding Ritual Violence in the Archaeological Record. In *Interacting with the Dead: Perspectives on Mortuary Archaeology for the New Millennium*, edited by Gordon F. M. Rakita, Jane Buikstra, Lane A. Beck, and Sloan K. Williams, pp. 207–227. University Press of Florida, Gainesville.
2009 Supernumerary Teeth from Two Mesoamerican Archaeological Contexts. *Dental Anthropology* 22(2):39–46.
2011 Bioarchaeological Analysis of Sacrificial Victims from a Postclassic Maya Temple from Ixlu, El Peten, Guatemala. *Latin American Antiquity* 22(4):549–572.

Fisman, Raymond, Peter Moustakerski, and Shang-Jin Wei
2007 Outsourcing Tariff Evasion: A New Explanation for Entrepot Trade. NBER Working Paper No. 12818. http://www.nber.org/papers/w12818

Flores Martos, Juan Antonio, and Carlos Lázaro Avila
1993 Los comerciantes mayas en las fuentes coloniales: acercamientos e hipótesis. In *Mesa Redonda 3, 1991*, coordinated by María Josefa Iglesias Ponce de León and Francesco Ligorred Perramon, pp. 373–404. Sociedad Española de Estudios Mayas.

Fox, John W.
1987 *Maya Postclassic State Formation*. Cambridge University Press, Cambridge.

Freidel, David A., and Jeremy A. Sabloff
1984 *Cozumel: Late Maya Settlement Patterns*. Academic Press, New York.

Galloway, Terrel
2005 Life on the Edge: A Look at Ports of Trade and Other Ecotones. *Journal of Political Issues* 39(3):707–726.

Gasco, Janine, and Frances F. Berdan
2003 International Trade Centers. In *The Postclassic Mesoamerican World*, edited by Michael E. Smith and Frances F. Berdan, pp. 109–116. University of Utah Press, Salt Lake City.

Geertz, Clifford
1980 Ports of Trade in Nineteenth-Century Bali. *Research in Economic Anthropology* 3:109–122.

Golitko, Mark, and Gary Feinman
2015 Procurement and Distribution of Pre-Hispanic Mesoamerican Obsidian 900 BC–AD 1520: A Social Network Analysis. *Journal of Archaeological Method and Theory* 22(1):206–247. DOI: 10.1007/s10816-014-9211-1

Graham, John A.
1990 *Excavations at Seibal: Monumental Sculpture and Hieroglyphic Inscriptions*. Memoirs, Vol. 14, No. 1. Peabody Museum of Archaeology and Ethnology, Harvard University, Cambridge, MA.

Grube, Nikolai
2000 *El sitio maya de Topoxté: Investigaciones en una isla del lago Yaxhá, Petén, Guatemala*, edited by Wolfgang W. Wurster, pp. 247–249. Verlag Philipp von Zabern, Mainz am Rhein.

Grube, Nikolai, and Werner Nahm
1994 A Census of Xibalba: A Complete Inventory of *Way* Characters on Maya Ceramics. In *The Maya Vase Book: A Corpus of Rollout Photographs of Maya Vases*, Vol. 4, by Justin Kerr, pp. 686–715. Kerr Associates, New York.

Halperin, Christina T.
2010 Late Classic–Postclassic (ca. AD 600–1525) Maya Figurines from Sites in the Petén Lakes Region, Guatemala. Proyecto Arqueológico Itzá del Petén (PAIP) and Proyecto Maya Colonial (PMC) Figurine Report. Manuscript on file with the author.
2014a Circulation as Place-Making: Late Classic Maya Polities and Portable Objects. *American Anthropologist* 16(1):1–20.
2014b *Maya Figurines: Intersections between State and Household*. University of Texas Press, Austin.

Hare, Timothy S., Marilyn A. Masson, and Carlos Peraza Lope
2014 The Urban Cityscape. In *Kukulcan's Realm: Urban Life at Ancient Mayapán*, edited by Marilyn A. Masson and Carlos Peraza Lope, pp. 149–191. University Press of Colorado, Boulder.

Healan, Dan
2011 New Perspectives on Tula's Obsidian Industry and Its Relationship to Chichén Itzá. In *Twin Tollans: Chichén Itzá, Tula, and the Epiclassic to Early Postclassic Mesoamerican World* (rev. ed.), edited by Jeff Karl Kowalski and Cynthia Kristan-Graham, pp. 343–356. Dumbarton Oaks, Washington, DC.

Helmke, Christophe, and Dorie Reents-Budet
2008 A Terminal Classic Molded-Carved Ceramic Type of the Eastern Maya Lowlands. *Research Reports in Belize Archaeology*, Vol. 5, edited by John Morris, Sherilyne Jones, Jaime Awe, and Christophe Helmke, pp. 37–50.

Helms, Mary
1988 *Ulysses' Sail: An Ethnographic Odyssey of Power, Knowledge, and Geographical Distance*. Princeton University Press, Princeton, New Jersey.

Hermes, Bernard
2000a Industria cerámica. In *El sitio maya de Topoxté: Investigaciones en una isla del lago Yaxhá, Petén, Guatemala*, edited by Wolfgang W. Wurster, pp. 164–202. Verlag Philipp von Zabern, Mainz am Rhein.
2000b Ofrendas. In *El sitio maya de Topoxté: Investigaciones en una isla del lago Yaxhá, Petén, Guatemala*, edited by Wolfgang W. Wurster, pp. 77–91. Verlag Philipp von Zabern, Mainz am Rhein.

Hermes, Bernard, and Oscar Quintana
2000 Estelas y altares. In *El sitio maya de Topoxté: Investigaciones en una isla del lago Yaxhá, Petén, Guatemala*, edited by Wolfgang W. Wurster, pp. 64–66. Verlag Philipp von Zabern, Mainz am Rhein.

Hirth, Kenneth G.
2013 The Merchant's World: Commercial Diversity and the Economics of Interregional Exchange in Highland Mesoamerica. In *Merchants, Markets, and Exchange in the Pre-Columbian World*, edited by Kenneth G. Hirth and Joanne Pillsbury, pp. 85–112. Dumbarton Oaks, Washington, D.C.

Hodell, David, Flavio Anselmetti, Mark Brenner, Daniel Ariztegui, and the PISDP Scientific Party
2006 The Lake Petén Itzá Scientific Drilling Project. *Scientific Drilling* 3:25–29.

Hofling, Charles Andrew, and Félix Fernando Tesucún
1997 *Itzaj Maya–Spanish–English Dictionary*. University of Utah Press, Salt Lake City.

Howell, Mark
2009 Music Syncretism in the Postclassic K'iche' Warrior Dance and the Colonial Period *Baile de los Moros y Cristianos*. In *Maya Worldviews at Conquest*, ed. Leslie G. Cecil and Timothy W. Pugh, pp. 279–297. University Press of Colorado, Boulder.

Johnson, Jay K.
1985 Postclassic Maya Site Structure at Topoxté, El Petén, Guatemala. In *The Lowland Maya Postclassic*, edited by Arlen F. Chase and Prudence M. Rice, pp. 151–165. University of Texas Press, Austin.

Jones, Christopher
1969 *The Twin-Pyramid Group Pattern: A Classic Maya Architectural Assemblage at Tikal, Guatemala*. Ph.D. dissertation, University of Pennsylvania, Philadelphia. UMI.

Jones, Christopher, and Linton Satterthwaite
1982 *The Monuments and Inscriptions of Tikal: The Carved Monuments*. University Museum Monograph 44, Tikal Report no. 33, Part A. The University Museum, University of Pennsylvania, Philadelphia.

Jones, Grant D.
1982 Agriculture and Trade in the Colonial Period Southern Maya Lowlands. In *Maya Subsistence: Studies in Memory of Dennis E. Puleston*, edited by Kent V. Flannery, pp. 275–293. Academic Press, New York.
1989 *Maya Resistance to Spanish Rule: Time and History on a Colonial Frontier*. University of New Mexico Press, Albuquerque.
1998 *The Conquest of the Last Maya Kingdom*. Stanford University Press, Stanford, California.
2009 The Kowoj in Ethnohistorical Perspective. In *The Kowoj: Identity, Migration, and Geopolitics in Late Postclassic Petén, Guatemala*, edited by Prudence M. Rice and Don S. Rice, pp. 55–69. University of Colorado Press, Boulder.

Kidder, Alfred V.
1947 *The Artifacts of Uaxactun Guatemala*. Pub. 576. Carnegie Institution of Washington, Washington, DC.

Kowalski, Jeff Karl
2011 What's "Toltec" at Uxmal and Chichén Itzá? Merging Maya and Mesoamerican Worldviews and World Systems in Terminal Classic to Early Postclassic Yucatan. In *Twin Tollans: Chichén Itzá, Tula, and the Epiclassic to Early Postclassic Mesoamerican World* (rev. ed.), edited by Jeff Karl Kowalski and Cynthia Kristan-Graham, pp. 195–247. Dumbarton Oaks, Washington, DC.

Lacadena García-Gallo, Alfonso
2003 El corpus glífico de Ek' Balam, Yucatán, México. http://www.famsi.org/reports/01057es/01057esLacadenaGarciaGallo01.pdf
2010 Highland Mexican and Maya Intellectual Exchange in the Late Postclassic: Some Thoughts on the Origin of Shared Elements and Methods of Interaction. In *Astronomers, Scribes, and Priests: Intellectual Interchange between the Northern Maya Lowlands and Highland Mexico in the Late Postclassic Period*, edited by Gabrielle Vail and Christine Hernández, pp. 383–406. Dumbarton Oaks, Washington, DC.

Lee Jr., Thomas A., and Carlos Navarrete (Editors)
1978 *Mesoamerican Communication Routes and Cultural Contacts*. Papers, No. 40. New World Archaeological Foundation, Provo, Utah.

Lincoln, Charles
1990 Ethnicity and Social Organization at Chichen Itza, Yucatan, Mexico. Ph.D. dissertation, Harvard University, Cambridge, Massachusetts.

López Austin, Alfredo
1991 The Myth of the Half-Man who Descended from the Sky. In *To Change Place: Aztec Ceremonial Landscapes*, edited by Davíd Carrasco, pp. 152–157. University Press of Colorado, Niwot.

Luke, Joanna
2003 *Ports of Trade, Al Mina, and Geometric Greek Pottery in the Levant*. B.A.R. International Series 1100. Archaeopress, Oxford, England.

Maler, Teobert
1910 *Explorations in the Department of Peten Guatemala and Adjacent Region – Motul de San José; Peten-Itza*. Memoirs, Vol. IV, No. 3. Peabody Museum of American Archaeology and Ethnology, Harvard University, Cambridge, Massachusetts. (http://books.google.com/books?hl=en&lr=&id=iOdZAAAAYAAJ&oi=fnd&pg=PA131&dq=T+Maler+1910&ots=ENXOTK7yRP&sig=vy0DeVRx_dg4GDDXUO-xQZqBBqY#v=onepage&q&f=false). Accessed 6 June 2014.
1911 *Explorations in the Department of Peten, Guatemala. Tikal*. Memoirs, Vol. V, No. 1. Peabody Museum of American Archaeology and Ethnology, Harvard University, Cambridge, Massachusetts.

Marcus, Joyce
1976 *Emblem and State in the Classic Maya Lowlands: An Epigraphic Approach to Territorial Organization*. Dumbarton Oaks, Washington, DC.

Martin, Simon, and Nikolai Grube
2008 *Chronicle of the Maya Kings and Queens* (2nd ed.). Thames and Hudson, London.

Masson, Marilyn A.
2000 *In the Realm of Nachan Kan. Postclassic Maya Archaeology at Laguna de On, Belize*. University Press of Colorado, Boulder.

Masson, Marilyn A., and David A. Freidel
2013 Wide Open Spaces: A Long View of the Importance of Maya Market Exchange. In *Merchants, Markets, and Exchange in the Pre-Columbian World*, edited by Kenneth G. Hirth and Joanne Pillsbury, pp. 201–228. Dumbarton Oaks, Washington, DC.

Masson, Marilyn A., and Carlos Peraza Lope
2010 Evidence for Maya-Mexican Interaction in the Archaeological Record at Mayapan In *Astronomers, Scribes, and Priests: Intellectual Interchange between the Northern Maya Lowlands and Highland Mexico in the Late Postclassic Period*, edited by Gabrielle Vail and Christine Hernández, pp. 77–113. Dumbarton Oaks, Washington, DC.
2014a Archaeological Investigations of an Ancient Urban Place. In *Kukulcan's Realm: Urban Life at Ancient Mayapán*, edited by Marilyn A. Masson and Carlos Peraza Lope, pp. 1–38. University Press of Colorado, Boulder.
2014b The Economic Foundations. In *Kukulcan's Realm: Urban Life at Ancient Mayapán*, edited by Marilyn A. Masson and Carlos Peraza Lope, pp. 269–423. University Press of Colorado, Boulder.

Masson, Marilyn A., Timothy S. Hare, and Carlos Peraza Lope
2014 The Social Mosaic. In *Kukulcan's Realm: Urban Life at Ancient Mayapán*, edited by Marilyn A. Masson and Carlos Peraza Lope, pp. 193–268. University Press of Colorado, Boulder.

Mathews, Peter
2001[1979] Notes on the Inscriptions on the Back of Dos Pilas Stela 8. Reprinted in *The Decipherment of Ancient Maya Writing*, edited by Stephen Houston, Oswaldo Chinchilla Mazariegos, and David Stuart, pp. 394–415. University of Oklahoma Press, Norman.

McAnany, Patricia A.
2013 Artisans, *Ikatz*, and Statecraft: Provisioning Classic Maya Royal Courts. In *Merchants, Markets, and Exchange in the Pre-Columbian World*, edited by Kenneth G. Hirth and Joanne Pillsbury, pp. 229–253. Dumbarton Oaks, Washington, DC.

McKillop, Heather
1996 Ancient Maya Trading Ports and the Integration of Long-Distance and Regional Economies: Wild Cane Cay in South-Coastal Belize. *Ancient Mesoamerica* 7(1):49–62.
2010 Ancient Maya Canoe Navigation and its Implications for Classic to Postclassic Maya Economy and Sea Trade: A View from the South Coast of Belize. *Journal of Caribbean Archaeology*, Special Publication 3:93–105.

Meissner, Nathan J.
2014a Revisiting the Mesoamerican 'World-System': A Social Network Analysis of the Maya Obsidian Projectile Point Industry. Poster presented at the Science and Archaeology Symposium, Program on Ancient Technologies and Archaeological Materials, University of Illinois, Urbana.
2014b Technological Systems of Small Point Weaponry of the Postclassic Lowland Maya (A.D. 1400–1697). Ph.D. dissertation, Southern Illinois University Carbondale.

Milbrath, Susan
1999 *Star Gods of the Maya: Astronomy in Art, Folklore, and Calendars*. University of Texas Press, Austin.
2007 Mayapán's Effigy Censers: Iconography, Context, and External Connections. FAMSI: http://www.famsi.org/reports/05025/05025Milbrath01.pdf

Miller, Arthur G.
1982 *On the Edge of the Sea: Mural Painting at Tancah-Tulum, Quintana Roo, Mexico*. Dumbarton Oaks, Washington, DC.

Miller, Mary, and Karl Taube
1993 *The Gods and Symbols of Ancient Mexico and the Maya. An Illustrated Dictionary of Mesoamerican Religion*. Thames and Hudson, London.

Mock, Shirley Boteler
1998 Prelude. In *The Sowing and the Dawning: Termination, Dedication, and Transformation in the Archaeological and Ethnographic Record of Mesoamerica*, edited by Shirley Boteler Mock, pp. 3–18. University of New Mexico Press, Albuquerque.

Möller, Astrid
2001 Naukratis, or How to Identify a Port of Trade. In *Prehistory and History: Ethnicity, Class, and Political Economy*, edited by David W. Tandy, pp. 145–158. Black Rose Books, Montreal.

Moriarty, Matthew D.
2004 Investigating an Inland Maya Port: The 2003 Field Season at Trinidad de Nosotros, Petén, Guatemala. http://www.famsi.org/reports/02061/index.html.
2012 History, Politics, and Ceramics: The Ceramic Sequence of Trinidad de Nosotros, El Petén, Guatemala. In *Motul de San José: Politics, History, and Economy in a Classic Maya Polity*, edited by Antonia E. Foias and Kitty F. Emery, pp. 194–228. University Press of Florida, Gainesville.

Morley, Sylvanus Griswold
1937–38 *The Inscriptions of Peten*, vols. I–V. Carnegie Institution of Washington, Washington, DC.

Mueller, Andreas D., Gerald A. Islebe, Michael B. Hillesheim, Dustin A. Grzesik, Flavio S. Anselmetti, Daniel Ariztegui, Mark Brenner, Jason H. Curtis, David A. Hodell, and Kathryn A. Venz
2009 Climate Drying and Associated Forest Decline in the Lowlands of Northern Guatemala during the Late Holocene. *Quaternary Research* 71:133–141.

O'Brien, Patricia J.
1991 Early State Economics: Cahokia, Capital of the Ramey State. In *Early State Economics*, edited by Henri J. M. Claessen and Pieter van de Velde, pp. 143–175.

O'Mack, Scott
1991 Yacateuctli and Ehecatl-Quetzalcoatl: Earth-Divers in Aztec Central Mexico. *Ethnohistory* 38(1):1–33.

Peraza Lope, Carlos, and Marilyn A. Masson
2014a An Outlying Temple, Hall, and Elite Residence. In *Kukulcan's Realm: Urban Life at Ancient Mayapán*, edited by Marilyn A. Masson and Carlos Peraza Lope, pp. 105–147. University Press of Colorado, Boulder.
2014b Politics and Monumental Legacies. In *Kukulcan's Realm: Urban Life at Ancient Mayapán*, edited by Marilyn A. Masson and Carlos Peraza Lope, pp. 39–104. University Press of Colorado, Boulder.
2014c Religious Practice. In *Kukulcan's Realm: Urban Life at Ancient Mayapán*, edited by Marilyn A. Masson and Car

los Peraza Lope, pp. 425–519. University Press of Colorado, Boulder.

Pérez, Liseth, Rita Bugja, Julieta Massaferro, Philip Steeb, Robert van Geldern, et al.
2010 Post-Columbian Environmental History of Lago Petén Itzá, Guatemala. *Revista Mexicana de Ciencias Geológicas* 27(3):490–507.

Perry, Eugene, Guadalupe Velázquez-Oliman, and Richard A. Socki
2003 Hydrogeology of the Yucatán Peninsula. In *The Lowland Maya Area: Three Millennia at the Human-Wildland Interface*, edited by Scott Fedick, Michael Allen, Juan Jiménez-Osornio, and Arturo Gomez-Pompa, pp. 115–138. CRC Press, Boca Raton, FL.

Piña Chan, Román
1978 Commerce in the Yucatan Peninsula: The Conquest and Colonial Period. In *Mesoamerican Communication Routes and Cultural Contacts*, edited by Thomas A. Lee Jr., and Carlos Navarrete, pp. 37–48. Papers, No. 40. New World Archaeological Foundation, Provo, Utah.

Pohl, Mary
1981 Ritual Continuity and Transformation in Mesoamerica: Reconstructing the Ancient Maya *Cuch* Ritual. *American Antiquity* 46(3):513–529.

Polanyi, Karl
1963 Ports of Trade in Early Societies. *Journal of Economic History* 23(1):30–45.

Proskouriakoff, Tatiana
1962a The Artifacts of Mayapan. In *Mayapan, Yucatan, Mexico*, by H. E. D. Pollock, Ralph L. Roys, Tatiana Proskouriakoff, and A. Ledyard Smith, pp. 321–442. Pub. 619. Carnegie Institution of Washington, Washington, D.C.
1962b Civic and Religious Structure of Mayapan. In *Mayapan, Yucatan, Mexico*, by H. E. D. Pollock, Ralph L. Roys, Tatiana Proskouriakoff, and A. Ledyard Smith, pp. 87–163. Pub. 619. Carnegie Institution of Washington, Washington, DC.

Pugh, Timothy W.
2001 Architecture, Ritual, and Social Identity at Late Postclassic Zacpetén, Petén, Guatemala: Identification of the Kowoj. Ph.D. dissertation, Southern Illinois University Carbondale.
2003 The Exemplary Center of the Late Postclassic Kowoj Maya. *Latin American Antiquity* 14(4):408–430.

Pugh, Timothy W., and Leslie G. Cecil
2012 The Contact Period of Central Peten, Guatemala in Color. *RES* 61/62:315–329. http://scholarworks.sfasu.edu/sca/6

Pugh, Timothy W., and Prudence M. Rice
2009 Kowoj Ritual Performance and Societal Representations at Zacpetén. In *The Kowoj: Identity, Migration, and Geopolitics in Late Postclassic Petén, Guatemala*, edited by Prudence M. Rice and Don S. Rice, pp. 141–172. University Press of Colorado, Boulder.

Pugh, Timothy W., Prudence M. Rice, Evelyn Chan, and Don S. Rice.
2016 A Chak'an Itza Center at Nixtun-Ch'ich', Peten, Guatemala. *Journal of Field Archaeology* 41.

Pugh, Timothy W., and Carlos H. Sánchez
2013 Proyecto Arqueológico Tayasal. Informe Preliminar Presentado al Instituto de Antropología e Historia de Guatemala de la Temporada de Investigación año 2012. Files of the author.

Pugh, Timothy W., José Rómulo Sánchez, and Yuko Shiratori
2012 Contact and Missionization at Tayasal, Petén, Guatemala. *Journal of Field Archaeology* 37(1):3–19.

Rathje, William L., David A. Gregory, and Frederick M. Wiseman
1978 Trade Models and Archaeological Problems: Classic Maya Examples. In *Mesoamerican Communication Routes and Cultural Contacts*, edited by Thomas A. Lee Jr. and Carlos Navarrete, pp. 147–175. Papers, No. 40. New World Archaeological Foundation, Provo, Utah.

Reina, Ruben S.
1962 The Ritual of the Skull in Petén, Guatemala. *Expedition* 4(4):26–35.

Rice, Don S.
1986 The Peten Postclassic: A Settlement Perspective. In *Late Lowland Maya Civilization: Classic to Postclassic*, edited by Jeremy A. Sabloff and E. Wyllys Andrews V, pp. 301–344. University of New Mexico Press, Albuquerque.
1996 Hydraulic Engineering in Central Peten, Guatemala: Ports and Inter-lacustrine Canals. In *Arqueología Mesoamericana: Homenaje a William T. Sanders*, vol. 2, edited by Alba Guadalupe Mastache, Jeffrey R. Parsons, Robert S. Santley, and Mari Carmen Serra Puche, pp. 109–122. INAH, Mexico City.

Rice, Don S., and Prudence M. Rice
1979 1978 Introductory Archaeological Survey of the Central Petén Savannas. In *Studies in Ancient Mesoamerica IV*, edited by John A. Graham, pp. 231–277. Contributions, No. 41. University of California Archaeological Research Facility, Berkeley.
1981 Muralla de Leon: A Lowland Maya Fortification. *Journal of Field Archaeology* 8:271–288.
1990 Reconstructions of Population Size in the Central Petén. In *Precolumbian Population History in the Maya Lowlands,* edited by T. Patrick Culbert and Don S. Rice, pp. 123–148. University of New Mexico Press, Albuquerque.

Rice, Don S., Prudence M. Rice, and Grant D. Jones
1993 Geografía política del Petén central, Guatemala, en el siglo XVII: la arqueología de las capitales mayas. *Mesoamérica* 26:281–318.

Rice, Prudence M.
1979 The Ceramic and Non-ceramic Artifacts of Lakes Yaxha-Sacnab, El Peten, Guatemala. Part I – The Ceramics: Section B, Postclassic Pottery from Topoxte. *Ceramica de Cultura Maya* 11:1–86.
1986 The Peten Postclassic: Perspectives from the Central Peten Lakes. In *Late Lowland Maya Civilization: Classic to Postclassic*, edited by Jeremy A. Sabloff and E. Wyllys Andrews V, pp. 251–299. University of New Mexico Press, Albuquerque.
1987a Economic Change in the Lowland Maya Late Classic period. In *Specialization, Exchange, and Complex Societies*, edited by Elizabeth M. Brumfiel and Timothy K. Earle, pp. 76–85. Cambridge University Press, Cambridge.
1987b *Macanche Island, El Petén, Guatemala: Excavations, Pottery, and Artifacts*. University Presses of Florida, Gainesville.
2004 *Maya Political Science: Time, Astronomy, and the Cosmos*. University of Texas Press, Austin.

2009   Incense Burners and Other Ritual Ceramics. In *The Kowoj: Identity, Migration, and Geopolitics in Late Postclassic Petén, Guatemala*, edited by Prudence M. Rice and Don S. Rice, pp. 276–312. University Press of Colorado, Boulder.

2012   Continuities in Maya Political Rhetoric: *K'awiils, K'atuns*, and Kennings. *Ancient Mesoamerica* 23(1):103–114.

2013   Early E-Groups, Figurines, and the Sacred Almanac. Paper presented at the 2nd Working Group on Early Maya E-Groups, Solar Calendars, and the Role of Astronomy in the Rise of Lowland Urbanism. Santa Fe Institute, Santa Fe, New Mexico.

2015   Middle Preclassic Interregional Interaction and the Lowland Maya. *Journal of Archaeological Research* 23(1):1–47. DOI: 10.1007/s10814-014-9077-5

Rice, Prudence M., and Leslie G. Cecil

2009   Sources of Obsidian at Zacpetén. In *The Kowoj: Identity, Migration, and Geopolitics in Late Postclassic Petén, Guatemala*, edited by Prudence M. Rice and Don S. Rice, pp. 327–339. University Press of Colorado, Boulder.

Rice, Prudence M., and Don S. Rice

2004   Late Classic-to-Postclassic Transformations in the Petén Lakes Region, Guatemala. In *The Terminal Classic in the Maya Lowlands: Collapse, Transition, and Transformation*, edited by Arthur A. Demarest, Prudence M. Rice, and Don S. Rice, pp. 125–139. University Press of Colorado, Boulder.

2009   (Editors) *The Kowoj: Identity, Migration, and Geopolitics in Late Postclassic Petén, Guatemala*. University Press of Colorado, Boulder.

Rice, Prudence M., Helen V. Michael, Frank Asaro, and Fred Stross

1985   Provenience Analysis of Obsidian from the Central Peten Lakes Region, Guatemala. *American Antiquity* 50(3):591–604.

Rice, Prudence M., Miriam E. Salas Pol, Timothy W. Pugh, and Don S. Rice.

n.d.   Artifacts of Fishing. To be included in *The Itzas of Peten, Guatemala: Historical and Archaeological Perspectives*, edited by Prudence M. Rice and Don S. Rice, in review, University Press of Colorado, Boulder.

Ringle, William M., and George J. Bey III

2001   Post-Classic and Terminal Classic Courts of the Northern Maya Lowlands. In *Royal Courts of the Ancient Maya, vol. 2: Data and Case Studies*, edited by Takeshi Inomata and Stephen D. Houston, pp. 266–307. Westview, Boulder, CO.

Ringle, William M., Tomás Gallareta Negrón, and George J. Bey III

1998   The Return of Quetzalcoatl: Evidence for the Spread of a World Religion during the Epiclassic Period. *Ancient Mesoamerica* 9:183–232.

Ringle, William M., George J. Bey III, Tara Bond Freeman, Craig A. Hanson, Charles W. Houck, and J. Gregory Smith

2004   The Decline of the East: The Classic to Postclassic Transition at Ek Balam, Yucatán. In *The Terminal Classic in the Maya Lowlands: Collapse, Transition, and Transformation*, edited by Arthur A. Demarest, Prudence M. Rice, and Don S. Rice, pp. 485–516. University Press of Colorado, Boulder.

Romero Zetina, Ivo Luis

2004   Desmembraciones humanas en ritos realizados con la construcción de la estructura 23 del sitio arqueológico Ixlú, para el Posclásico Temprano, Flores, Petén. Tesis de licenciatura, Universidad de San Carlos, Guatemala City, Guatemala.

Rosenmeier, Michael F., David A. Hodell, Mark Brenner, and Jason H. Curtis

2002   A 4000-Year Lacustrine Record of Environmental Change in the Southern Maya Lowlands, Petén, Guatemala. *Quaternary Research* 57:183–190.

Rosenswig, Robert

2001   Burying the Dead at Caye Coco: Summary of Mortuary Remains from the 1998, 1999 and 2000 Seasons. In *Belize Postclassic Project 2000: Investigations at Caye Coco and the Shore Settlements of Progresso Lagoon*, edited by Robert M. Rosenswig and Marilyn A. Masson, pp. 153–176. Occasional Pub. No. 6. Institute of Maya Studies, State University of New York, Albany.

Roys, Ralph L.

1972[1943]   *The Indian Background of Colonial Yucatan*. University of Oklahoma Press, Norman.

Sabloff, Jeremy A., and David A. Freidel

1975   A Model of a Pre-Columbian Trading Center. In *Ancient Trade and Civilization*, edited by Jeremy A. Sabloff and C. C. Lamberg-Karlovsky, pp. 369–408. University of New Mexico Press, Albuquerque.

Scarborough, Vernon L.

1991   Courting the Southern Maya Lowlands: A Study in Pre-Hispanic Ballgame Architecture. In *The Mesoamerican Ballgame*, edited by Vernon L. Scarborough and David R. Wilcox, pp. 129–144. University of Arizona Press, Tucson.

Schele, Linda, and David A. Freidel

1990   *A Forest of Kings: The Untold Story of the Ancient Maya*. William Morrow, New York.

Schele, Linda, and Nikolai Grube

1995   *Late Classic and Terminal Classic Warfare, Notebook for the XIXth Maya Hieroglyphic Workshop at Texas*. Transcription by Phil Wanyerka. Art Department, University of Texas, Austin.

Schele, Linda, and Peter Mathews

1998   *The Code of Kings: The Language of Seven Sacred Maya Temples and Tombs*. Scribner's, New York.

Scholes, Frances V., and Ralph L. Roys

1938   Fray Diego de Landa and the Problem of Idolatry in Yucatán. In *Cooperation in Research*, Pub. 501, pp. 585–620. Carnegie Institution of Washington, Washington, DC.

Sierra Sosa, Thelma, Andrea Cucina, T. Douglas Price, James H. Burton, and Vera Tiesler

2014   Maya Coastal Production, Exchange, Lifestyle, and Population Mobility: A View from the Port of Xcambo, Yucatan, Mexico. *Ancient Mesoamerica* 25(1):221–238.

Smith, A. Ledyard

1962   Residential and Associated Structures at Mayapan. In *Mayapan, Yucatan, Mexico*, by H. E. D. Pollock, Ralph L. Roys, Tatiana Proskouriakoff, and A. Ledyard Smith, pp. 166–277. Pub. 619. Carnegie Institution of Washington, Washington, DC.

1982   *Major Architecture and Caches. Excavations at Seibal, Department of Peten, Guatemala*, edited by Gordon R. Willey. Memoirs, Vol. 15. Peabody Museum of Archaeology and Ethnology, Harvard University, Cambridge, MA.

Smith, Michael E.
2003 Key Commodities. In *The Postclassic Mesoamerican World*, edited by Michael E. Smith and Frances F. Berdan, pp. 117–125. University of Utah Press, Salt Lake City.

Smith, Michael E., and Frances F. Berdan
2003 Spatial Structure of the Mesoamerican World System. In *The Postclassic Mesoamerican World*, edited by Michael E. Smith and Frances F. Berdan, pp. 21–31. University of Utah Press, Salt Lake City.

Smith, Robert E.
1955 *Ceramic Sequence at Uaxactun, Guatemala*, 2 vols. Pub. 20. Middle American Research Institute, Tulane University, New Orleans.

Speal, C. Scott
2014 The Evolution of Ancient Maya Exchange Systems: An Etymological Study of Economic Vocabulary in the Mayan Language Family. *Ancient Mesoamerica* 25(1):69–113.

Stoner, Wesley D., and Michael D. Glascock
2013 Neutron Activation Analysis of Multiple Preclassic Ceramic Types from the Petén Region of Northern Guatemala. Archaeometry Laboratory, Research Reactor Center, University of Missouri, Columbia.

Sugiyama, Saburo
2005 *Human Sacrifice, Militarism, and Rulership: Materialization of State Ideology at the Feathered Serpent Pyramid, Teotihuacan*. Cambridge University Press, Cambridge.

Taube, Karl Andreas
1992 *The Major Gods of Ancient Yucatan*. Studies in Pre-Columbian Art and Archaeology No. 32. Dumbarton Oaks, Washington, DC.

Tokovinine, Alexandre
2008 The Power of Place: Political Landscape and Identity in Classic Maya Inscriptions, Imagery, and Architecture. Ph.D. dissertation, Harvard University, Cambridge, MA.

Tokovinine, Alexandre, and Dmitri Beliaev
2013 People of the Road: Traders and Travelers in Ancient Maya Words and Images. In *Merchants, Markets, and Exchange in the Pre-Columbian World*, edited by Kenneth G. Hirth and Joanne Pillsbury, pp. 169–200. Dumbarton Oaks, Washington, DC.

Tokovinine, Alexandre, and Marc Zender
2012 Lords of Windy Water: The Royal Court of Motul de San José in Classic Maya Inscriptions. In *Motul de San José: Politics, History, and Economy in a Classic Maya Polity*, edited by Antonia E. Foias and Kitty F. Emery, pp. 30–66. University Press of Florida, Gainesville.

Tourtellot, Gair
1988 Peripheral Survey and Excavation: Settlement and Community Patterns. In *Excavations at Seibal, Department of Peten, Guatemala*, edited by Gordon R. Willey, Memoirs,Vol. 17, No. 2. Peabody Museum of Archaeology and Ethnology, Harvard University, Cambridge, MA.

Tourtellot, Gair, and Jason J. González
2004 The Last Hurrah: Continuity and Transformation at Seibal. In *The Terminal Classic in the Maya Lowlands: Collapse, Transition, and Transformation*, edited by Arthur A. Demarest, Prudence M. Rice, and Don S. Rice, pp. 60–82. University Press of Colorado, Boulder.

Tozzer, Alfred M. (Translator and Editor)
1941 *Landa's Relación de las cosas de Yucatan*. Papers, Vol 18. Peabody Museum of American Archaeology and Ethnology, Harvard University, Cambridge, Massachusetts.

Vail, Gabrielle
1997 The Deer-Trapping Almanacs in the Madrid Codex. In *Papers on the Madrid Codex*, edited by Victoria R. Bricker and Gabrielle Vail, pp. 73–110. Publication 64. Middle American Research Institute, Tulane University, New Orleans.

Valdés, Juan Antonio, and Federico Fahsen
2004 Disaster in Sight: The Terminal Classic at Tikal and Uaxactun. In *The Terminal Classic in the Maya Lowlands: Collapse, Transition, and Transformation*, edited by Arthur A. Demarest, Prudence M. Rice, and Don S. Rice, pp. 140–161. University of Colorado Press, Boulder.

Velásquez García, Erik
2011 Gobernantes simultáneos en el señorío de Ik': evidencia epigráfica de un atípico sistema de organización política en la región del Lago Petén Itza. In *XXIII Simposio de Investigaciones Arqueológicas en Guatemala, 2010*, edited by B. Arroyo, L. Paíz, A. Linares, and A. Arroyave, pp. 972–986. Museo Nacional de Arqueología y Etnología, Guatemala.

Velásquez, Juan Luis
1992 Reconocimiento en Wats'kak'nab: un sitio postclásico en el Lago Petén Itza, Guatemala. In *IV Simposio de Investigaciones Arqueológicas en Guatemala, 1990*, edited by Juan Pedro Laporte, Héctor Escobedo, and Sandra Brady, pp. 182–188. Museo Nacional de Arqueología y Etnología, Guatemala.

Voorhies, Barbara
1982 An Ecological Model of the Early Maya of the Central Lowlands. In *Maya Subsistence: Studies in Memory of Dennis E. Puleston*, edited by Kent V. Flannery, pp. 65–96. Academic Press, New York.

Wanyerka, Philip J.
2009 Classic Maya Political Organization: Epigraphic Evidence of Hierarchical Organization in the Southern Maya Mountains Region of Belize. Ph.D. dissertation, Southern Illinois University Carbondale.

Webster, David
2002 *The Fall of the Ancient Maya: Solving the Mystery of the Maya Collapse*. Thames and Hudson, London.

Weidie, A. E.
1985 Geology of the Yucatan Platform. In *Geology and Hydrogeology of the Yucatan and Quaternary Geology of Northeastern Yucatan Peninsula*, edited by A. E. Weidie, W. C. Ward, and W. Back, pp. 1–19. New Orleans Geological Society, New Orleans.

Werness, Maline Diane
2003 Pabellon Molded-Carved Ceramics: A Consideration in Light of the Terminal Classic Collapse of Classic Maya Civilization. M.A. Thesis, University of Texas, Austin.

Willey, Gordon R., A. Ledyard Smith, Gair Tourtellot III, and Ian Graham
1975 *Excavations at Seibal: Introduction: The Site and Its Settings*. Memoirs, Vol. 13, No. 1. Peabody Museum of Archaeology and Ethnology, Harvard University, Cambridge, Massachusetts.

Wurster, Wolfgang W., and Bernard Hermes
2000 Fechas de carbono 14. In *El sitio maya de Topoxté: Investigaciones en una isla del lago Yaxhá, Petén, Guatemala*, edited by Wolfgang W. Wurster, pp. 247–249. Verlag Philipp von Zabern, Mainz am Rhein.

Yacubic, Matthew
2014 Community Crafting and Crafting Community: The Lithic Artifacts of Zacpetén, Guatemala. Ph.D. dissertation, University of California, Riverside.

Arqueología de México

1. *Edzná: A Pre-Columbian City in Campeche. Edzná: Una Ciudad Prehispánica de Campeche.* Antonio Benavides Castillo. 225 pp. ISBN 970-18-0021-4. $22.

2. *Tepetitlán: A Rural Household in the Toltec Heartland. Tepetitlán: Un Espacio Rural en el Área de Tula.* Robert H. Cobean & Alba Guadalupe Mastache. 449 pp. ISBN 970-18-1182-8. $39.

3. *Teotihuacan: Ceramics, Chronology and Cultural Trends. Teotihuacan: Cerámica, Cronología y Tendencias Culturales.* Evelyn Childs Rattray. 704 pp. ISBN 970-18-2511-X. $65.

4. *A World of Obsidian: The Mining and Trade of a Volcanic Glass in Ancient Mexico. Un Mundo de Obsidiana: Minería y Comercio de un Vidrio Volcánico en el México Antiguo.* Robert H. Cobean. 298 pp. ISBN 970-18-2508-X. $39.

5. *The Organization of Agricultural Production at a Classic Maya Center. La Organización de la Producción Agrícola en un Centro Maya del Clásico.* Rodrigo Liendo Stuardo. 227 pp. ISBN 970-18-9510-X. $31.

6. *Production and Power at Postclassic Xaltocan. La Producción Local y el Poder en el Xaltocan Posclásico.* Edited by Elizabeth M. Brumfiel. 389 pp. ISBN 1-877812-81-1. $42.

7. *Place of Jade: Society and Economy in Ancient Chalco. Un Lugar de Jade: Sociedad y Economía en el Antiguo Chalco.* Edited by Mary G. Hodge. 506 pp. ISBN 1-877812-85-9. $58.

Latin American Archaeology Reports

1. *Architectural Restoration at Uxmal, 1986–1987. Restauración Arquitectónica en Uxmal, 1986–1987.* Alfredo Barrera Rubio & José Huchím Herrera. 98 pp., 105 illus. ISBN 1-877812-02-1. $13.

2. *Cultivars, Anthropic Soils and Stability: A Preliminary Report of Archaeological Research in Araracuara, Colombian Amazonia. Plantas Cultivadas, Suelos Antrópicos y Estabilidad: Informe Preliminar sobre la Arqueología de Araracuara, Amazonia Colombiana.* Santiago Mora C., Luisa Fernanda Herrera, Inés Cavelier F., & Camilo Rodríguez. [Co-pub.: Programa Tropenbos—Colombia, Bogotá.] 88 pp., 37 illus. ISBN 1-877812-05-6. $13.

3. *Early Inhabitants of the Amazonian Tropical Rain Forest: A Study of Humans and Environmental Dynamics. Habitantes Tempranos de la Selva Tropical Lluviosa Amazónica: Un Estudio de las Dinámicas Humanas y Ambientales.* Santiago Mora. [Co-pub. Instituto Amazónico de Investigaciones, Universidad Nacional de Colombia at Leticia.] 211 pp., 49 illus. ISBN 1-877812-60-9. $21.

4. *The Pre-Hispanic Population of the Santa Marta Bays. A Contribution to the Study of the Development of the Northern Colombian Tairona Chiefdoms. Poblamiento Prehispánico de las Bahías de Santa Marta. Contribución al Estudio del Desarrollo de los Cacicazgos Tairona del Norte de Colombia.* Carl Henrik Langebaek. [Co-pub. Universidad de los Andes, Bogotá.] 157 pp., 24 illus. ISBN 1-877812-80-3. $18.